私たちの好きな服とバッグ

すとんときれいで簡単な和布の洋服

岡崎光子

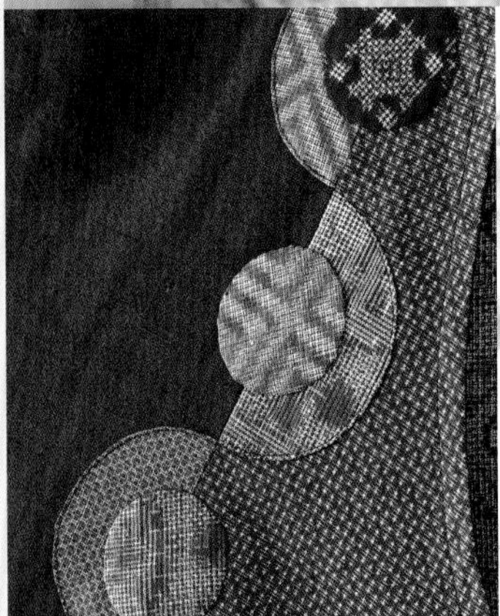

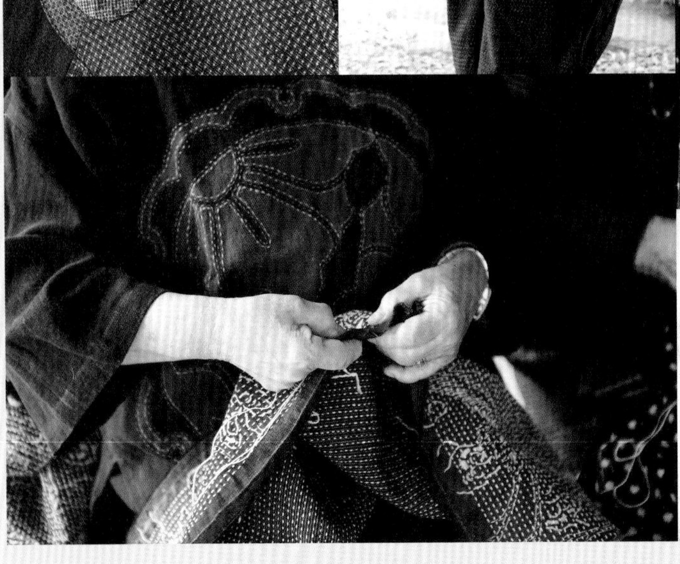

はじめに

この本をお選びくださいましてありがとうございます。

和布が好きで、和のパッチワークやお細工物を作るかたわら、着物をほどいて洋服作りをしてきました。もともとパッチワークをする前は、洋服を作る仕事をしていたからでしょう。仕事としてだけでなく、自分の子どもの洋服やバッグは、すべて手作りしていたことを思い出します。

今回は、私たちの生活を考え、普段着にできるシンプルで着やすい洋服と、それに合うバッグなどを作りました。洋服作りが初めての方にもきちんと作れることを心がけています。

この本を作るにあたっては、教室の皆さんが協力してくださいました。大変気の合う手作りが大好きな仲間で、いつも自分の作ったものの自慢話に花を咲かせています。私たちはONE TEAMで楽しんでいます。

そして何より、この本を手に取ってくださった皆さんのお役に立てれば幸いです。

岡崎光子

目次

この本について

・掲載の洋服のほとんどが着物をリメイクしたものです。ご自宅にある着なくなった着物でも、リサイクル着物のお店、古布のお店、骨董市などで購入したものでもかまいません。好みの着物や布を見つけたら購入して、ほどいておきます。

・藍の木綿を多く使っています。木綿は扱いやすく丈夫なので、普段着の洋服にリメイクするにはもってこいです。新しい布は硬くごわごわしたものもありますが、何度も水をとおってきた古布はやわらかく着心地もいいものです。藍の中でも型染めではなく、絣をベースに使っています。型染めはすてきですが、大柄は普段着には派手でコーディネートしにくいのでポイント使いをしています。絣は細かい柄で無地のように使えますが、無地ではないニュアンスが出ます。

・絹なら大島紬や黒無地を使っています。どちらも光沢が美しく、かつ落ち着いた雰囲気で着られます。洗濯のさいは、手洗いかクリーニングをおすすめします。

・アップリケや刺し子、パッチワークをしたデザインの服を楽しんでいます。まったくの一枚布でも和布の風合いがあるのですてきですが、手作りならではの楽しみとしてひと手間加えています。藍の布などは一枚布だと地味に見えることもあるので、ポイントを入れたほうがおしゃれに見えます。

・和布の幅は約36cmです。今の布の幅とは違うので注意してください。足りない場合は、目立たない部分で接ぎ合わせます。

・掲載の洋服はすべてフリーサイズです。和布の洋服はぴったりとしたデザインよりはゆったりしたデザインで着るほうがすてきなので、身幅はゆったりめです。肩が落ちても問題ありません。ただ、丈が長い場合は短く調整して作ってください。詳しくは50ページをご覧ください。

・46ページからの解説もご覧ください。

和布の洋服を着る楽しみ

パッチワーク教室を始める前は婦人服縫製会社をしていたので、洋服作りは得意分野です。皆さん手作りとおしゃれをすることは大好きなので、洋服作りは両方を兼ねた手仕事といえます。囲み製図でゆったりとした和布の洋服は、初心者にも作りやすくて着る人を選びません。年々気になる体型もカバーしてくれます。パッチワーク教室ならではの、洋服にパッチワークを取り入れたりアップリケや刺し子をしたりするのも特徴です。少し手間はかかりますが、そこがほかとは違う楽しさになっていると思います。そして何よりも和布の魅力があります。和布のだんだんとやわらかくなる手触り、絹の光沢に木綿の素朴さ、微妙な深い色合い。そして手作りならではの、自分だけの一点もの。

皆さんに自分で作ったものや、教室の作品を着てもらいました。スタイルも好みも人それぞれですが、とても自然に和布の洋服を着こなしてくれます。全身を和布でトータルコーディネートしなくても、既製品の洋服に上着だけ、スカートだけというように一枚取り入れて楽しめます。和布の洋服を着ています、というのではなく自然におしゃれに和布の洋服を普段の生活の中に取り入れられたらと思って作っています。

〈ブラウス〉

ブラウスやシャツは、簡単なものからパーツが多くて手間のかかるものまで幅が広いアイテムです。襟なしでかぶるタイプなら簡単に作れるものもありますが、少しきちんと感を出すのがポイント。だらしなくならないように、大人のきれいな着こなしを目指しました。

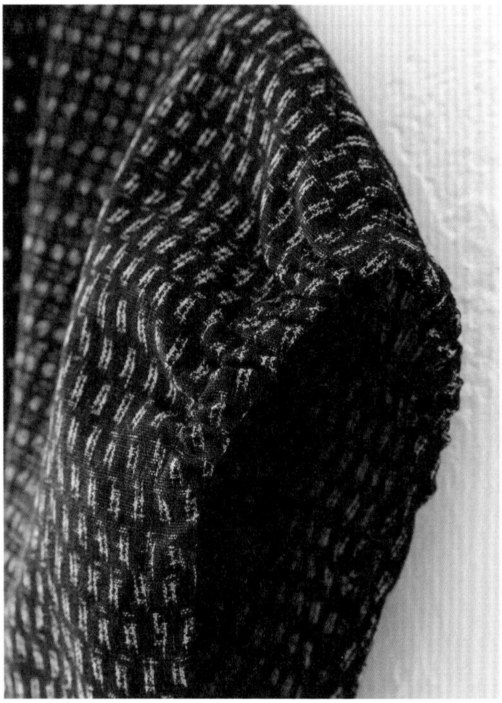

フレンチスリーブは、絣で作ると肩がぴんとあがってしまうので、上側にだけゴムを入れています。これでやさしい表情に。

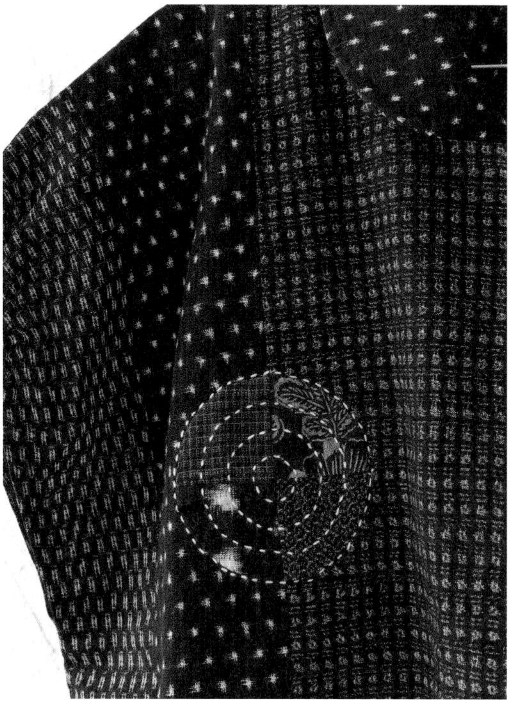

アップリケと刺し子をワンポイントに。アップリケは身頃の接ぎ目に合わせて4分割にしています。

着やすさばつぐんのプルオーバー

絣は使いやすい和布ですが、地味に見えることもあるのでアップリケと刺し子でポイントを作りました。身頃から続くフレンチスリーブタイプの袖は、袖ぐりの縫い合わせがないので作るのが簡単。襟はなくてもいいデザインですが、襟を付けることできちんと感がでます。ベストとして着るのもおすすめです。

作り方 ⟶ P.68

絞りの生地を使ったシャツブラウス

左のブラウスと同じ形の生地違いです。こちらは絞りの生地のやわらかさをいかし、脇にリボンを付けてウエストマークできるようにしました。

作り方 —→ **P.66**

白絣を使ったシャツブラウス

ぱりっとしたはりがある白絣で作りました。襟がスタンドカラーなのもすっきり見え、メンズライクな印象で涼しげです。袖は長めでゆったりしています。

作り方 ⟶ P.66

ブラウスコーディネート

どのブラウスも着回しのしやすいデザインです。
和布に力があるので、シンプルに合わせます。

ジーンズと合わせてカジュアルに。少し襟を立てて着るのもおしゃれに見えます。40ページのかごバッグと合わせるのにぴったり。袖ぐりがあいているので中に一枚着た上に重ねます。

後ろ姿にもアップリケ。29ページの絣のパンツと合わせています。カットソーなどの上にベスト風に着るとすてきです。

シンプルイズベスト。白と藍は永遠の組み合わせです。スタンドカラーできっちりとボタンをとめて着るのが美しい。かっちりとした41ページのバッグと合わせて。

ボタンも白絣のくるみボタンにしました。

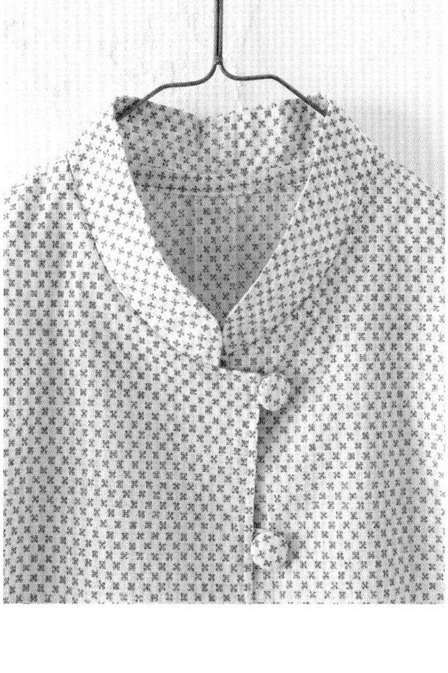

ボタンが大きめなので、中にカットソーを着て前をあけてもよいデザインです。はおりものとして使えます。

後ろで蝶結びにするか、軽く結んでたらすかはお好みで。

役立つジャケット風ブラウス

ゆったりとしたシルエットがかわいらしく着やすいブラウスです。ボタンは多めの7個にして、右身頃に入れた縦の帯と同じようなデザイン性を強調しました。

作り方 —→ **P.58**

ボタンをあけてジャケット風に。見返しも絣なので美しく見えます。肩すべりは摩擦がないように和布ではなくすべりのいい布で。

縦の帯、くるみボタン、襟の裏布、見返しには同じ絣の布を使っています。ちらりと見えた時にも統一感が出ます。

ボタンをあけてジャケットとして。中はフェミニンなカットソーで華やかに。

中に白いブラウスを合わせた定番コーディネート。襟ぐりが広めなので、中のブラウスの襟がきれいに見えてきます。

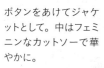

〈ワンピース〉

楽ちんだけどきちんとした着こなしができて、体型のカバーもしてくれる便利アイテムがワンピース。ウエストマークをせずにすとんとしたシルエットの3枚です。中に何を着るかによってオールシーズン使えます。

袖口とポケットにもピンタックを入れました。こういうちょっとしたこだわりがポイント。

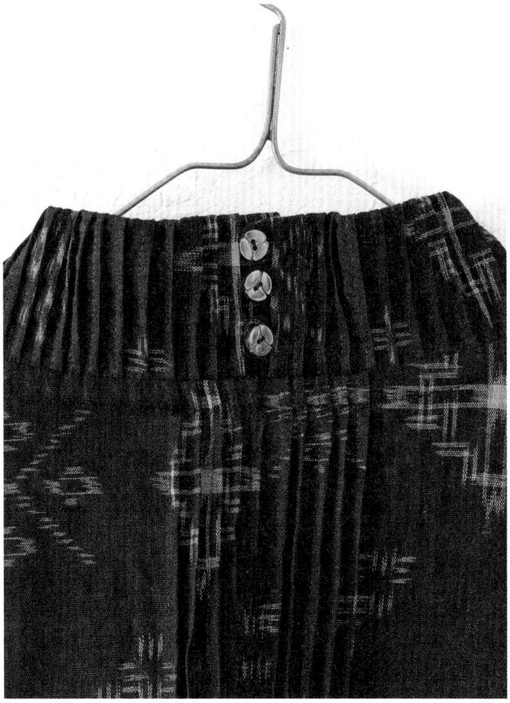

着やすいように襟の後ろはボタン付きです。小さいボタンを3つ並べるのがかわいい。

上品でおしゃれ
ピンタックのワンピース

一枚の琉球絣だけで作るワンピース。襟や身頃に入った
ピンタックの立体感と陰影が上品で美しいデザインです。
お出かけ着にいかが。

作り方 ⟶ **P.71**

絣の切り替え
前ボタンワンピース

2種類の絣を使って柄の大きさで変化を付けました。身頃にピンタックを入れているので、スカート部分は自然にふんわりと広がります。５つずつ付いたボタンがかわいいポイントになっています。

作り方 ⟶ P.74

ボタンをあけて着るとスプリングコートのような軽いはおりものになります。

下にはボタンが付いていないので、長めのスカートが歩くときにもまとわりつきません。下にはスパッツや細身のパンツをはいて。

ワンピースにぴったりな白絣の大きめブローチ。胸元にブローチを付ければ、ぐっと華やかになります。

かわいさと着やすさ
ジャンパースカート

ジャンパースカートとはエプロンのような上下ひと続きのスカートのこと。トップスの上に着るので重ね着を楽しめます。あまった布で子ども服を作ってもとてもかわいい。

作り方 ⟶ P.78

カーディガンと合わせてやわらかな印象に。バッグは42ページのかご形のころんとしたタイプが似合います。

アップリケは好みの位置でもかまいませんが、身頃の接ぎ合わせの位置と合わせてアップリケしています。

すべて絣の洋服です。同じ絣を使ってもデザインでイメージが変わります。

〈ベスト〉

ベストはあると便利なアイテムです。インナーとアウターの中間に着るもののイメージが強いベストですが、デザイン性をもたせてアウターとしてのおしゃれ着ベストにしました。生地感も色も重たい印象にならないように、大島紬を使っています。

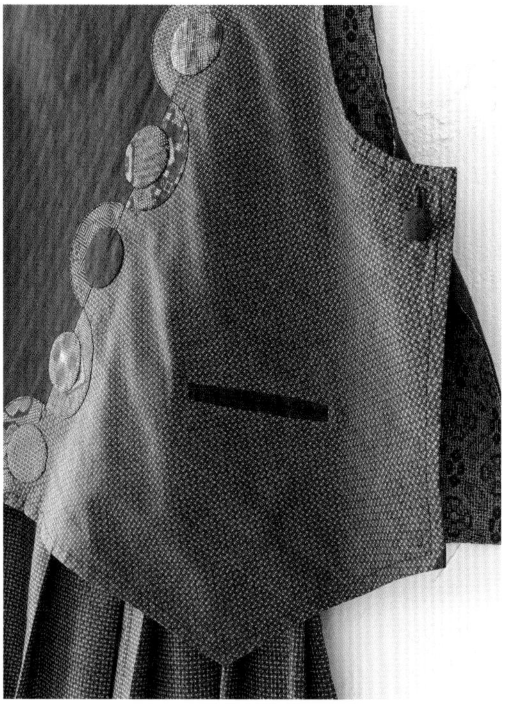

脇はひとつのボタンでとめているだけです。ポケットは玉縁ポケットですっきりと。

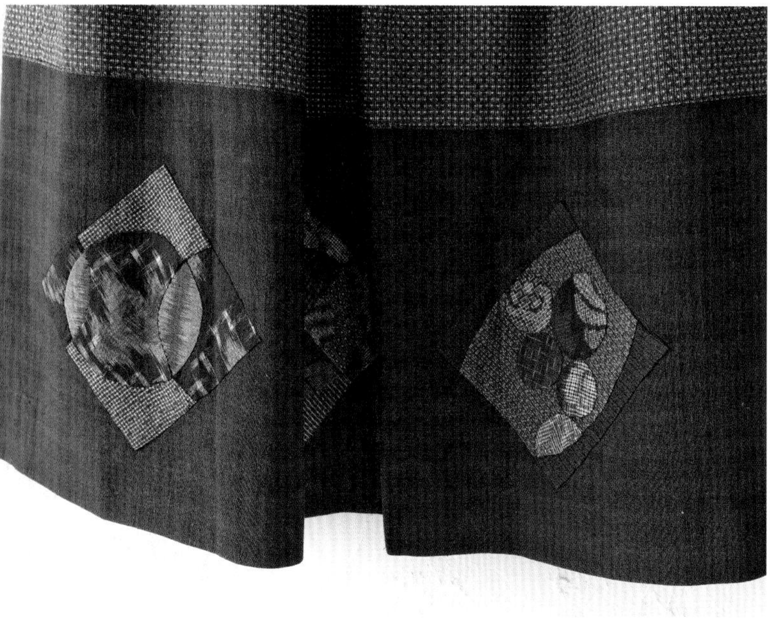

おそろいのスカートは、裾に幾何学模様のアップリケを入れて遊びました。少し色のある布を使うと落ち着いた中にも華やかさをプラスできます。

大島紬のモダンベストと
おそろいスカート

ベストは左右非対称のデザイン。落ち着いた色合いですが、これ一枚でも目を引きます。スカートはきちんとタックをとった定番のシルエットで、ベストを引き立てます。

作り方 ―→ P.81 , 84

大柄をいかしたスタンドカラーのベスト

首回りがつまったタイプのスタンドカラーはかっちりとした印象になります。ジャストサイズでくずさずに着るのがきれいです。ポケットはスーツなどに使われる箱ポケットにしました。

作り方 ⟶ P.86

23ページのスカートだけを合わせました。上を白っぽい色でまとめると清楚な雰囲気に。

32ページのバルーンスカートとコーディネート。インナーは長袖でも半袖でも合います。

同じ大島紬のベストといえど、こんなに印象が違います。左のベストは着た方がなじむデザインです。

〈パンツ＆スカート〉

ウエストにゴムを入れ、ゆったりボリュームのあるシルエットにしました。動きやすく体型も気にならない工夫です。パンツはしっかりした生地のほうが、体型をカバーしてくれてすっきりと見えます。スカートはやわらかい生地で動きの美しさも考えて。

裾の脇をひもで結んで、裾幅を少し調節できる工夫。左脇にはクロスにひもをはさみ込んで、見えない遊びを入れました。

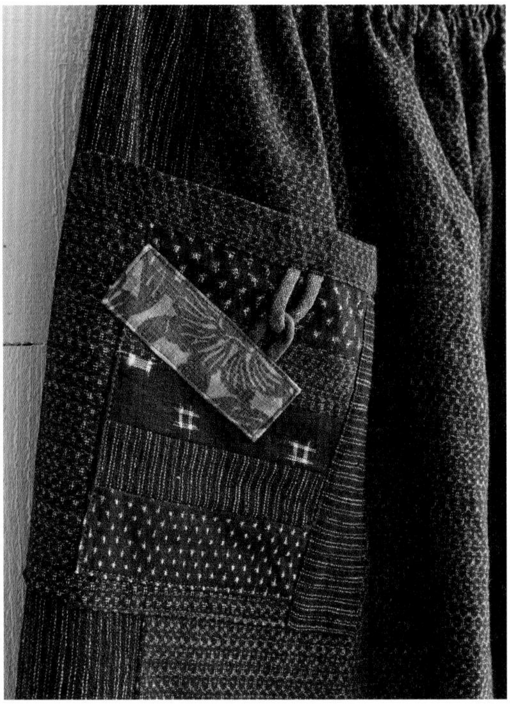

ポケットはすべてパッチポケットです。自由に接ぎ合わせたりアップリケしてください。

パッチパッチパンツ

脇に切り替えが入った遊び心たっぷりのパンツです。アップリケは型染めや絣などの藍布で統一してごちゃごちゃしないように。切り替えの縦ラインの藍もすっきり見える効果があります。

作り方 ⟶ P.89

ワイドストライプパンツ

太い縞が目を引く、派手そうに見えるパンツですが、はくととてもおしゃれ。ストライプの縦長効果ですっきりと、裾を少し絞っていることで甘すぎないかわいらしさがあります。

作り方 ⟶ P.92

シンプルストレートパンツ

デザインもはいた感じもいちばんシンプルで何にでも
合いそうなパンツです。ウエストはゴムが入っていて脇
をファスナーとホックでとめるタイプです。

作り方 ⟶ P.94

パンツコーディネート

ゆったりとしたパンツは、上半身をすっきりとまとめて重くならないようにするのがポイント。上着の丈も長すぎないほうがバランスよくきれいです。

藍の定番、白いブラウスとのコーディネート。パンツが個性的なので、白いブラウスなら少し凝ったデザインのものを合わせても大丈夫。

裾を結んでいるので、はくとバルーンのような形になります。

落ち着いた組み合わせ。少し地味に見える場合は、アクセサリーなどで変化を付けてみてください。

パンツのグリーンに合わせてグリーンのカーディガンを。パンツのストライプの印象が強いので、上に鮮やかな色をもってきてもすてきです。

9ページのプルオーバーとの絣コンビ。無地の紬などで作っても使いやすい形です。

ふんわりとしたブラウスときりりとしたストライプは難しい組み合わせですが、パンツのワイドなシルエットで違和感なく合わせられます。

大人のゆれるバルーンスカート

バルーンスカートはかわいい印象が強いアイテムですが、黒にするとシックで大人かわいくなります。数種類の地紋のある着物を接ぎ合わせることで角度によってつや感や表情が変わります。

作り方 ⟶ **P.96**

パールのネックレスなどを着けれぱ、フォーマルな場にも合いそうな白いブラウスとの組み合わせです。絹の光沢ならではです。

バルーンスカートのふわっとしていながらも、たっぷり入ったギャザーの重たそうなバランス感がおもしろい。

絹のやわらかさと光沢だからこそ、黒一色でまとめてもすてきです。

〈コート〉

いつかは作ってみたいと思うアイテムのひとつがコートです。
着物地はそこまで厚くありませんが暖かく着られます。

大きなまるい襟がかわいいコートです。裾の両脇にはスリットを入れて、足さばきをよくしました。使っている和布はカラフルですが、紬です。

作り方 ⟶ P.98

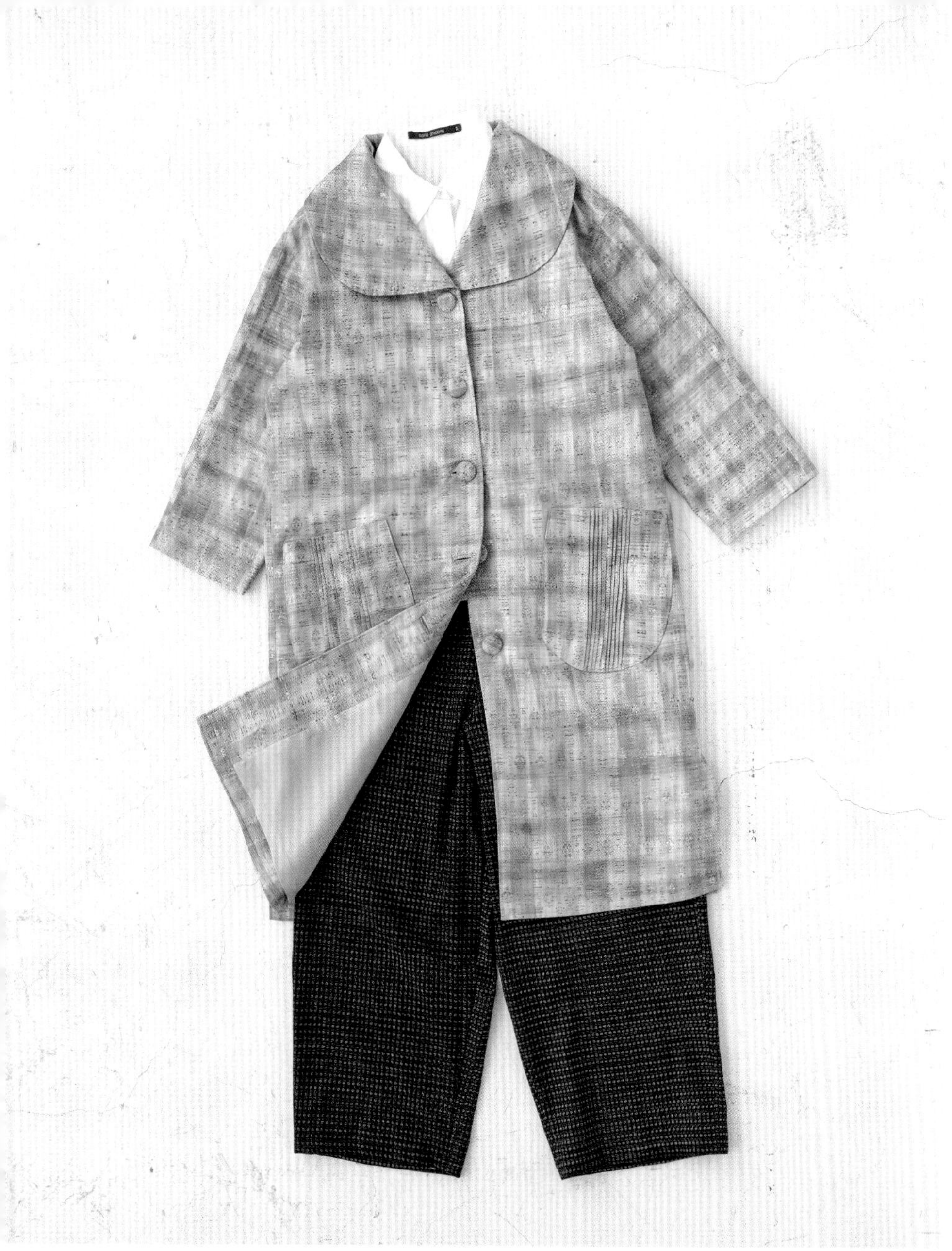

春先まで着られそうな白いシャツとの組み合わせです。29ページのシンプルなパンツと合わせました。コートの襟元は中に何を着るか、マフラーを巻いたりといろいろおしゃれを楽しめます。

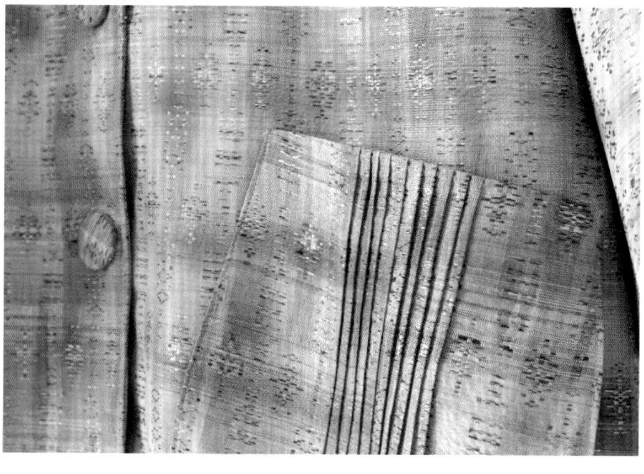

パッチポケットの中心にはピンタックが入っています。襟に合わせてまるい形のポケットがかわいい。大きな襟に合わせてボタンもしっかり大きめが合います。

刺し子の楽しみ

バッグの全面に刺し子をしたり、洋服のワンポイントとして取り入れたり、いろいろな使い方ができます。もともとは防寒や布の補強として刺したのが始まりと言われています。藍の布に白い糸で刺す刺し子の美しさは、実用性とデザイン性を兼ね備えたものです。刺し子には青海波や麻の葉といったさまざまな模様がありますが、まっすぐちくちくと刺すか、アップリケに沿って刺すことがほとんどです。刺し始めると無心にちくちくと刺すことにはまる刺し子。藍の布一枚でもすてきですが、刺し子をするとまた違った表情になります。ぜひ作品に取り入れてみてください。

■ 刺し子のしかた

1　表は藍の布、裏は縞の布を使います。糸と針は刺し子用を用意。糸通しがあると便利です。

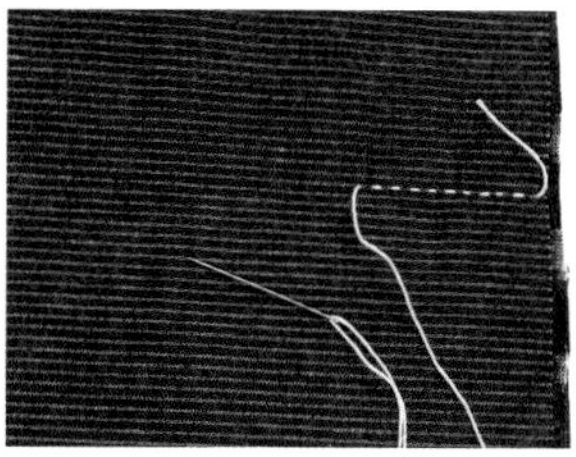

2　藍と縞の布を外表に合わせ、布の中心から刺し始めます。刺し始めの糸は10cmほど残し、縞側を見ながら縞の上に沿って刺します。

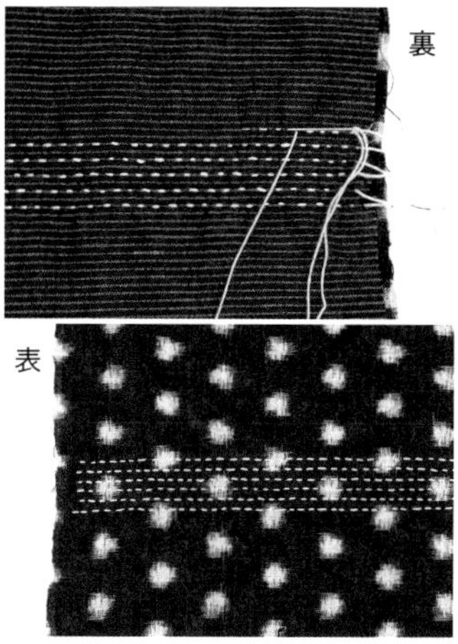

3　端まで刺せたら10cm残して糸をカットし、くり返します。中心から上半分を刺したら、もう下半分も同様に刺します。表から見るとまっすぐ刺せているのが分かります。刺し子の途中でまるい玉を作りたい場合は、表側で針に3回程糸を巻き付けて玉止めするだけです。浮き上がらないように、布のきわで玉止めしてください。

40ページのバッグの口布にも刺し子をしています。絣の模様をいかして米や星に見えるように刺しています。

〈バッグとポーチ〉

洋服を手作りしたら、合わせて小物もコーディネートしたいもの。色や和布の種類を合わせると洋服と合わせて持ちやすくなります。刺し子やパッチワークなどを取り入れて、ひと手間かけた小物が、和布の洋服にはよく合います。小物作りは、自由に遊びを入れながら作れるのが魅力です。

39ページのバッグのアップリケは、茎には縞、つぼみには型染めを使っています。

41ページのバッグはダブルウエディングリングの変形パターン。ベースは無地、リング部分は絣や型染めなど模様のある藍を使っています。

40ページのバッグの反対側はファスナーポケットにカラフルなつつみボタン付き。

つぼみのバッグ

定番の形のバッグですが、縦の帯に分かれてすくすくと伸びるつぼみのアップリケと長方形の組み合わせがおもしろいデザインです。口のひもは蝶結びにせずに、そのまま前にたらしてもすてきです。

作り方 ―→ P.102

刺し子のかごバッグ

和布部分は刺し子をした布と無地を自由に接ぎ合わせました。かごに合わせて布のサイズを調整してください。かごは籐や竹などどんなものでもかまいません。

作り方 P.104

ダブルウエディングリングのバッグ

ブリーフケースタイプのバッグです。口のファスナーは両開きで、口が脇まで大きく開きます。かっちりとした印象なので、男性にもおすすめです。

作り方 ⟶ P.106

かご形まるバッグ

ころんとした形がかわいいバッグです。脇のひもと口のふたで、口が大きく開きすぎず中のものが見えないように工夫されています。

作り方 —— **P.108**

布の合わせやふたを自由にアレンジ。こちらの2つのように、本体にパイピングコードを付けると、バッグの形がはっきりとします。好みでいろいろアレンジしてください。

藍の四角ポーチ、大島紬のまるポーチ

藍のポーチはばらのようにも見えるクレイジーキルト。大島紬のポーチは、いろいろな種類の大島紬を六角つなぎに。藍のポーチは脇にループを付けているので、ひもを付ければ小さなポシェットにもなります。

作り方 ── 藍…P.110、大島紬…P.111

裏は小さなクレイジーキルトを。クレイジーキルトは中心に五角形を作り、そこから順に縫い付けていくのがポイントです。

クレイジーキルトは同じ柄の布が隣同士ならないように気を付けます。

大島紬にもいろいろな色と模様があります。布見本帳のように楽しめます。

しっかりと厚みがあります。まるい形をきれいに出すためにパイピングコードを忘れずに。

■ 洋服作りに使える和布

この本に掲載している洋服の多くは、藍の木綿を使っています。扱いやすくて丈夫なので、普段着の洋服にはぴったりです。藍の色や絣などの柄はほかの洋服と合わせやすいという理由もあります。この本で使っていなくても、基本的に着物地なら何でも洋服にできます。ただし、ちりめんなど高級な絹織物は普段着にするには難しく、扱いには注意が必要です。着物などをリメイクする場合は、穴あきや薄くなっている部分がないか、裂けやすくなっていないかを確認してから使いましょう。

● ゆかた

さまざまな柄がありますが、使いやすいのは小紋です。夏の着物なので、さらっとしていてさわやかな印象の洋服になります。10ページの絞りのブラウスはゆかたを使っています。

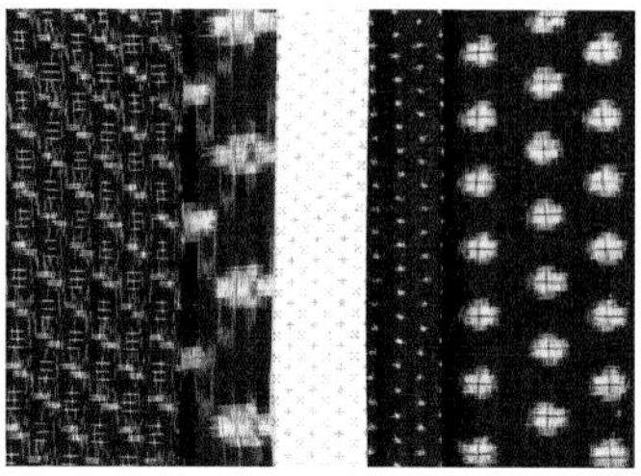

● 絣

糸の段階で模様の出る部分を染め分けてから織ります。細かい模様が全体にあり、洋服に使いやすい和布です。この本でも藍の洋服に使っているのはほとんどが絣です。

● 藍無地、型染め

濃い藍から緑っぽい藍、薄い水色のような藍まで色の違いがあります。型染めは大柄から小紋までさまざまな模様があります。大柄をそのままいかして使う場合もありますが、主に絣などと組み合わせてポイント使いにします。

● 縞

会津木綿や亀田縞のように、各地に特徴のある縞柄の木綿布があります。縞の太さや間隔、色の違いで洋服に合わせて選びます。28ページのパンツのように太い縞をいかしたり、細い縞は無地感覚で使えます。

● 大島紬

奄美大島が発祥の絣柄の絹織物です。主にこげ茶の地に薄茶色で織り込んだ柄と渋い光沢が特徴。小紋から大柄まであり、大島紬だけで布合わせをして洋服にすることが多いです。薄くて丈夫な布なので、洋服作りに向いています。

● 紬無地

紬糸で織った布のことです。糸の太さが均一でなく節があるので、素朴で独特な風合いのある布になります。しっかりとした生地で硬さがありますが、使ううちにだんだんとやわらかくなります。

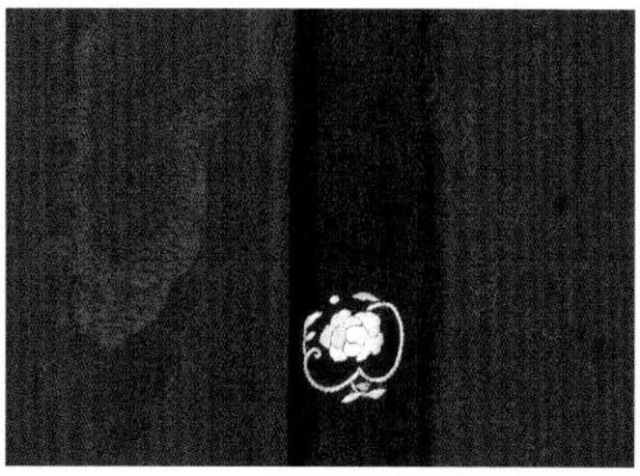

● 絹

両側は黒無地の紋織物の着物。32ページのスカートに使っています。中央は使わなくなった絹のスカーフです。光沢があり、角度によって模様が浮き出て陰影があります。なめらかでやわらかさをいかした洋服に。

● 上布

細い麻糸を織って作る、高級な麻布です。夏用の着物として使われ、絣柄や縞模様が多く透け感があります。夏服にするには最適です。

このほかには、銘仙が洋服によく使われます。斬新なデザインと鮮やかな色が特徴で、レトロモダンなおしゃれさがあります。ただし古布の場合は弱くなっているものもあるので、しっかりと確認してから使用してください。

■ 古布の状態

和布の洋服作りは新しい布ではなく、古布で作る場合がほとんどです。どのような布を購入するのかご紹介します。

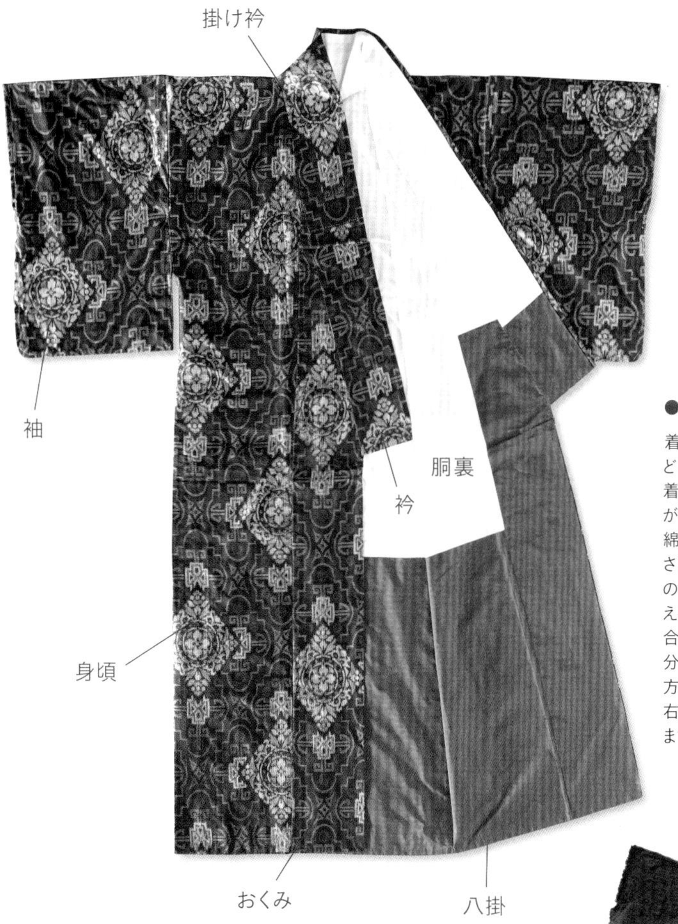

● 着物

着物に縫った状態です。袷と単衣がありますが、どちらでもかまいません。袷とは裏布が付いた着物で、絹のものが多くなります。単衣は裏布が付いておらず、一枚でもしっかりとしている木綿や絣など。裏布が付いていないので、ほどくさいに袷よりも時間がかかりません。写真は袷の着物。ほかにも羽織りや道行コートなども使えますが、丈が短いので布の長さが足りない場合があります。何の洋服を作るかによって使い分けます。着物をほどくと48ページのように長方形の布になります。幅は約36cmなので、左右の身頃をとるのにぎりぎりか少し足りなくなります。足りないときは接ぎ合わせて使います。

● 反物など未使用の状態

まだ包みに入った未使用の状態の布です。比較的きれいですが、穴があいていないかなどを確認しておくと安心です。

● 布団側

布団の中身（綿など）を包む布のことです。写真は藍の無地ですが、型染め、絣や銘仙などもよく使われています。家紋の入ったものなどもあります。幅広く縫い合わせた状態で売っており、裏に綿などが残っている場合も多いので、手入れしてから使います。

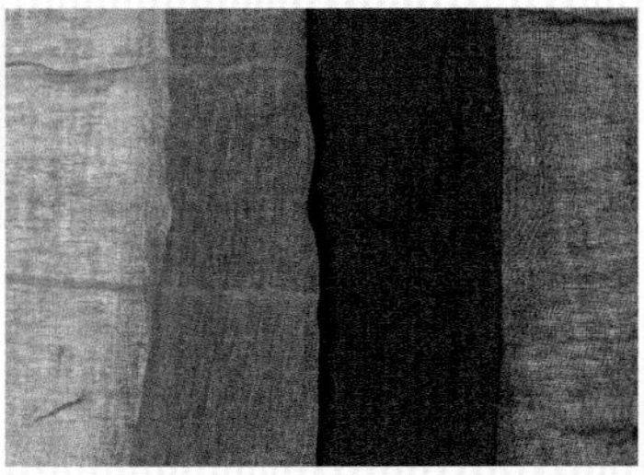

蚊帳などを手に入れた場合は染め直して使います。左の緑っぽい色が購入したときの状態です。この蚊帳を漂白して藍で染め直してもらうと、右のようなきれいな状態になります。蚊帳のような麻は裁つのも縫うのも難しいので、小物やストールなどにすると使いやすいです。

■ 着物をほどく

着物をほどいて布の状態にします。ほどくときは、仕立てと逆の順番でほどきます。すべて手縫いで縫われており、昔からほどいて洗いはりをしていたので、意外と簡単にほどけます。まず衿からはずし、袖→おくみ→裾→身頃の順にほどきます。衿の芯などもはずし、ほこりや糸くずもきれいに取り除きます。かんぬき止めなどでしっかりと縫っている部分は、布をやぶらないように慎重に。着物をほどく前に、洗濯して乾燥機をかけています。これは、買ったままの状態だと糸が湿っていることが多く、洗って乾燥機をかけることでふんわりとして糸がほどきやすくなるからです。

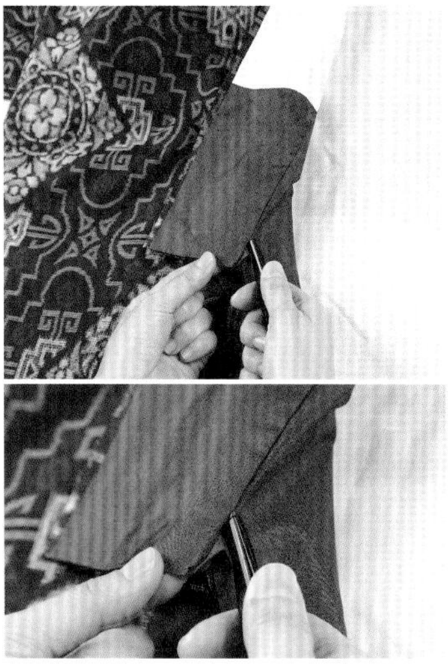

1　衿先からにぎりばさみやリッパーを入れて糸を切ります。表布と裏布を引っぱれば糸が見えるので布を切らないように注意しながら切ります。

2　衿がはずれたところ。表布と裏布に分けておきます。きれいな裏布は、小物作りなどに使えます。このようにしてそれぞれのパーツを最後までほどきます。

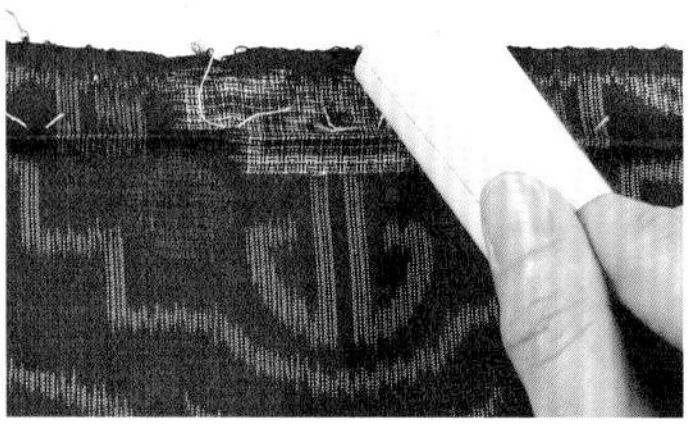

3　糸くずを取ります。テープでおさえると簡単です。このときにほこりなども一緒に取っておきます。

袖×２枚
身頃×２枚
おくみ×２枚
掛け衿×１枚
衿×１枚

ほどくと写真のようなパーツに分かれます。袖と身頃の幅は約36cm、おくみと衿の幅は約18cmです。この長方形の布から洋服のパーツをとります。幅が足りない場合は、違う布を接ぎ合わせて切り替えのデザインにするか、目立たない後ろや脇側で同じ布を接ぎ合わせます。

■型紙の作り方と布のカット

66ページからの図を元にして、型紙を作ります。すべて囲み製図の寸法なので、図の通りの寸法を測って紙に線を引きます。直接布に線を引く方法もありますが、型紙を作っておくと布違いで作るときに便利です。

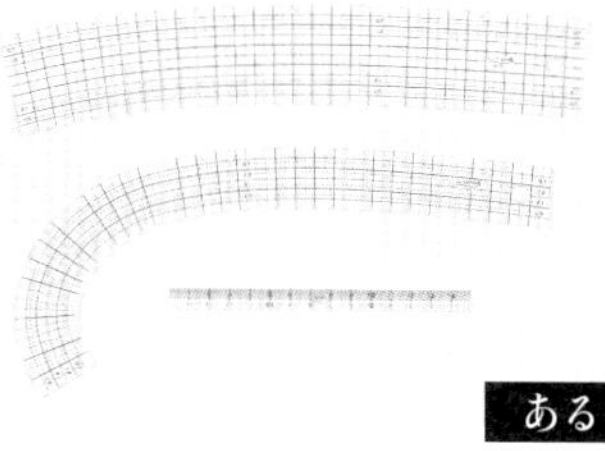

あると便利

● カーブ定規

襟や袖ぐりのカーブを書くとき、型紙のカーブを写すとき、縫い代を書くときに。深いカーブと浅いカーブで使い分けます。

● 方眼紙とハトロン紙

方眼紙はマス目が書いてあるので、自分で線を引くときに便利です。ハトロン紙は透けるので、型紙などに重ねて写すときに便利です。

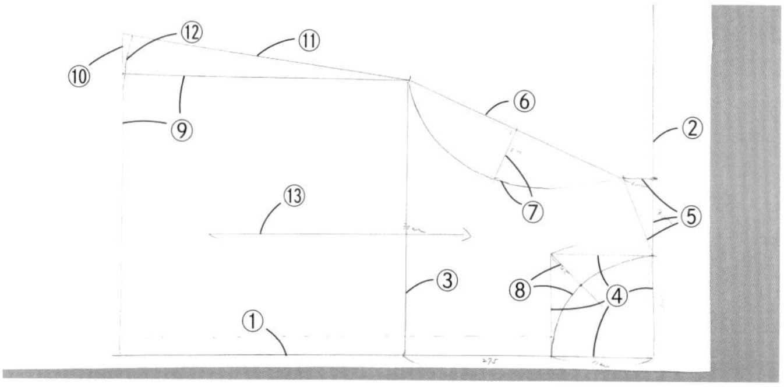

1　前身頃の型紙を作ります。①まず前中心（前立て）の線を引きます。②前中心と垂直になる線を引きます。③バスト線を引きます。④襟ぐりの位置に印を付けます。⑤肩幅と肩のさがりに印を付け、印を結びます。⑥バスト線と肩のさがりを結びます。⑦⑥の中心から垂直に合わせて印を付け、印を通るカーブをフリーハンドかカーブ定規で書きます。⑧⑦と同じ要領で書くか、④の直角の角から印を付け、印を通るカーブを書きます。⑨バスト線から下の寸法を四角に書きます。⑩脇分の裾の線を書きます。⑪バスト線と⑩の裾の線を結びます。⑫前さがりになるように脇に1cmほどの印を付けて、自然に裾とつながるようにカーブを書きます。⑬布目線を入れておきます。

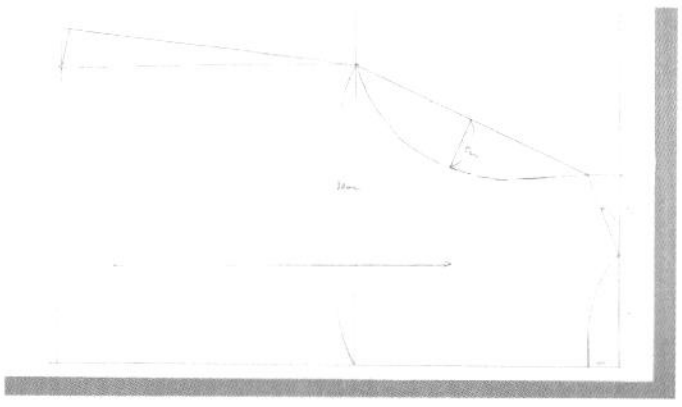

2　後ろ身頃も同様に書きます。後ろ身頃の襟ぐりは、後ろ中心から3cmほどまっすぐ引き、後は肩と自然につながるようにカーブを書きます。

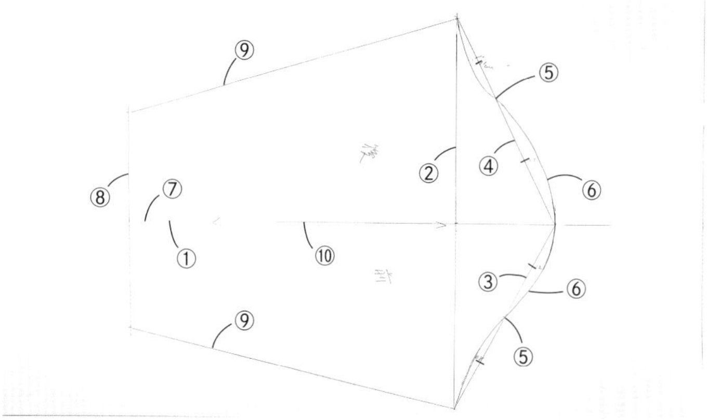

3　次に袖を作ります。前身頃と後ろ身頃の袖ぐりをメジャーで直接測ります。①肩から袖山になる縦線を引きます。②①と垂直に補助線を引きます。③前身頃の袖ぐりの長さを、縦線の上から補助線に向かって引きます。④後ろ身頃の袖ぐりの長さを同様に引きます。⑤③と④の長さに指定の長さで印を付けます。⑥印から垂直に合わせて印を付け、印を通るカーブを書きます。⑦袖の長さまで①の縦線を伸ばします。⑧袖口の線を垂直に引きます。⑨袖口と袖ぐりの線を結びます。⑩布目線を入れておきます。

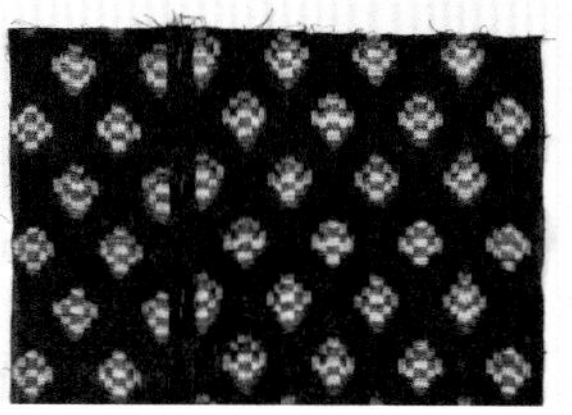

4　布に型紙で印を付けます。その前に、幅の足りない場合は、身頃なら脇側、袖なら後ろ側に接ぎ目がくるように布を接ぎ合わせます。

5　型紙を線通りにカットします。布の裏に耳から縫い代1cmをとって型紙を重ねてまち針で留めます。型紙に沿ってチャコペンシルなどで印を付けます。

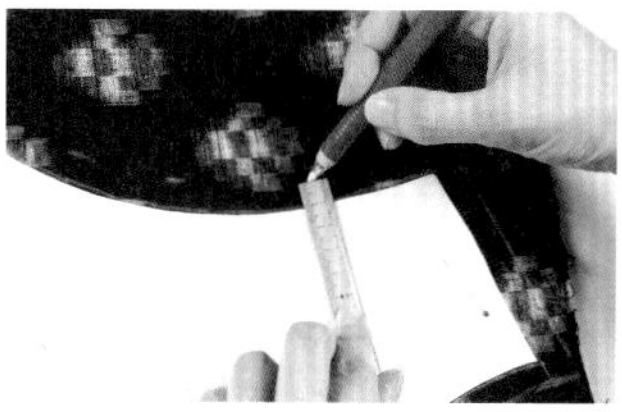

6　型紙通りに印を付けたら、次は縫い代を引きます。カーブ部分は細かく定規で印を付けて、印同士を結びます。またはカーブ定規を使うと簡単です。

7　裁ちばさみでカットします。

■ 型紙のサイズを変える

この本の洋服はフリーサイズです。ゆったりと大きめに着るようにしていますので、教室でもこのサイズで作っています。身幅はそのまま作ることがほとんどですが、丈は変更が必要なときがあります。型紙のサイズの変更のしかたを解説します。お持ちの洋服のサイズを参考にしてどれだけ小さくしたいか（大きくしたいか）を割り出してください。

丈は短くしたい分のサイズをそのままカットしますが、幅は前身頃2枚、後ろ身頃2枚の合計4枚あり、小さくしたいサイズを4で割った数をカットします。例えば全体で8cm小さくしたい場合は、8÷4＝2で各型紙で2cmずつ小さくします。大きくする場合も同じです。

丈を短くする

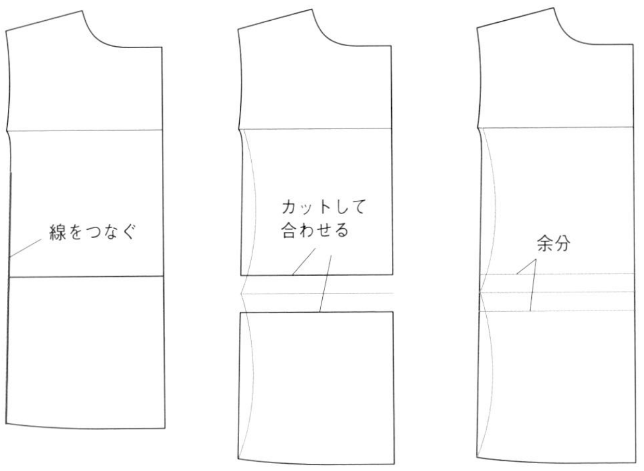

1　バスト線から下を等分し、短くしたい分の線を引きます。

2　線でカットし、上下をぴったり合わせます。

3　脇の線をまっすぐにつなぎます。

幅をせまくする

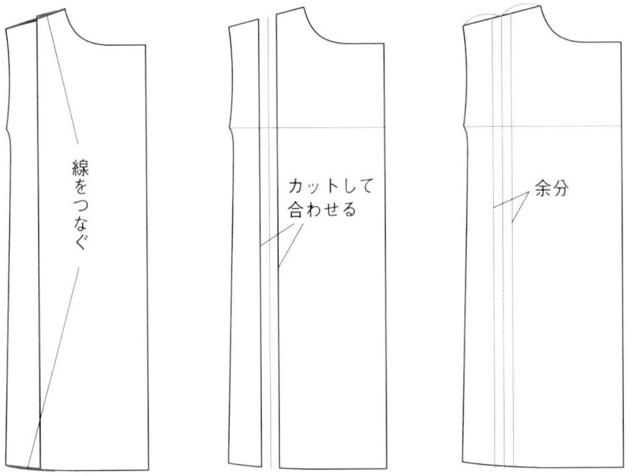

1　肩の中心から、小さくしたい分の線を引きます。

2　線でカットし、左右をぴったり合わせます。

3　肩の線と裾の線をつなぎます。裾はカーブを合わせます。

丈を長くする、幅を大きくする

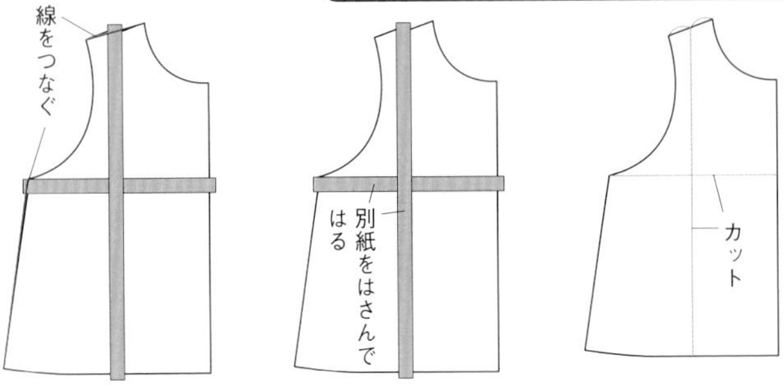

1　バスト線と肩の中心あたりでそれぞれ線を引き、カットします。

2　大きくしたい分の帯状の別紙をはさみ、テープで止めます。

3　肩と脇の線をつなぎます。
※丈だけ、幅だけでもかまいません。

■ 縫い代の始末のしかた

縫い代は布端がほつれてこないようにロックミシンをかけます。ロックミシンがない場合は、ジグザグステッチでもかまいません。基本的に肩や脇は先にロックミシンをかけておいてから縫い合わせて縫い代を割ります。袖ぐりなどは身頃と袖を縫い合わせてからロックミシンをかけて片倒しします。

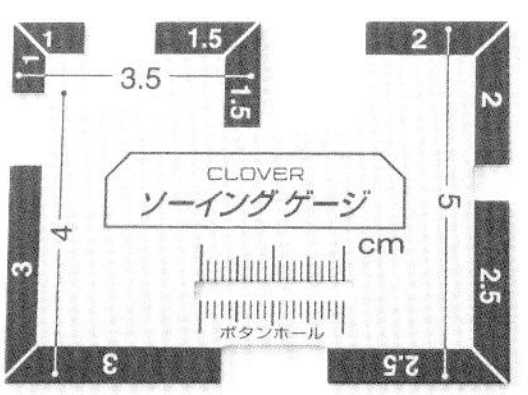

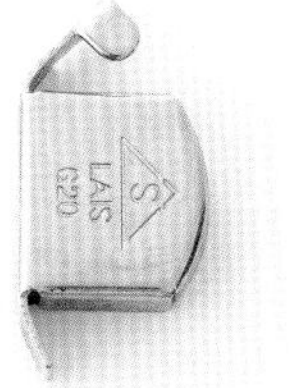

あると便利

● ソーイングゲージ（左）とマグネット定規（右）

マグネット定規は、裏に磁石が付いているので針板にくっつけて使います。針から縫い代の幅をあけてマグネット定規をセットすれば、布がマグネット定規に沿って進むので縫い代の幅ぴったりでまっすぐ縫うことができます。ソーイングゲージは縫い代の印付けをするときに使います。49ページの印付けで使うのはもちろんのこと、印を付け忘れたときに重宝します。ミシン縫いのときにさっと測ってマグネット定規をセットすれば、印を付けていなくても正しい縫い代の幅で縫うことができます。

裾の始末

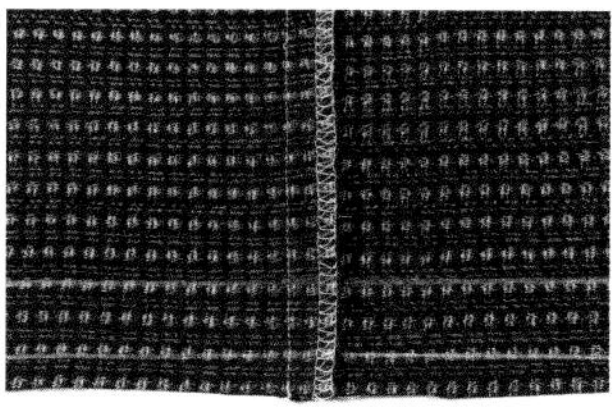

1　裾から1cmと3cmに印を付けます。

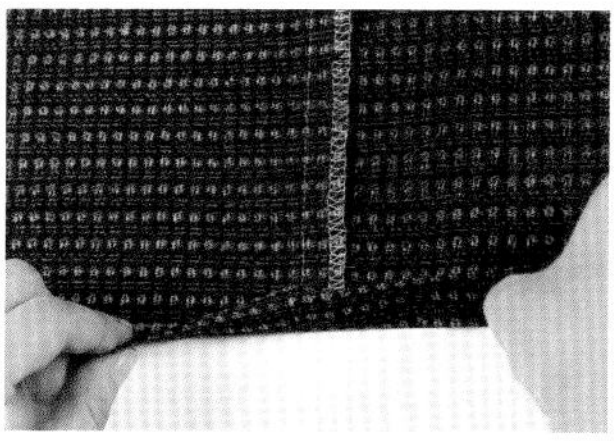

2　まず1cmで折ってアイロンをかけ、次に3cmで折ってアイロンをかけます。内側に布端が折り込まれた状態です。

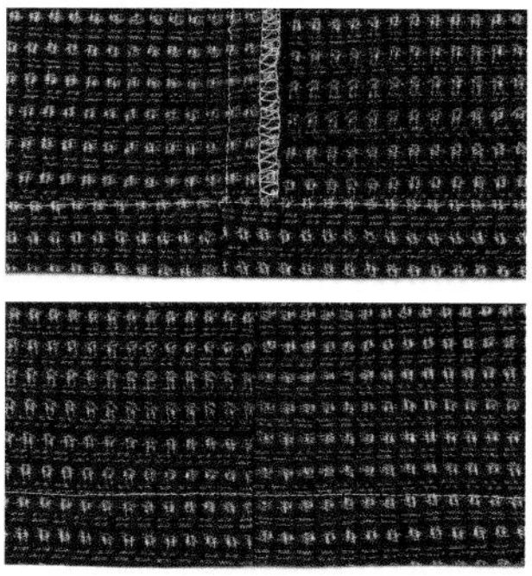

3　1cm折った輪の部分から0.1～0.2cmのあたりにミシンステッチをします。なるべく端にかけるようにします。

片倒し

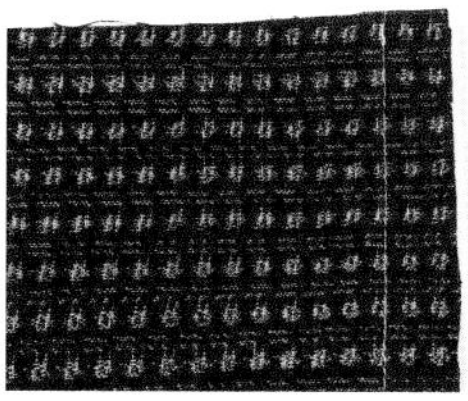

1　布端にロックミシンをかけずに2枚を中表に合わせて縫います。

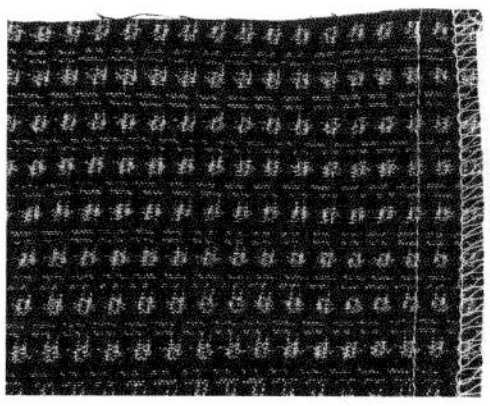

2　布端を2枚まとめてロックミシンをかけます。

3　縫い代を片方に倒し、アイロンで押さえて整えます。

割る

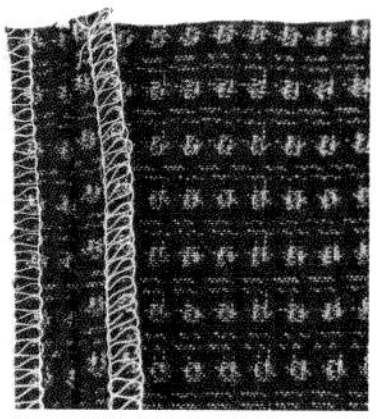

1　布を縫い合わせる前に、それぞれロックミシンをかけておきます。

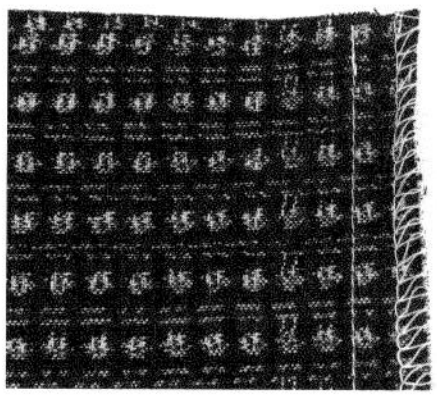

2　2枚を中表に合わせて縫います。

3　縫い代を割り、アイロンで押さえて整えます。

■ 接着芯のはり方

接着芯は襟や見返しなど、しっかりさせたい部分にはります。

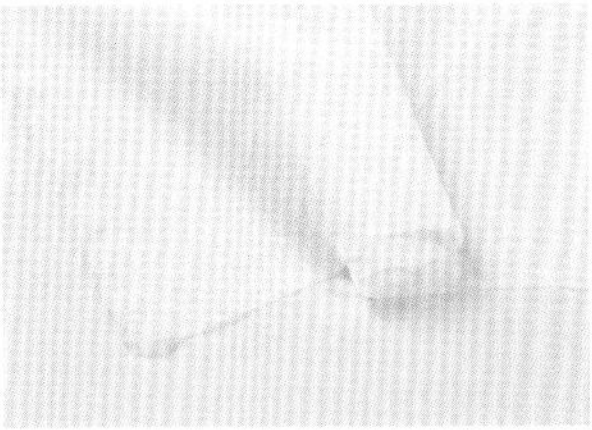

和布の風合いを損なわないように、ニットタイプか布タイプの薄手の接着芯を使います。ざらざらとしたのりが付いている側が接着面です。

1　見返しの型紙通りにカットします。上が見返し、下が接着芯です。接着芯は裏にはるので、反転させてカットします。

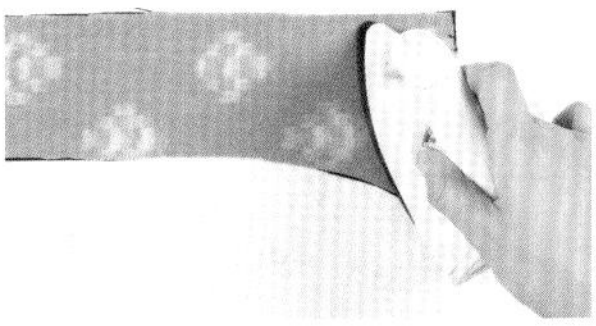

2　布の裏に接着芯をぴったりと重ね、アイロンで押さえます。アイロンは動かさずに押さえるのがポイントです。

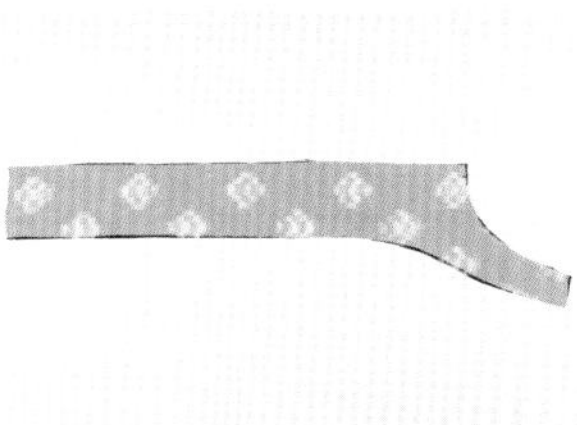

3　接着芯が付きました。布に余裕がある場合は、先に見返しの形にカットせず、少し大きめに布の裏に接着芯をはってから布をカットしてもかまいません。

■ バイヤステープの作り方

襟やボタン用布ループなどに使います。伸縮するので、布にシワがよらずカーブにもきれいになじみます。

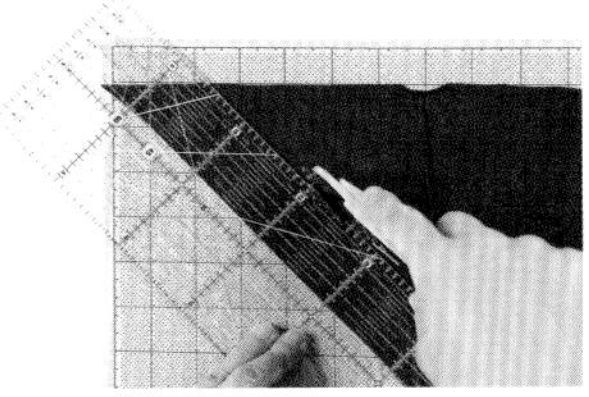

1　カッターマットの上に布をひろげ、布目に対して45度に定規を合わせてロータリーカッターで必要な幅の帯状にカットします。角度と全体に目盛りの入った定規があると便利です。

2　長さが足りないときは接ぎ合わせます。2枚を布端を合わせて中表に合わせ、谷から谷まで縫います。

3　縫い代を割り、布幅から飛び出た余分な縫い代をカットします。

■ 布ループの作り方

ボタン用の細いループを作ります。

1　布を幅2.5cmのバイヤスの帯状にカットします。中表に合わせて布端から0.3～0.5cmの位置を縫います。このとがった布端にシリコンペンを塗っておきます。

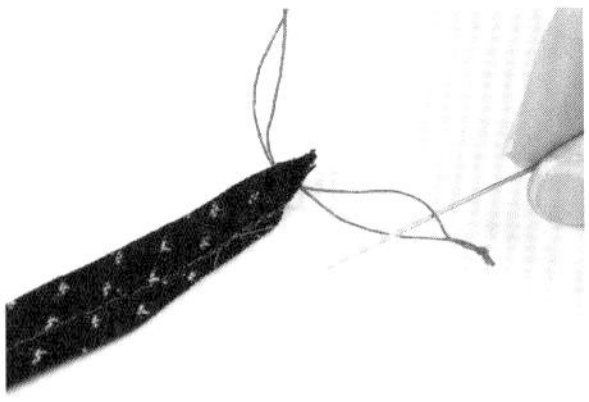

2　太い針に糸を通し、2本取りで玉結びをしてシリコンペンを塗った布端に通します。糸を引ききる前に2本の間に針を通します。

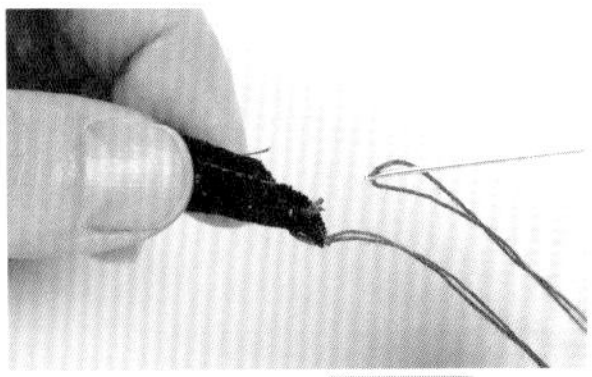

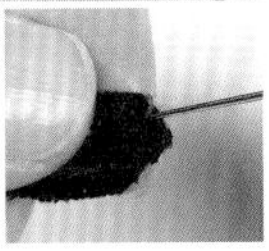

3　針の頭から布の中に入れ、順番に通します。糸を結んだ端を針先で入れ込み、中に通しやすくしておきます。

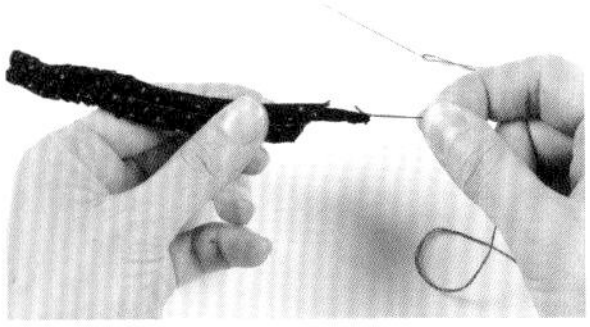

4　反対側から針を出して糸を引き、布の中を通して表に返します。

あると便利

● シリコンペンとループ返し

シリコンペンは、塗るとすべりがよくなるペンタイプのシリコン剤。すべりの悪い布を縫うときに押さえ金や針に塗って使います。ここではループを表に返すときに、布端に塗ってすべりをよくするために使います。ループ返しはその名の通り、ループを返す専用道具。ループの中に通して簡単に表に返すことができます。

くるみボタンの作り方

はめ込むタイプのくるみボタンの作り方です。打ち具と台座がセットになったくるみボタンが販売されています。

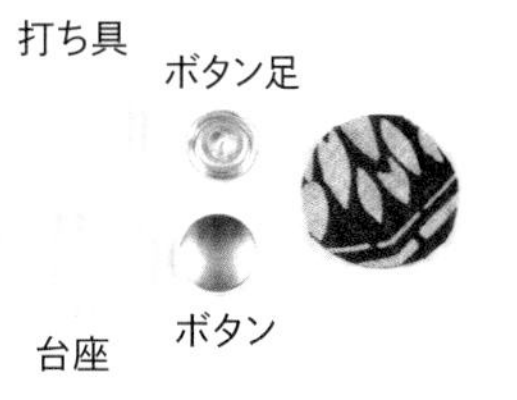

1　打ち具、台座、ボタン足、ボタン、布を用意します。

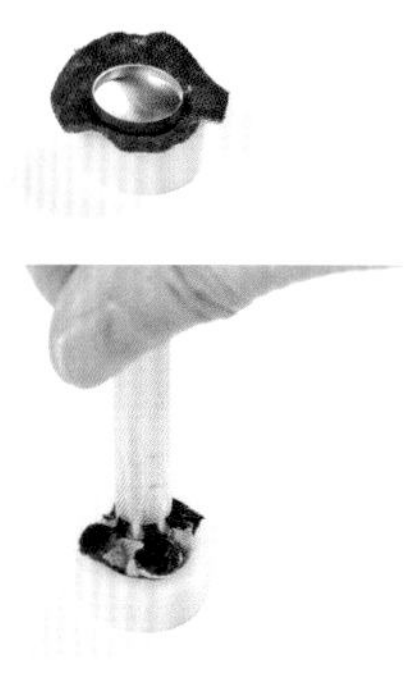

2　台座のへこみに、裏を上にした布、ボタンの順に重ねます。そのまままっすぐへこみに押し込みます。難しい場合は棒状のもので押し込みます。

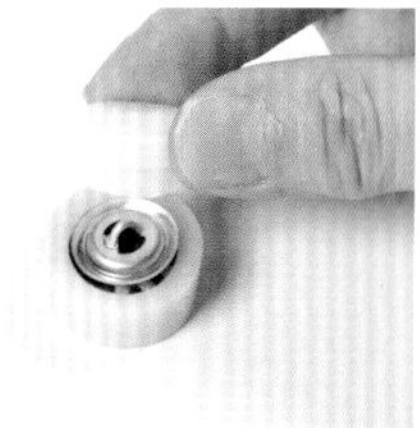

3　布を内側に入れてボタン足を乗せ、打ち具を重ねます。打ち具をまっすぐ押し込んでボタンにボタン足をはめます。

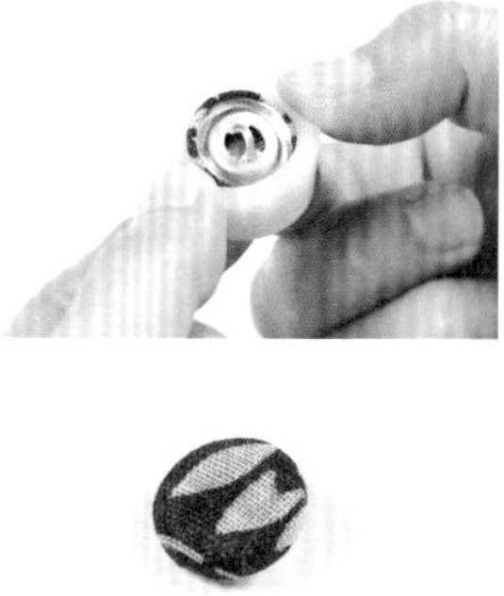

4　台座の底を押してくるみボタンを取り出します。これで完成です。

ピンタックの作り方

ワンピースにピンタックをあしらっています。たくさん入れるのは手間がかかりますが、立体感が出てすてきです。

1　布に印を付けます。ここでは1.5cm間隔です。

2　印を山にして折り、輪から0.3cmの位置を縫います。

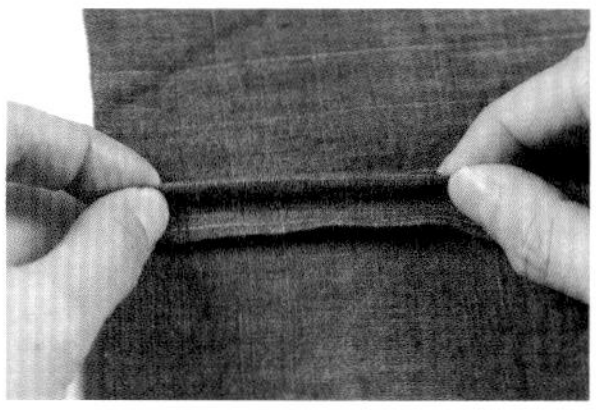

3　次の印も山に折り、0.3cmで縫います。これを印だけくり返します。

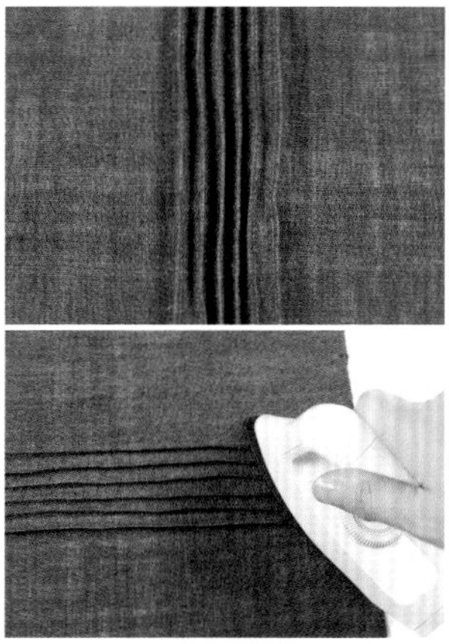

4　必要なだけ縫ったらアイロンをかけます。同じ方向にピンタックを倒してアイロンでしっかりと押さえます。

タックの作り方

スカートのウエストなどに使います。

1　布に印を付けます。ここでは3cm間隔です。

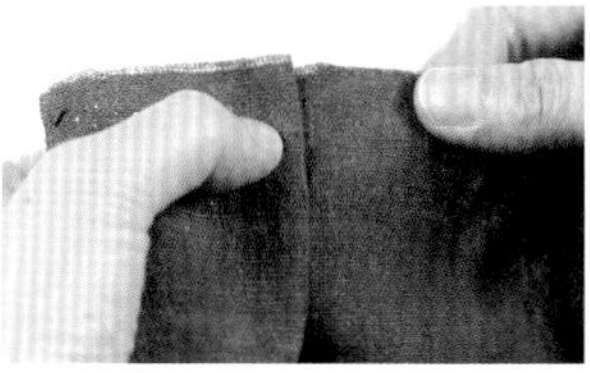

2　印と印を合わせて折ります。ひだがまっすぐになるように、少し下のほうまで折ります。

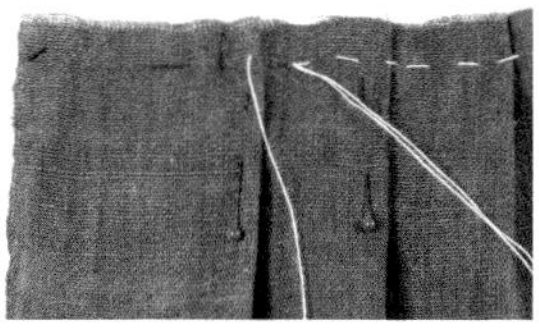

3　まち針で留め、しつけをかけます。折った山部分で返し縫いをし、しっかりと留めます。

ギャザーのよせ方

スカートのウエストや切り返し部分に使います。

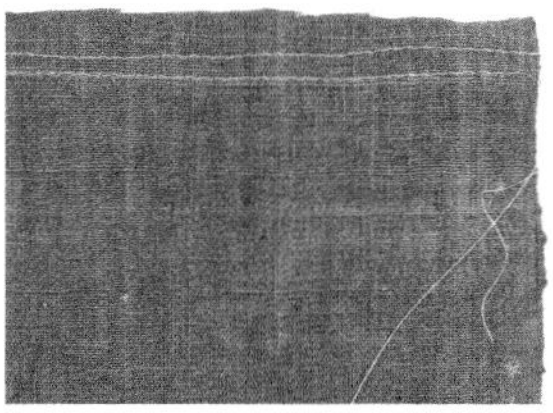

1　縫い代の印の少し上に、大きな針目で2本ミシンステッチをします。端の糸は長めに残しておきます。

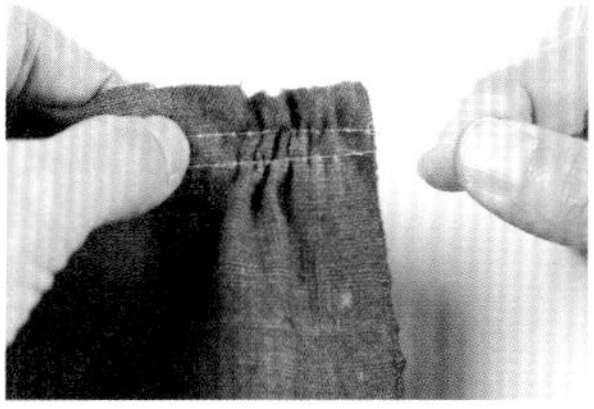

2　残した糸の1本を引くとギャザーがよります。縫い合わせる位置の幅に合わせてギャザーをよせます。

■ 玉縁ポケットの作り方

別布（玉縁布）でポケットの口を始末し、縁が付いたように見えるポケットのことです。ポケットだけでなく、コートのボタンホールにも使います。本来の玉縁ポケットの作り方よりも少し簡単にした縫い方です。23ページのベストのポケット、34ページのコートのボタンホールに使っています。

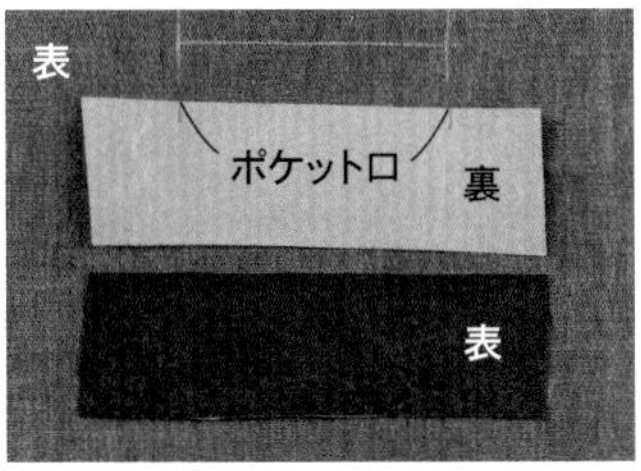

1　身頃のポケットを付けたい部分に印を付け、バイヤスにカットして裏に接着芯をはった玉縁布を2枚用意します。幅は、ポケット幅＋左右に各3cmです。ポケットの口幅に印を付けておきます。

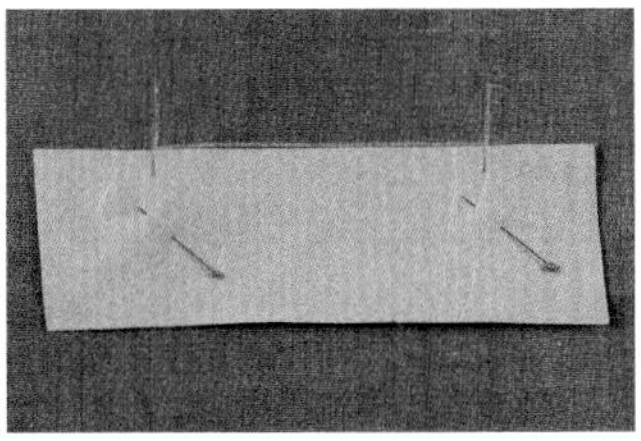

2　下側の玉縁布をポケットの口の印に中表に合わせてまち針で留めます。

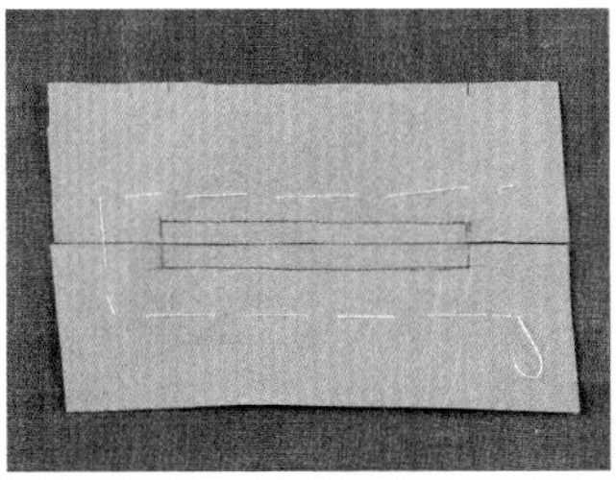

3　上側も同様に合わせて中心で玉縁布を突き合わせにします。しつけをかけて中心から各0.7cmの位置に印を付け、上下の印の上を縫います。両端は縫いません。

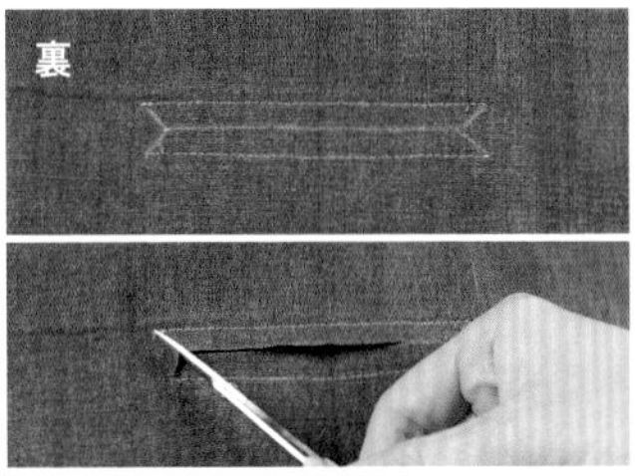

4　しつけを取り、身頃の裏側に印を付けます。2本の縫い線の中心と、両端から1cm内側に印を付け、1cm内側の印から角に向けて斜めに印を付けます。印の通りに切り込みを入れます。カットするのは身頃の布のみです。

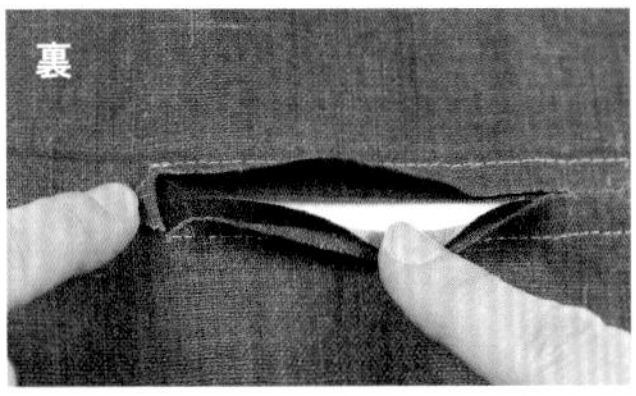

5　切り込み側（身頃裏）から玉縁布を引き出します。

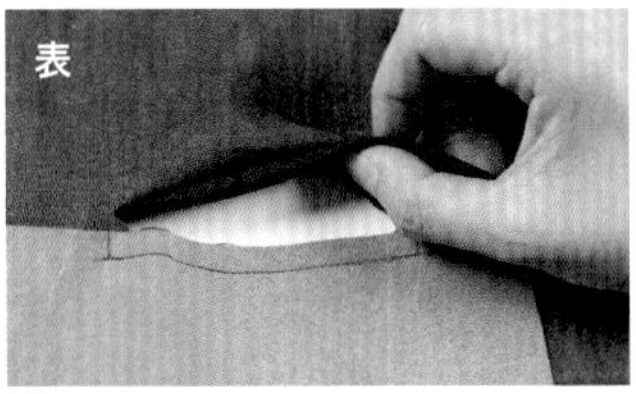

6　身頃表から見るとこのようになっています。縫い線で折り返すのではなく、縫い代の0.7cmをくるんで折り返します。

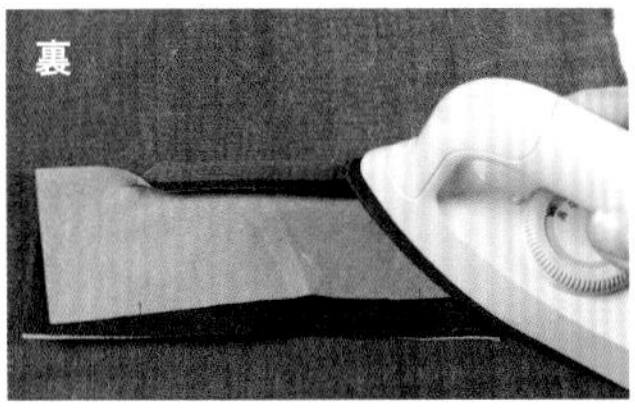

7　玉縁布を引き出したら、縫い代を割ってアイロンで押さえます。下側の玉縁布も同様です。

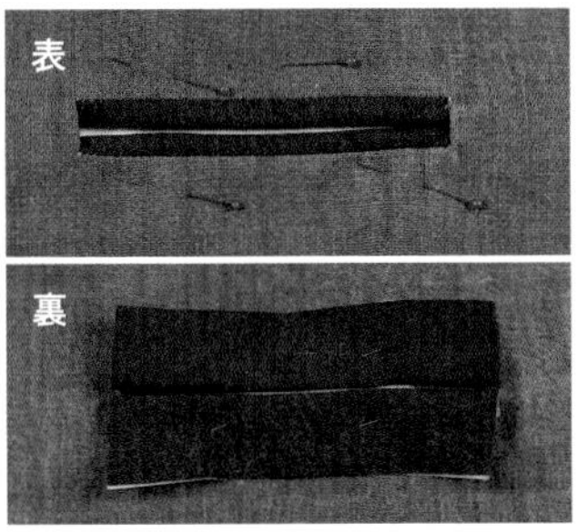

8　身頃表からまち針で留めます。切り込み部分で玉縁布の輪が突き合わさっている状態です。上下の玉縁布の幅をそろえます。

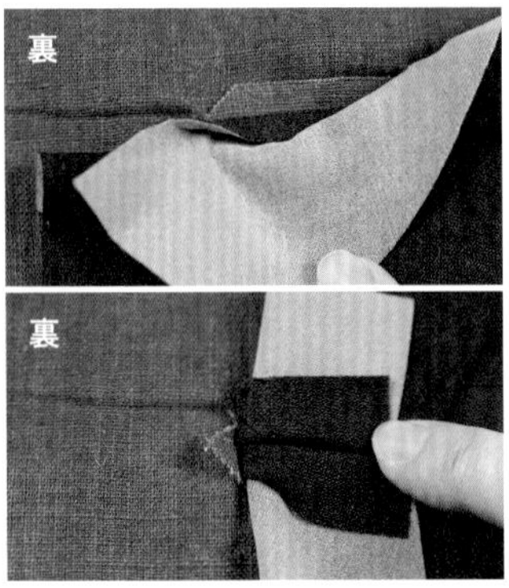

9　7で縫い代を割ったので、身頃の縫い代は身頃側に、玉縁布の縫い代は玉縁布側に倒れています。玉縁布の縫い代を芯にしてくるんでいる状態です。両端の斜めに切り込んだ三角の縫い代も身頃側に倒れています。

10　三角の縫い代と玉縁布を一緒に3回ほど縫って押さえます。身頃はよけておき、一緒に縫わないように。

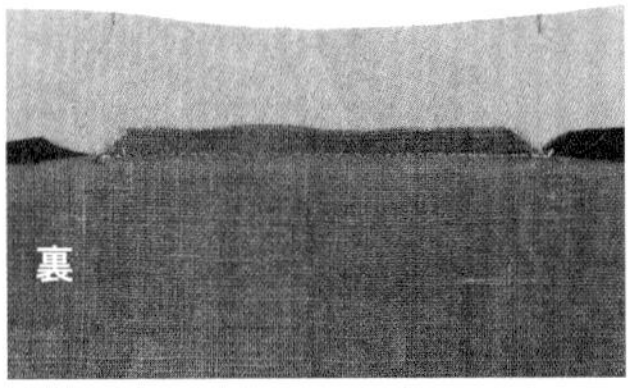

11　身頃をめくって身頃の縫い代と玉縁布を一緒に縫います。3の縫い目の上を縫います。これで玉縁布が固定されました。

12　ポケット布を玉縁布に縫い付けます。まず上側の玉縁布にポケット布を中表に重ねて布端を合わせて縫います。身頃はよけておき、一緒に縫わないように。

13　次に下側の玉縁布にもう一枚のポケット布を中表に合わせて、同様に縫います。

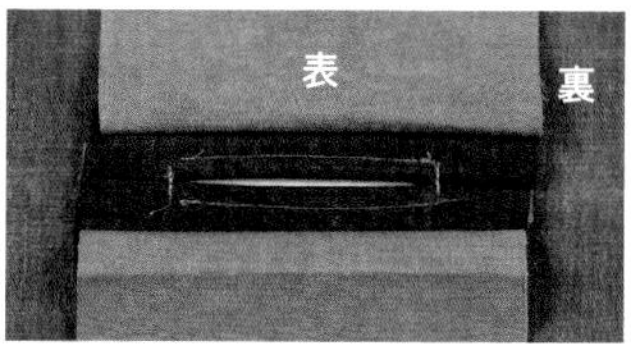

14　玉縁布にポケット布が付きました。

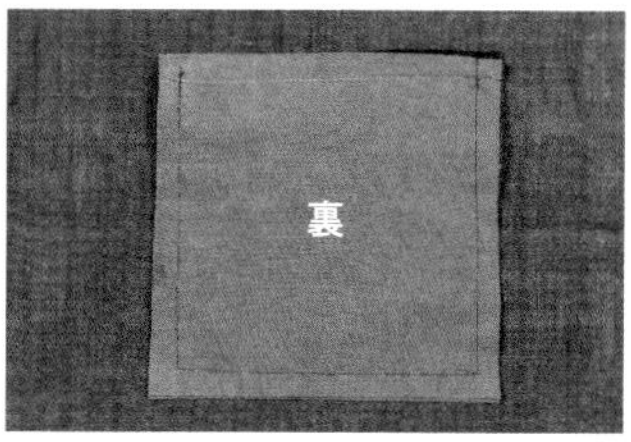

15　上側のポケット布をおろして下側のポケット布に合わせ、脇と底をぐるりと縫います。身頃の布は一緒に縫わないようによけておきます。

16　身頃の布側からたたんで見るとこのような状態です。

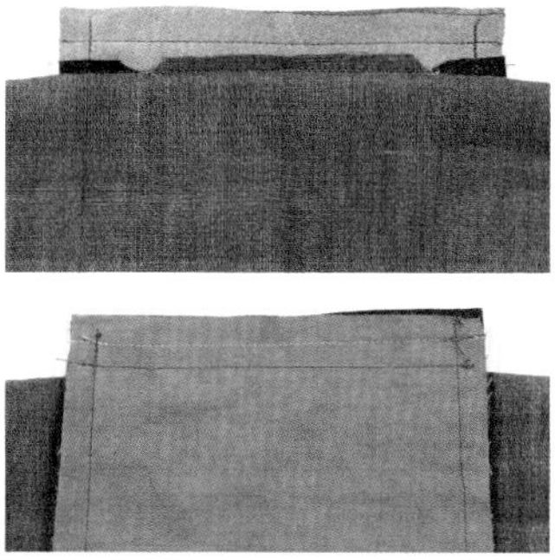

17　上側の身頃の布をよけ、11の縫い目の上を玉縁布、身頃の縫い代、ポケット布２枚を一緒に縫います。

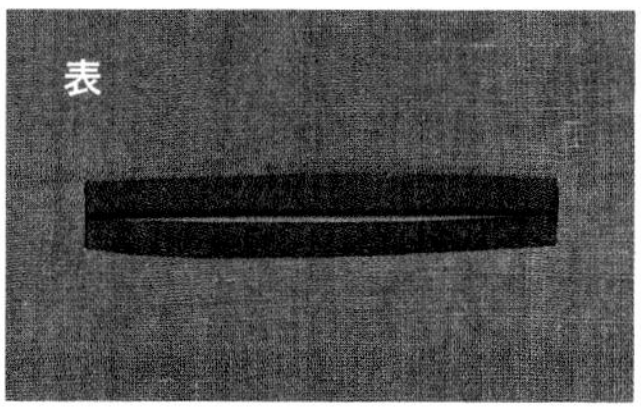

18　玉縁ポケットの完成です。

■ボタンホールの場合

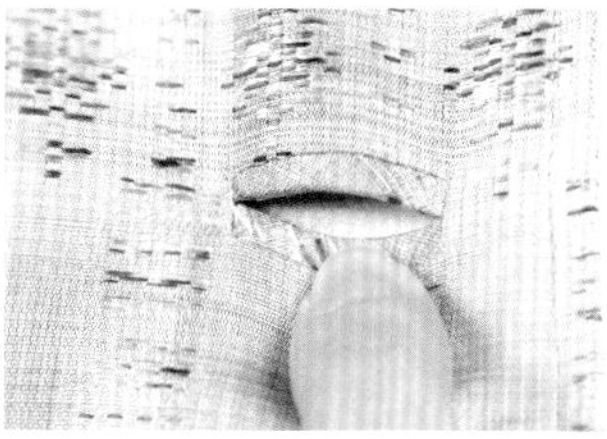

12　コートのボタンホールの場合は、玉縁ポケットの１～11と同様にボタンホールを作りますが、裏に見返しがあるので11の後に見返しの始末をします。

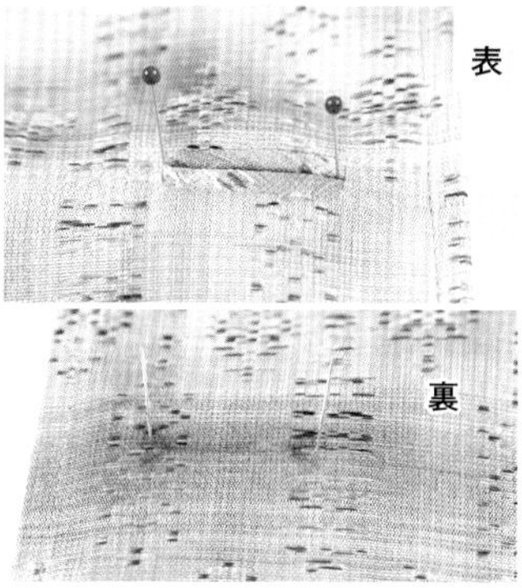

13　表からボタンホールの両端にまち針を刺し、見返しに針を出します。針と針の間に印を付け、両脇は0.5cm内側からボタンホールの角に斜めに印を付けます。4と同様の印です。

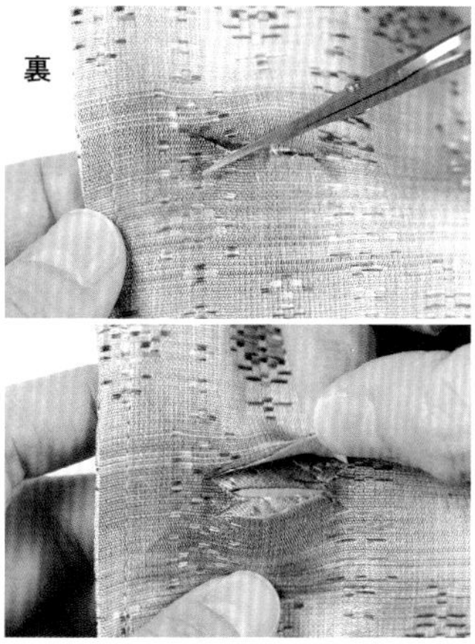

14　印通りに見返しに切り込みを入れます。表と同じ位置に穴があきました。

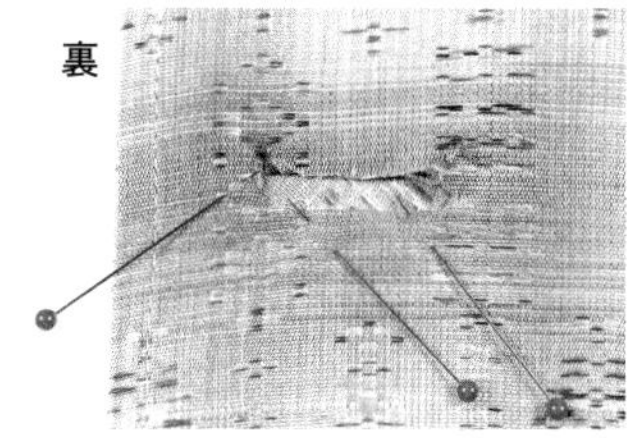

15　見返しの切り込み部分を内側に折り、まち針で留めます。

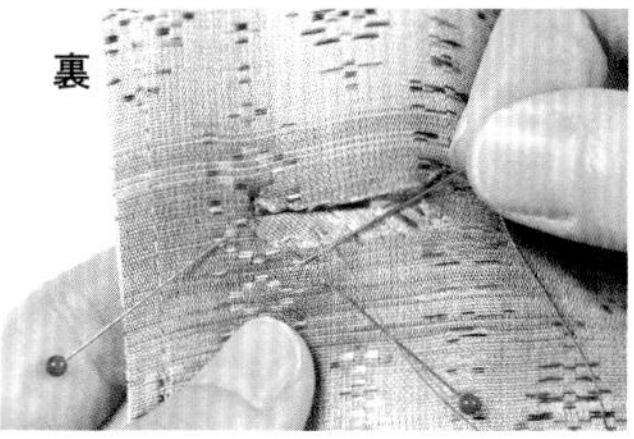

16　玉縁布に見返しをまつります。細かい針目の奥たてまつりで縫います。

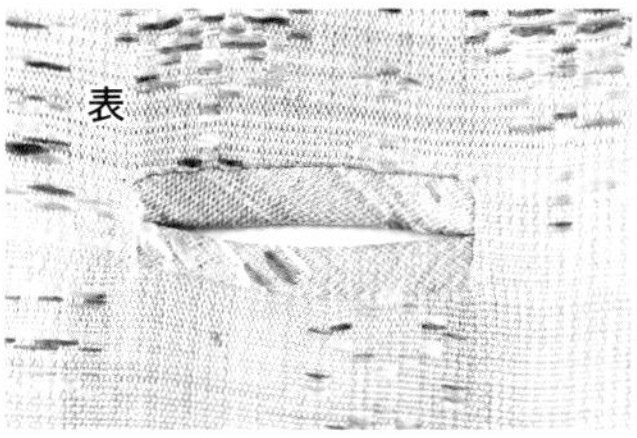

17　ぐるりとまつったら完成です。

■箱ポケットの作り方

片側だけを玉縁ポケットにした場合と似ていますが、四角い布が身頃の上に乗り、めくってもすぐにポケット布が見えないのが箱ポケットです。24ページのベストに使っています。

1　箱布を2枚用意します。前になる一枚のみ裏に接着芯をはります。24ページのベストのポケットが斜めに付いているので、ここでも斜めに布をカットしています。

2　2枚を中表に合わせて下側になる一辺を残して縫い、表に返します。角をきれいに出しましょう。

3　周囲に0.5cm幅でステッチを入れます。後ろの布に下端から1cmに印を付けます。

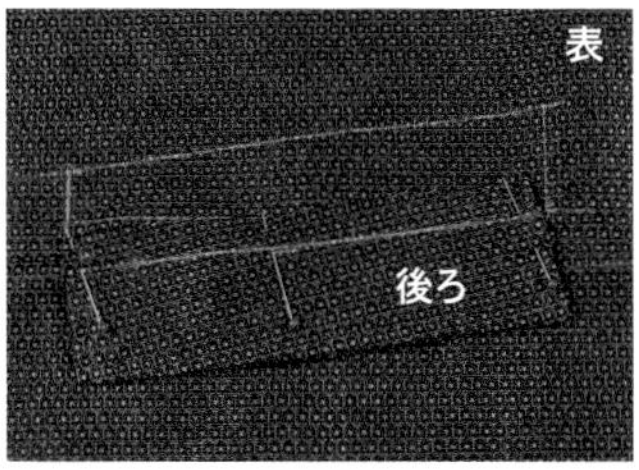

4　身頃のポケット付け位置に、箱布の位置の印を付けます。下の印と3で付けた印を中表に合わせてまち針で留めます。印の上を縫います。

5　身頃に切り込みを入れます。箱布の縫い代に沿って切り、両端は1cm内側から下の角に向かって斜めに切り込みを入れます。上にも同じ角度で同様に切り込みを入れます。上は角を少し残します。

6　身頃にポケット口の切り込み、両端に三角の縫い代ができました。

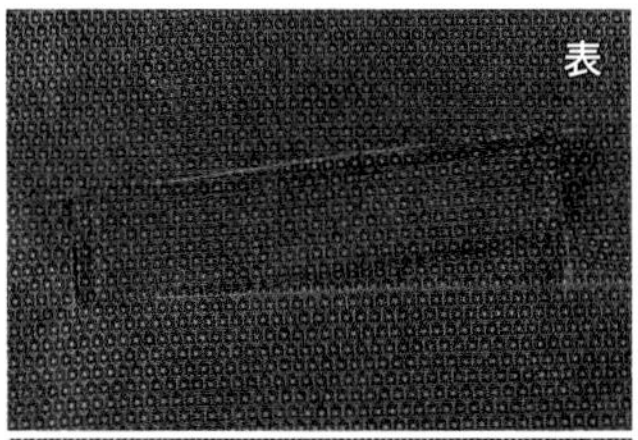

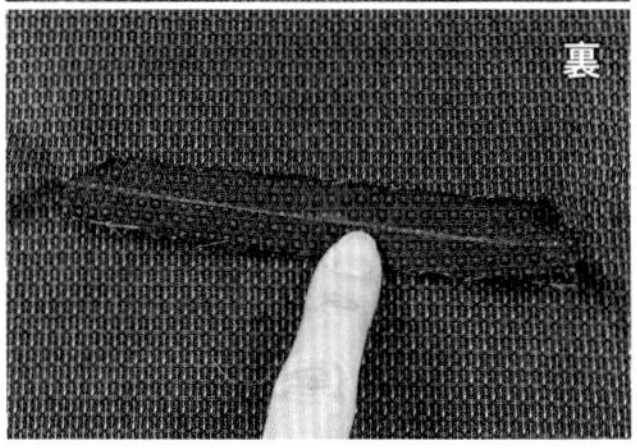

7　切り込みから箱布を折り返し、身頃の縫い目で折って縫い代を裏側に出します。箱布と身頃の印を合わせます。

8　ポケット布を付けます。箱布の縫い代とポケット布の端を合わせ、身頃の縫い代、箱布の縫い代、ポケット布を4の縫い目の上を一緒に縫います。身頃はよけておきます。

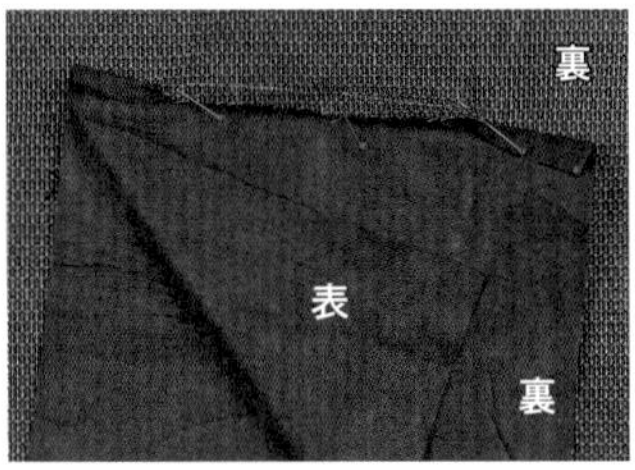

9　次に上の切り込みの縫い代ともう一枚のポケット布を中表に合わせます。布端を合わせてまち針で留めて縫います。このときも身頃は一緒に縫わないようによけておきます。

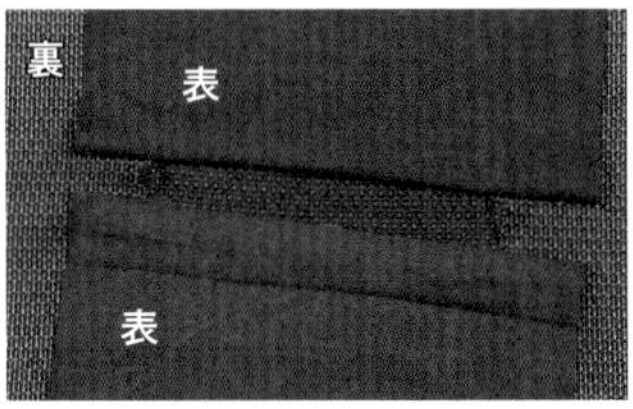

10　上下にポケット布が付きました。両端の三角の縫い代は外側に倒しておきます。ポケット口があき、箱布が見えている状態です。

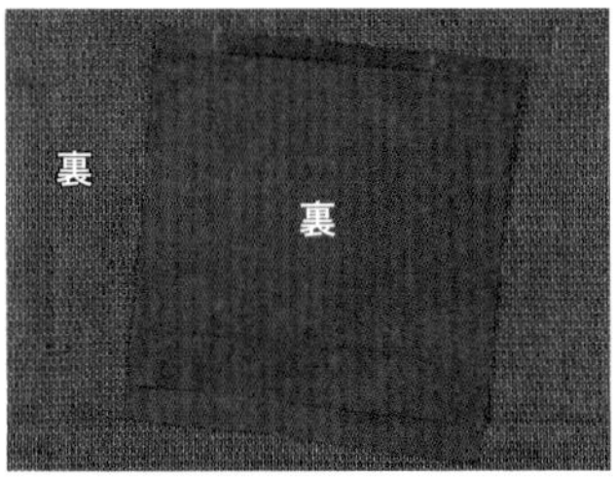

11　上側のポケット布をおろして下側のポケット布に合わせます。このときポケット布のサイズが違う場合は、合わせてカットしておきます。

12　身頃をよけて両端の三角の縫い代をポケット布に合わせて縫います。次にポケット布の脇と底をぐるりと縫います。

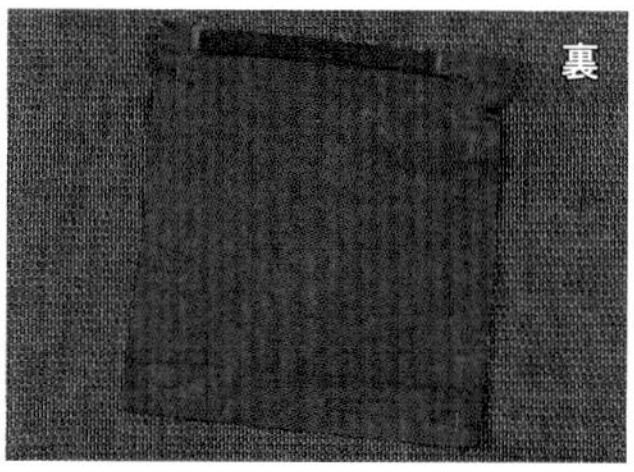

13　これでポケットができました。

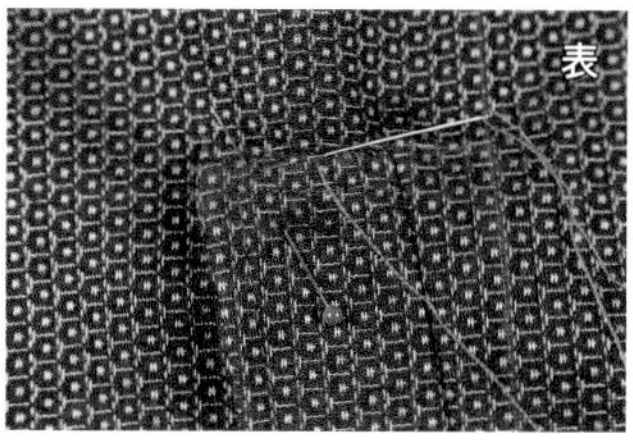

14　最後に表から箱布の両脇を身頃にまつります。

15　箱ポケットの完成です。

■ パッチポケットの作り方

身頃に上からポケットを縫い付ける、いちばんシンプルなポケットです。縫い代を折って縫い付けるだけでもかまいませんが、裏布を付けるとよりきれいです。

1　ポケットの表布と裏布を用意します。裏布のほうが少し縦を短くカットしておきます。表布と裏布を中表に合わせ、返し口を残して上側を縫います。

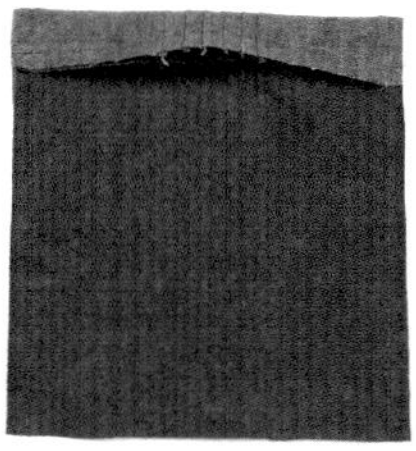

2　表布と裏布の底を合わせて折り、両脇を縫います。上（ポケット口）が輪になり、表布が裏布側に折り込まれている状態です。

3　両脇の底の縫い代を縫い線より少し入ったくらいの位置で裏布側に折り、底を縫います。こうすることで表に返したときに角がきれいに出て、表から裏布が見えなくなります。

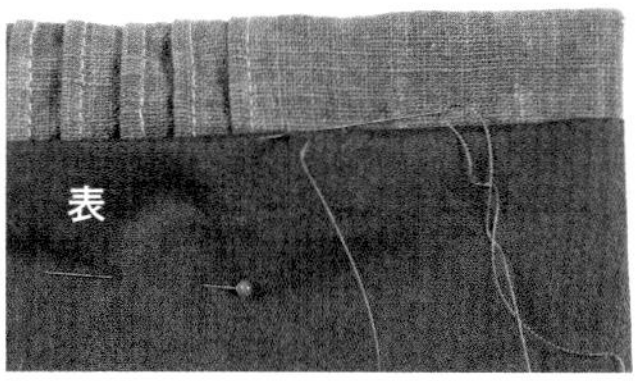

4　返し口から表に返し、返し口をまつってとじます。

5　力布を2枚用意します。直径2cmほどの円にカットします。

6　身頃にポケットを重ねてまち針で留めます。

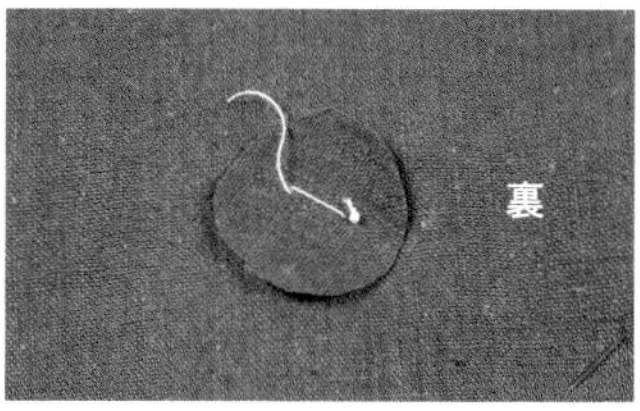

7　身頃の裏のポケット口の角の位置に力布を合わせてしつけで留めます。力布の中心に角がくるように。

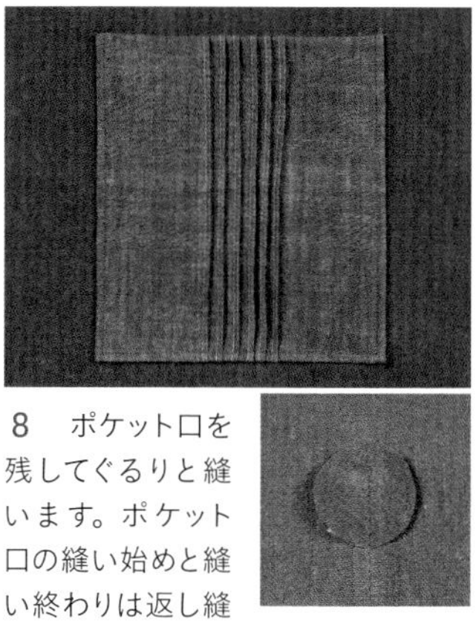

8　ポケット口を残してぐるりと縫います。ポケット口の縫い始めと縫い終わりは返し縫いをし、力布が折れたりしないように気を付けて縫います。これで完成です。

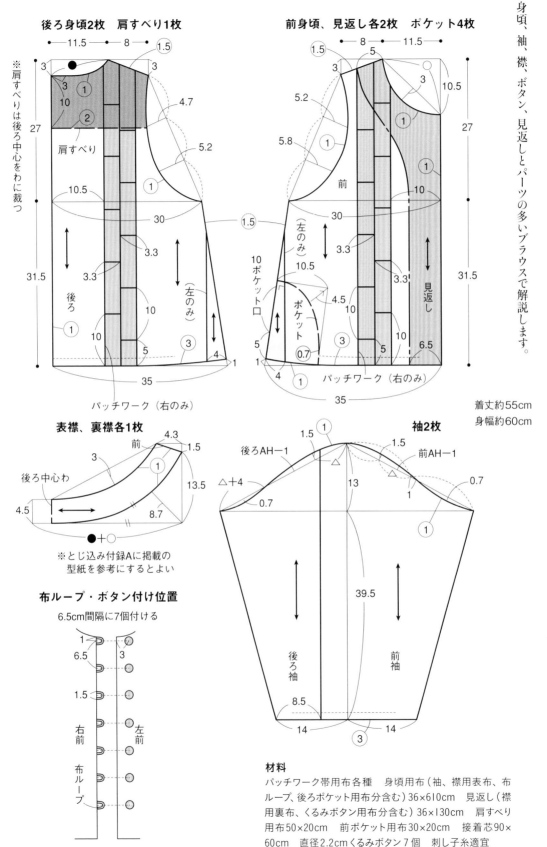

■ 14ページの ジャケット風ブラウスの作り方

身頃、袖、襟、ボタン、見返しとパーツの多いブラウスで解説します。

後ろ身頃2枚　肩すべり1枚

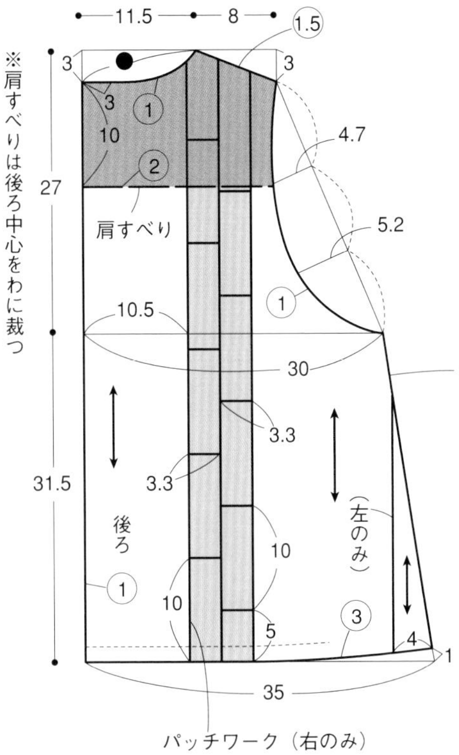

前身頃、見返し各2枚　ポケット4枚

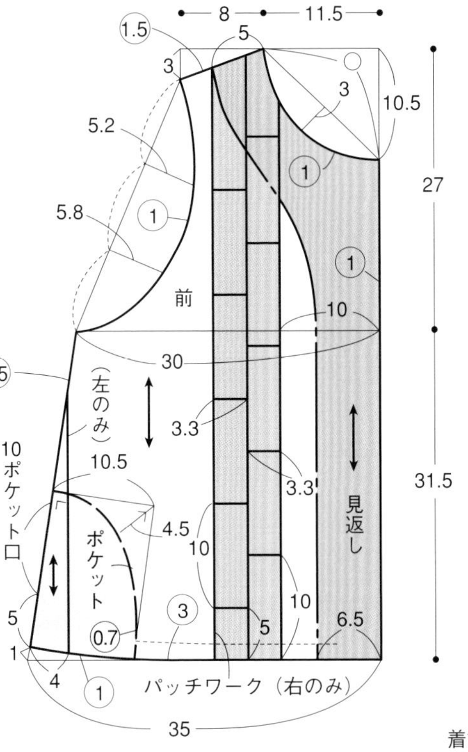

着丈約55cm
身幅約60cm

表襟、裏襟各1枚

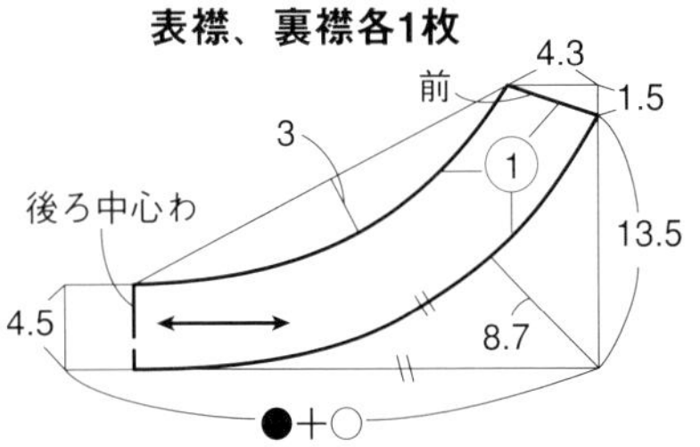

※とじ込み付録Aに掲載の型紙を参考にするとよい

袖2枚

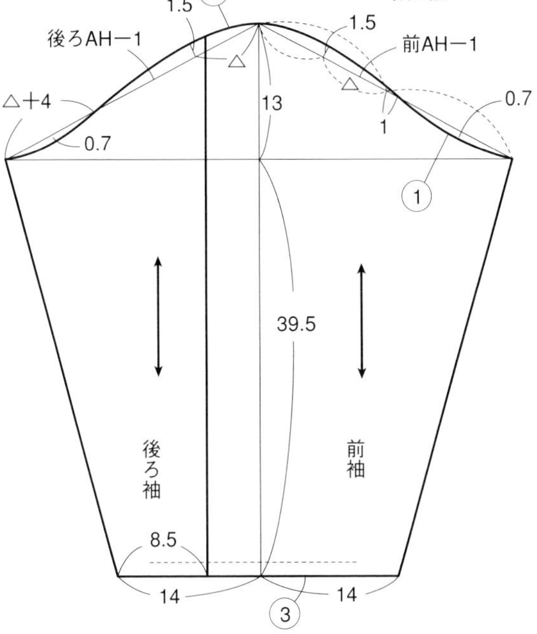

布ループ・ボタン付け位置

6.5cm間隔に7個付ける

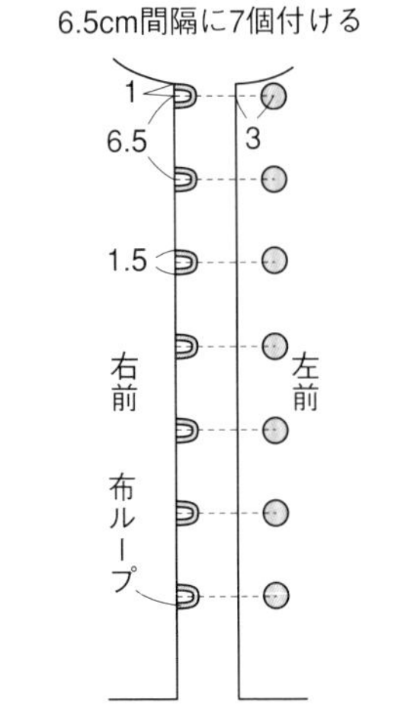

材料

パッチワーク帯用布各種　身頃用布（袖、襟用表布、布ループ、後ろポケット用布分含む）36×610cm　見返し（襟用裏布、くるみボタン用布分含む）36×130cm　肩すべり用布50×20cm　前ポケット用布30×20cm　接着芯90×60cm　直径2.2cmくるみボタン7個　刺し子糸適宜

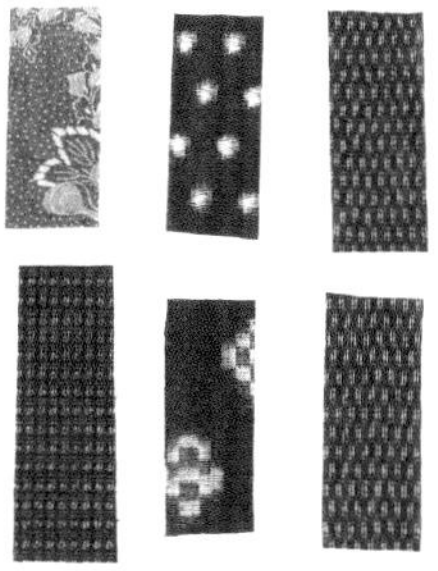

1　右身頃のパッチワークの帯を作ります。長方形のパーツを6枚カットします。裾になるパーツは、裾側の縫い代を3cm付けます。

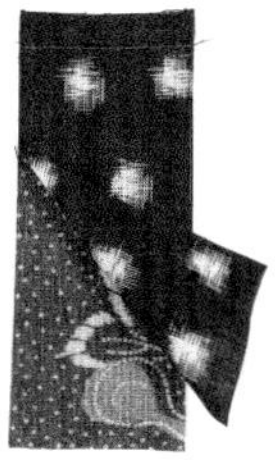

2　2枚を中表に合わせて縫います。これを3枚作ります。

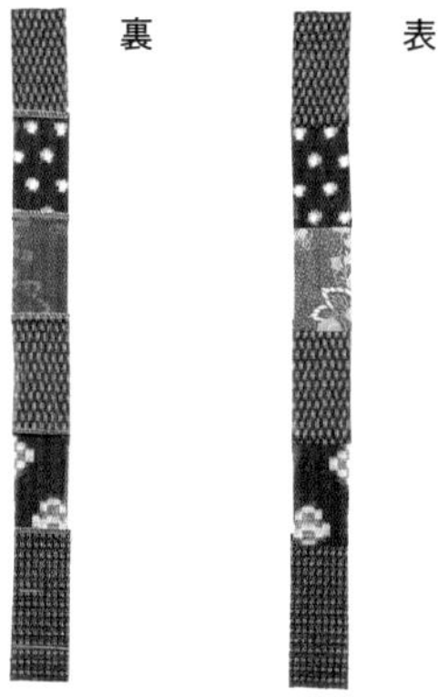

3　2の3枚を中表に合わせて縫い、1本の帯にします。縫い代を上側に倒し、2枚一緒にロックミシンをかけて縫い代を始末します。

4　裾側の縫い代に印を付けておきます。この帯を2本作ります。

5　右前身頃のパーツを用意します。帯2本、前立て側、脇側です。

6　5のパーツを縫い合わせます。縫い代は帯側に倒してロックミシンをかけます。肩と脇にもロックミシンをかけておきます。

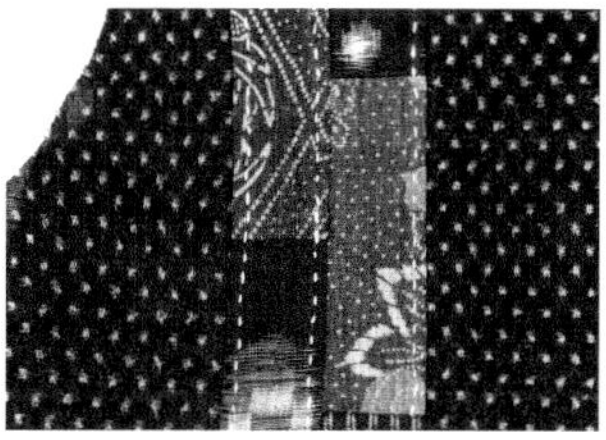

7　帯の0.5cm内側に刺し子をします。刺し子は縫い代を押さえる役割もあります。

8　後ろ右身頃も帯を入れて同様に作ります。後ろ身頃は背中心にもロックミシンをかけておきます。前と後ろの右身頃ができました。

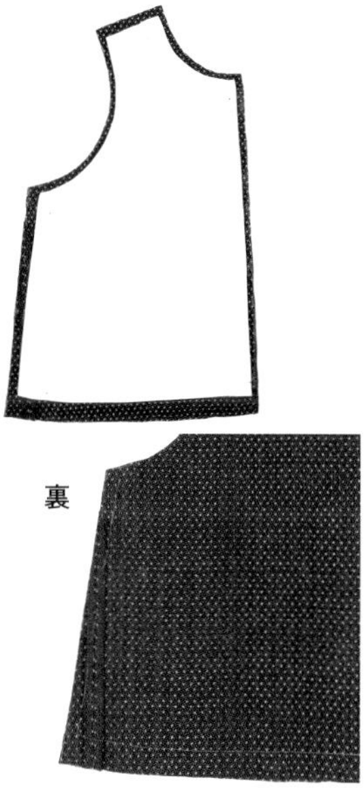

9　左前身頃を裁ちます。右身頃と違って帯を入れずに一枚布です。着物の幅が身幅に足りないので、脇で布の耳同士を接ぎ合わせてから裁ちます。縫い代は割ります。

10　前身頃と同様に、肩と脇の縫い代にロックミシンをかけます。後ろ左身頃も同様に、布を脇で接ぎ合わせてから裁ち、肩、脇、背中心の縫い代にロックミシンをかけます。

11　次に袖を裁ちます。左身頃と同様に布を接ぎ合わせますが、後ろ側に接ぎ合わせ位置がくるようにします。

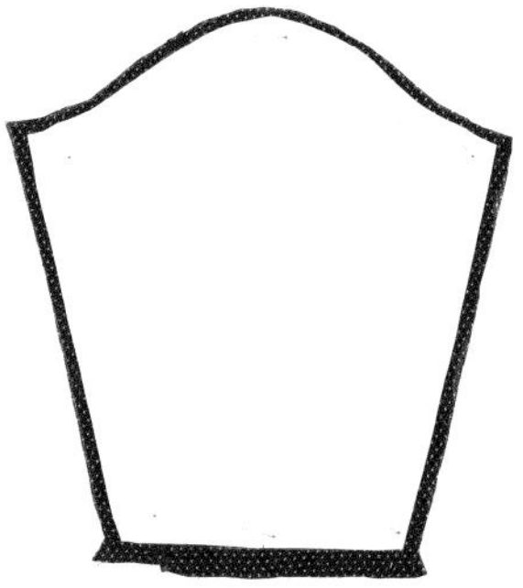

12　型紙を合わせて左右 2 枚の袖を裁ちます。写真は左側の袖なので裏から見て接ぎ目が左ですが、右側の袖の場合は接ぎ目が右にくるようにします。

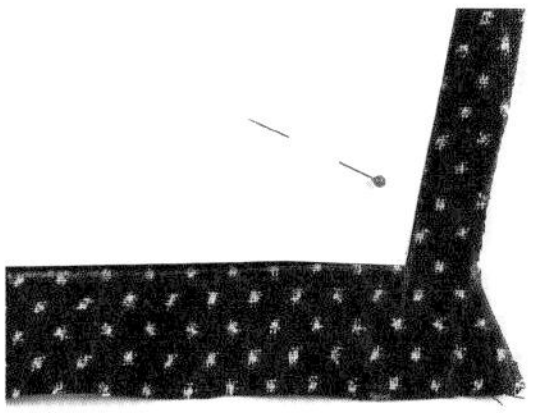

13　袖口は三つ折りするので縫い代は 3 cmとり、縫い代を折ったときに袖のラインと合うように縫い代を広げて裁ちます。

14　右の前身頃と後ろ身頃を中表に合わせて肩を縫います。

15　縫い代は割ります。

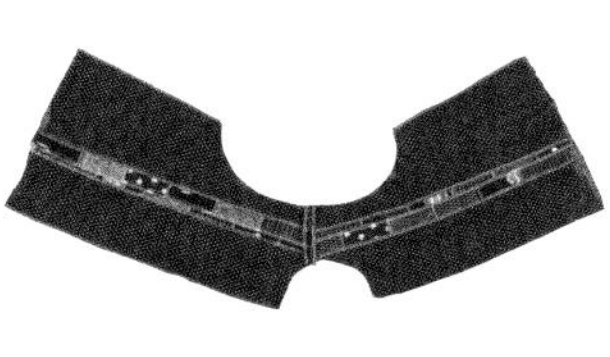

16　右身頃ができました。上が袖側、下が身頃の前立て側、左が後ろ身頃、右が前身頃です。

17　左身頃も同様に縫い、縫い代を割ります。

18　右後ろ身頃と左後ろ身頃を接ぎ合わせます。背中心で中表に合わせて縫い、縫い代を割ります。

19　これで洋服の形になってきました。

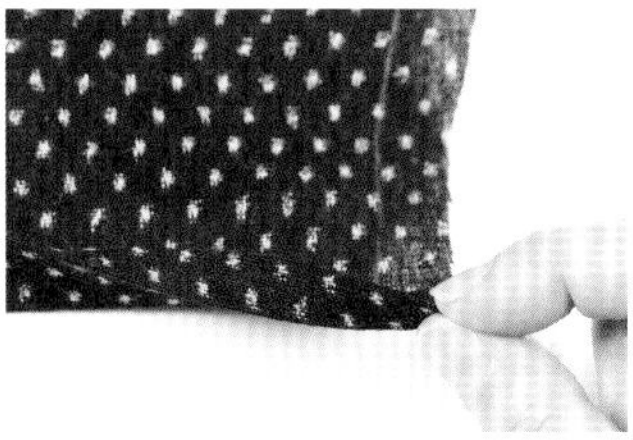

20　次に袖を付けます。先に袖口を三つ折りしておきます。

21　袖と身頃の袖ぐりを縫います。身頃と袖を中表に合わせてカーブを縫います。前と後ろを間違えないように注意を。

22　縫い代を 2 枚まとめて、身頃のほうを見ながらロックミシンをかけます。

23　袖下にロックミシンをかけます。袖口の縫い代も伸ばして端までかけます。

24　左右の袖が付きました。まだ袖下と脇は縫われていない状態です。

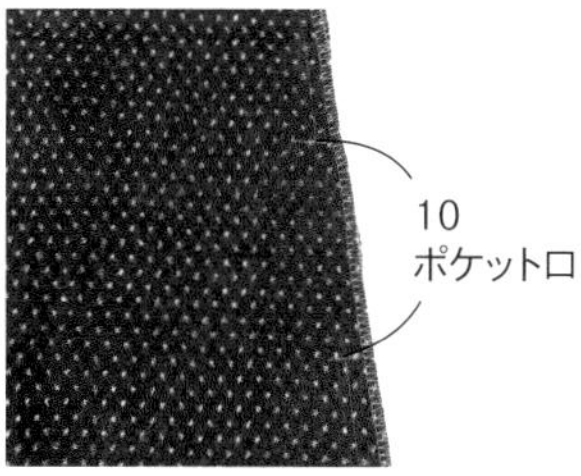

25　裏返して袖と脇をそれぞれ中表に合わせていっきに縫います。脇にはポケット口を10cm縫い残します。裾から縫い代3cm＋5cmの位置がポケットです。

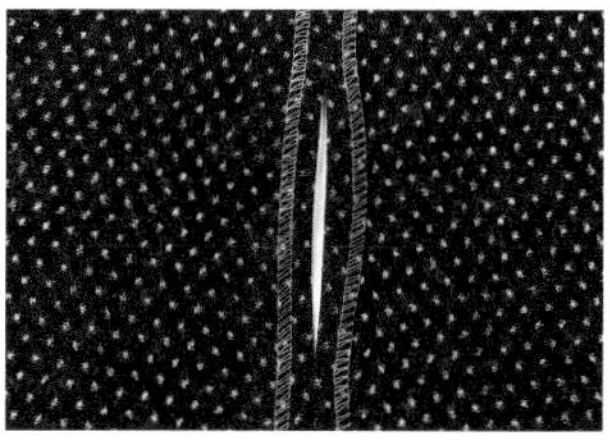

26　縫い代を割ります。写真はポケット口です。

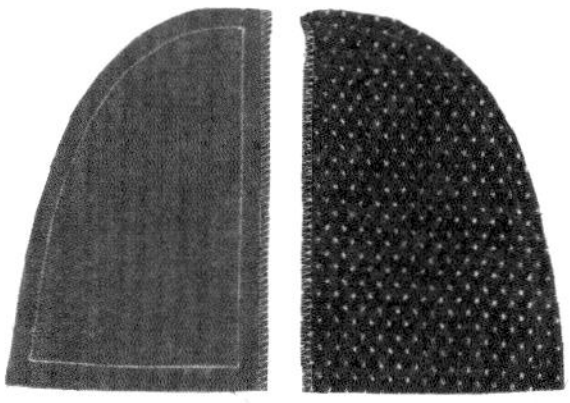

27　ポケットを作ります。前と後ろのポケット布を各2枚裁ち、ポケット口側にロックミシンをかけます。左右で反転して裁ちましょう。絣が後ろ布です。

28　2枚を中表に合わせてカーブを印から印まで縫います。

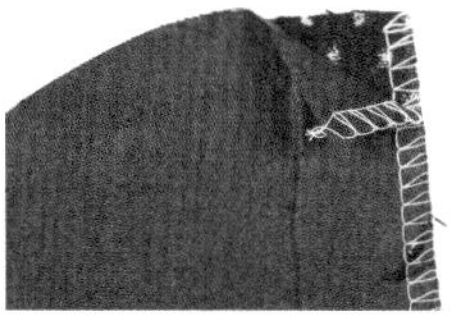

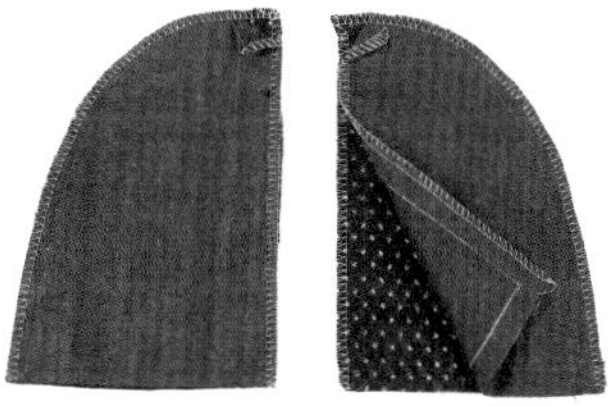

29　上側の角の縫い代を三角に折ります。左右とも同様に。

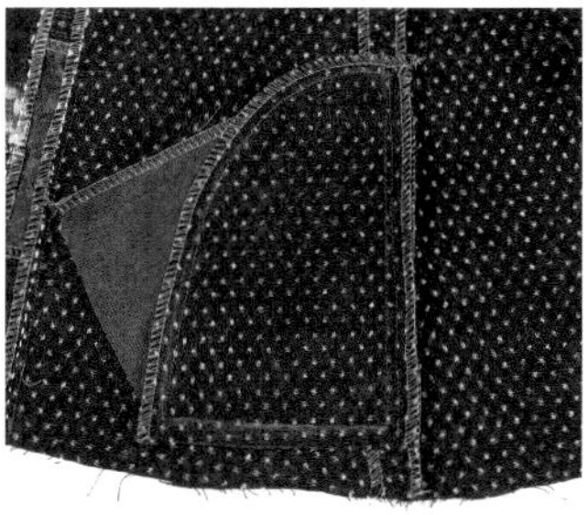

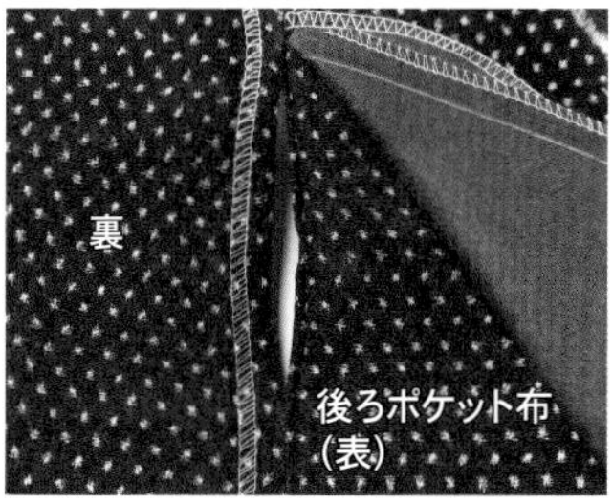

30　ポケットをポケット口に付けます。写真は右身頃です。まず前ポケット布をよけて、後ろポケット布と後ろ身頃の縫い代を中表に合わせます。ポケット口の上を合わせて脇から0.2cm内側を縫います。下の写真はめくって表から見たところです。

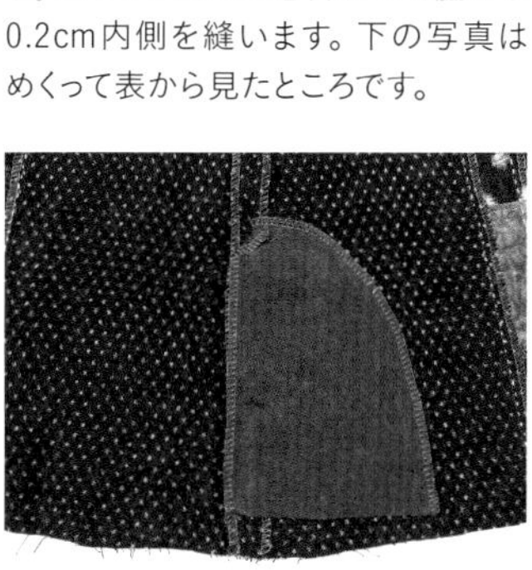

31　次に前ポケットと前身頃の縫い代を中表に合わせて同様に縫います。これでポケットが付きました。

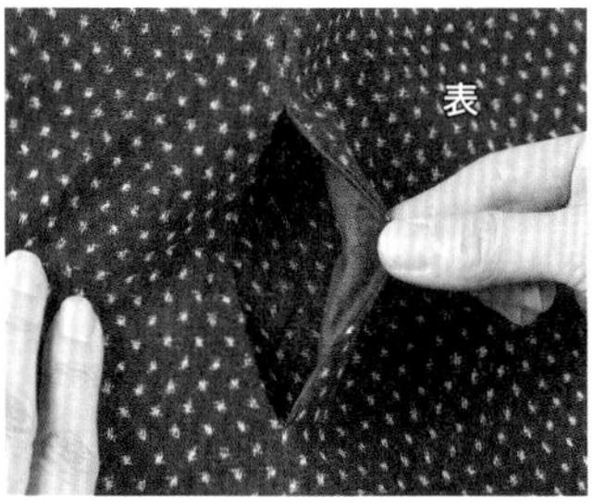

32　身頃側から見たところです。

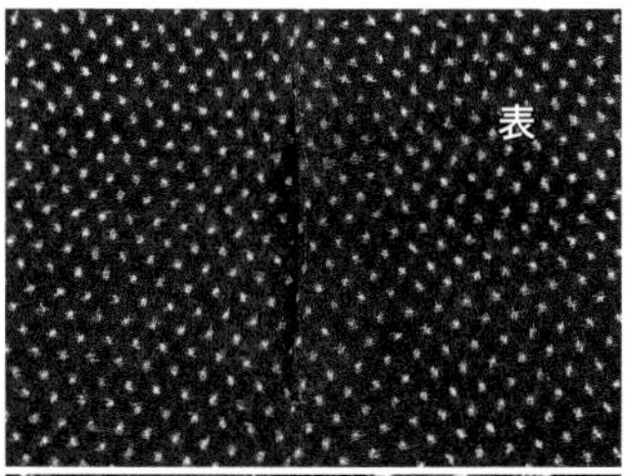

33　前身頃のポケット口にステッチをかけ、ステッチの上下にかんぬき止めをします。ミシンで横に2回往復すれば大丈夫です。

34　ポケットが付きました。写真は裏返して見たところです。

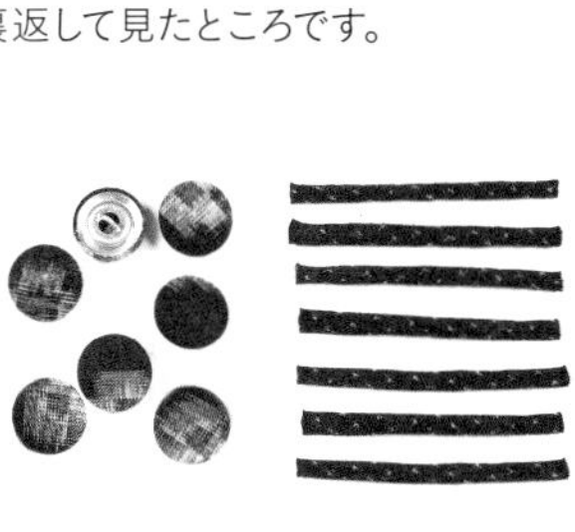

35　布ループとくるみボタンを各7つ作ります。作り方は52、53ページ。布ループは長く作って8cmに7本カットします。

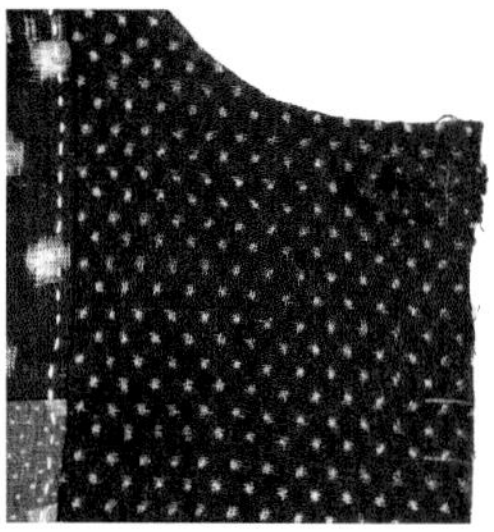

36　右前身頃に布ループの付け位置の印を付け、布ループを仮留めします。布ループの端が重ならないように並べて留めます。

37　7本すべて留めました。布ループの縫い目は内側にしたほうがきれいです。

38　左右の見返しを作ります。裏には接着芯をはり、外側のカーブにロックミシンをかけておきます。

39　肩すべり（背裏）を作ります。下は三つ折りにするので縫い代を2cm付けます。中に着る服との摩擦を減らすために、すべりのよい布を使います。裏地には保護と丈夫にする役割があります。

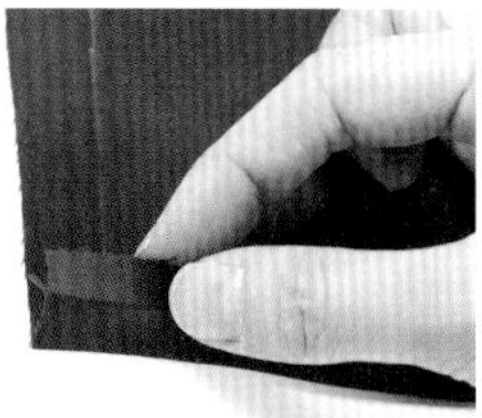

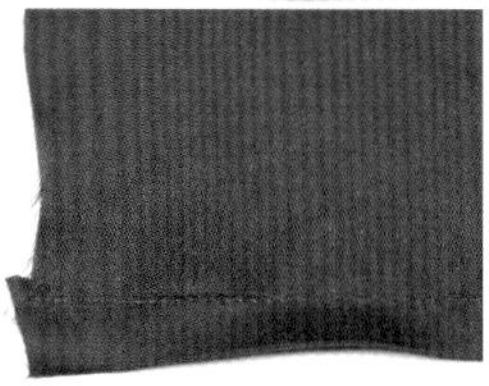

40　下側を三つ折りして縫います。

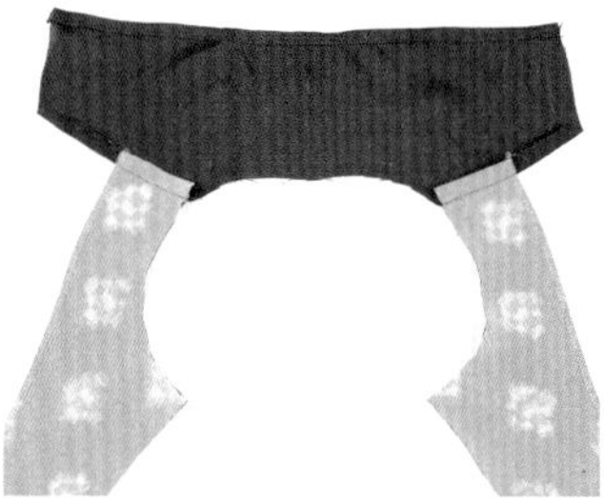

41　次に肩すべりと見返しを中表に合わせて縫います。肩を合わせて縫い、肩すべり側に縫い代を倒します。

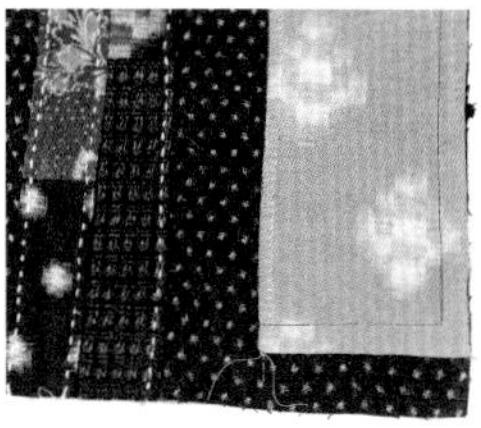

42　見返しと右前身頃を中表に合わせて縫います。前立てと襟ぐりを合わせ、裾は身頃が出ている状態で、前立てから裾まで縫います。

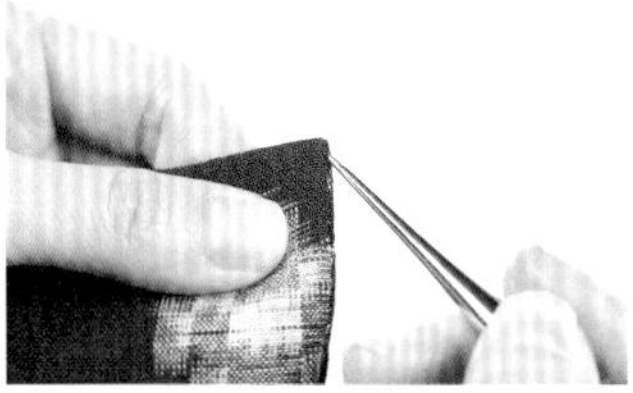

43　見返しを表に返します。裾の角で前立て、裾の順に縫い代を縫い線で折り、指で押さえながらひっくり返します。目打ちなどで角をきれいに出します。

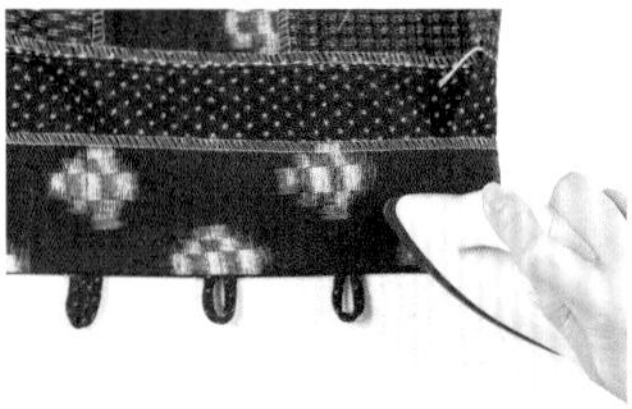

44　アイロンで押さえて整えます。前立てのラインもきれいに出しましょう。左前身頃と見返しも同様に縫います。

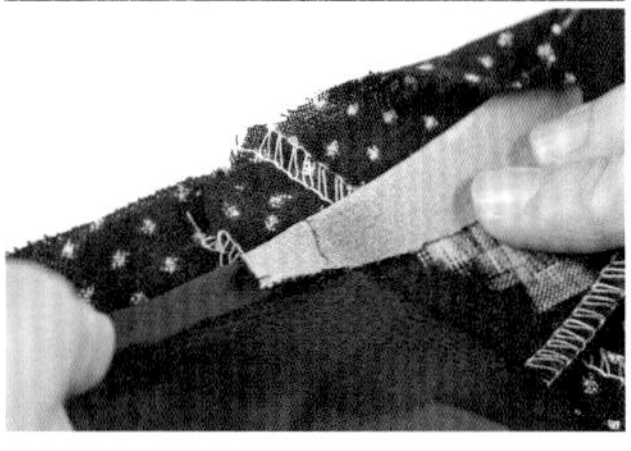

45　身頃と肩すべり＋見返しの襟ぐりを外表に合わせてまち針で留めます。このとき肩の縫い目をきちんと合わせます。

46　襟ぐりをぐるりと仮縫いします。

47　襟を作ります。表布と裏布をバイヤスに裁ち、表布にのみ接着芯をはります。裏布は見返しと同じ布です。

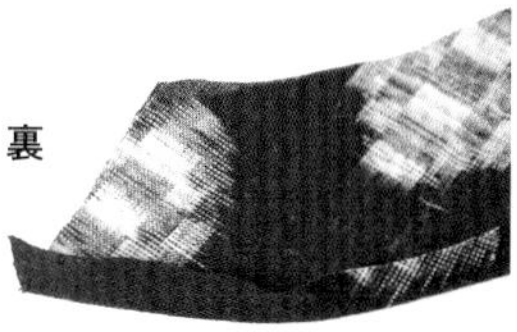

48　裏布の下側の縫い代を折っておきます。アイロンで押さえてカーブをきれいに折ります。

49　表布と裏布を中表に合わせて上側（身頃に付く襟ぐり）と両脇を印から印まで縫います。

50　縫い代に切り込みを入れます。切り込みを入れることで表に返したときにカーブがきれいになります。

51　表に返します。43のように角をきれいに出しましょう。

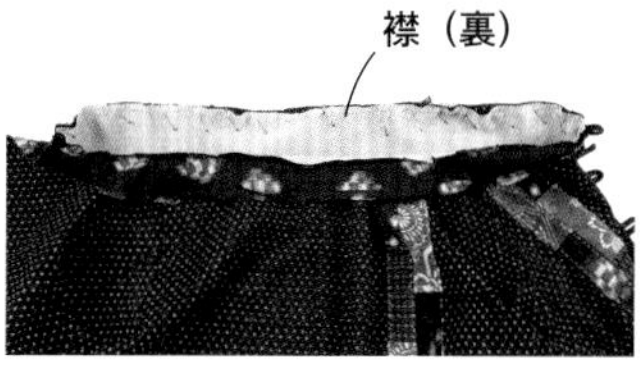

52　身頃の襟ぐりに表布のみを中表に合わせてまち針で留めます。

53　襟の脇と身頃の前立てをきちんと合わせます。

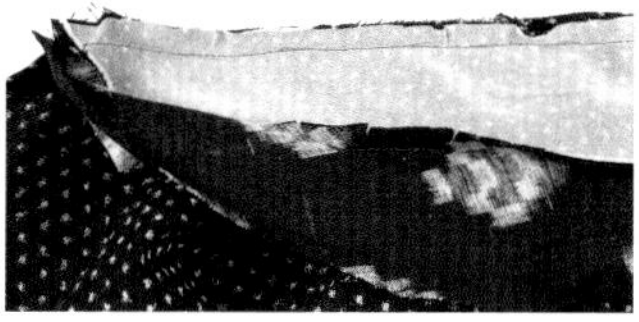

54　印から印までぐるりと縫います。

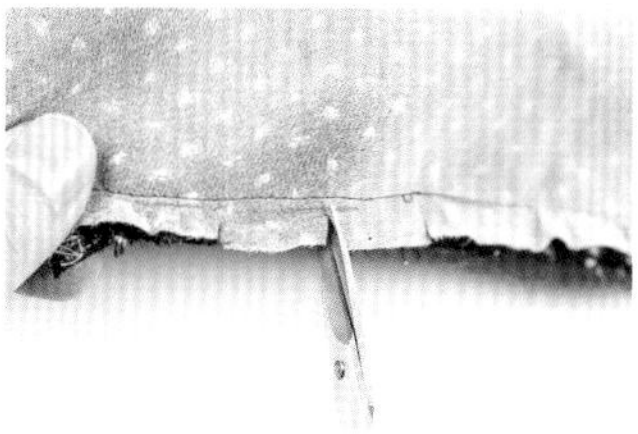

55　縫い代に切り込みを入れます。これで襟ぐりに襟が付きました。

56　袖口を再度きれいに三つ折りして縫います。着るときに指が引っかからないように、0.1cmあたり、なるべく折った輪側の端を縫います。

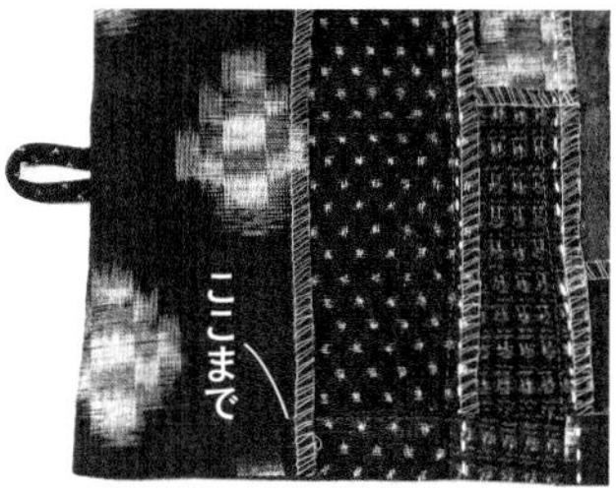

57　裾を三つ折りします。ポケットの下側はこの三つ折りの中に入れて一緒に始末します。ポケットは前身頃側に倒しています。見返しまですべて縫わずに、ロックミシンのあたりまでで縫い止めます。

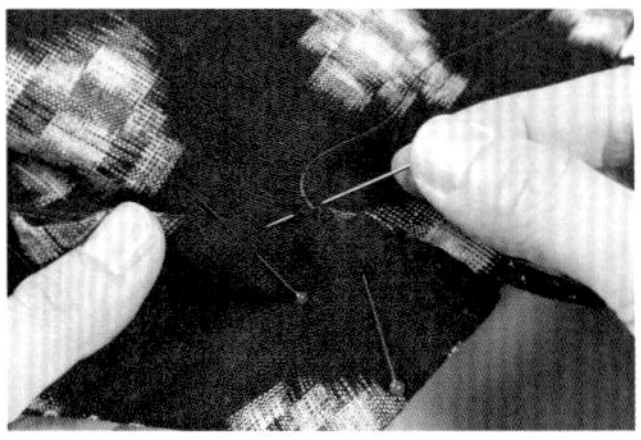

58　襟の裏布を見返しと肩すべりにまつります。まち針で留め、端から順に54で縫った縫い目が見えないようにまつります。

59　襟がまつれたら、肩すべりの両脇を後ろ身頃の袖ぐりの縫い代にまつります。両脇の縫い代を折り、まち針で留めます。このとき背中心も留めておきます。

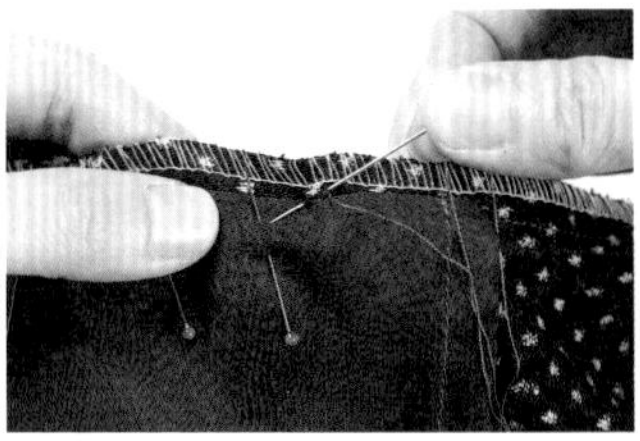

60　縫い代のロックミシンのきわにまつります。

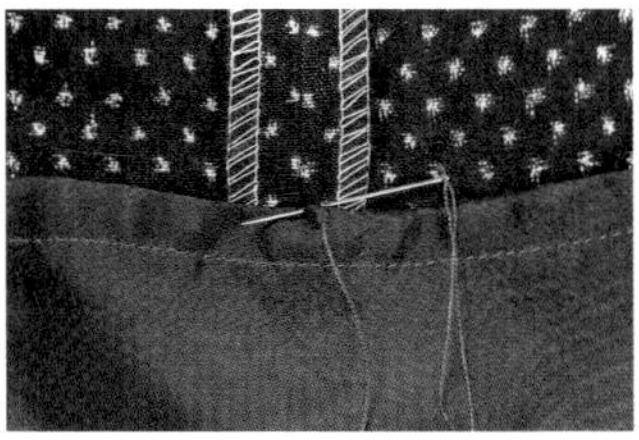

61　後ろの背中心の縫い代に、肩すべりの下中心を2、3針縫い止めます。これで肩すべりがひらひらと浮き上がらなくなります。

62　前立てから襟をぐるりとステッチで押さえます。ステッチの幅は0.5cmです。

63　くるみボタンを付けます。ボタンの足に糸を通し、見返しまで針を出してしっかりと付けます。付ける前に、布ループとの位置を確かめましょう。

前

後ろ

64　完成です。身幅はゆったりですが、パッチワークの帯とボタンのラインで縦が強調されたすっきりデザイン。細かい絣を使っているので、脇や袖の接ぎ合わせも気になりません。

作品の作り方

・図中の数字の単位はcmです。
・構成図や図案の寸法には、特に表示のない限り縫い代を含みません。製図の中の○の数字は縫い代です。そのほか、パッチワークのピーシングは0.7cm、アップリケは0.5cm、仕立ては1cmくらいを目安に付けます。裁ち切りと表示のある場合は、縫い代を付けずに布を裁ちます。
・指示のない点線は、縫い目、キルティングやステッチのラインを示しています。
・材料の布の寸法は、布幅×長さで表記しています。用尺は少し余裕を持たせています。作品の寸法は縦×横です。
・バッグなどはキルティングをすると少し縮むので、周囲の縫い代に余分を付けておきます。
・作品の出来上がりは、図の寸法と多少差の出ることがあります。
・洋服の製図の寸法から型紙をひいてください。作品はすべてフリーサイズです。型紙のサイズを変えたい場合は、50ページを参照してください。
・布の裁ち方はサイズによって異なる場合があります。型紙を配置して確認してください。
・図中のAHはアームホール、袖ぐりのことです。
・46ページからの解説もご覧ください。

用語解説

落としキルティング … ピースやアップリケの縫い目のきわに入れるキルティングのこと。
キルト綿 …………… シート状の綿。表布と裏布（接着芯）の間にキルト綿をはさみます。
キルティング ………… 裏布、キルト綿、表布の順に重ねて、小さな針目で3層を一緒にステッチすること。
パイピング ………… 縫い代をバイヤステープなどでくるんで始末すること。
ピーシング ………… ピース同士を縫い合わせること。
ピース ……………… 型紙で印を付けて裁った最小単位の布のこと。

※○の数字は縫い代
指定のないものはすべて1cm付ける

表襟、裏襟各1枚

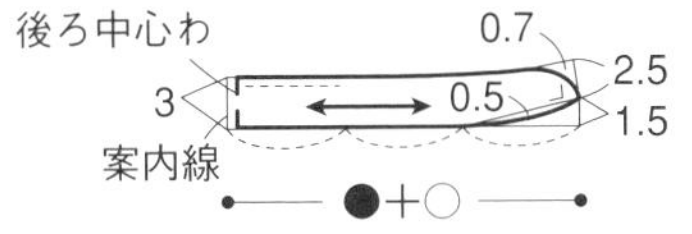
後ろ中心わ
0.7
2.5
3
0.5
1.5
案内線
●+○

前、後ろ、見返し各2枚

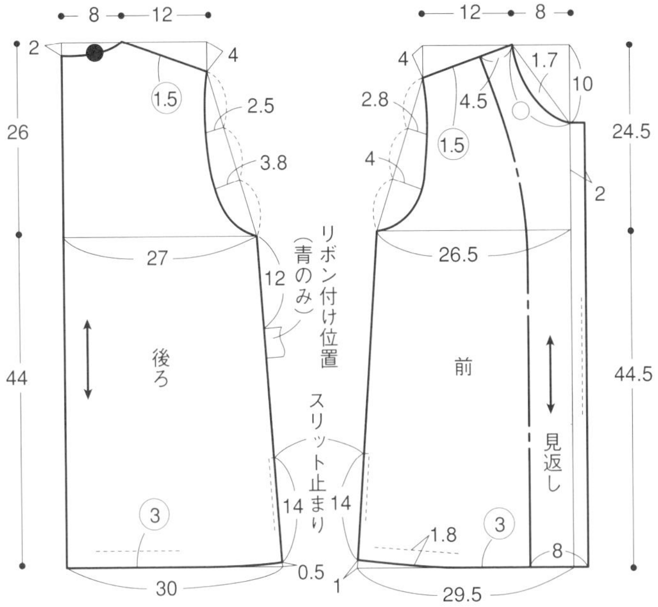
8
12
2
4
26
1.5
2.5
3.8
27
12
リボン付け位置（青のみ）
後ろ
44
スリット止まり
14
3
30
0.5
12
8
4
1.7
10
2.8
4.5
24.5
2
26.5
前
44.5
見返し
1.8
8
29.5
1

布ループ・ボタン付け位置

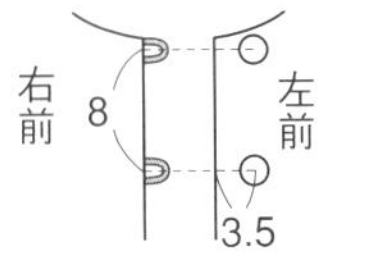
右前
8
左前
3.5

8cm間隔に6個付ける

前袖、後ろ袖各2枚

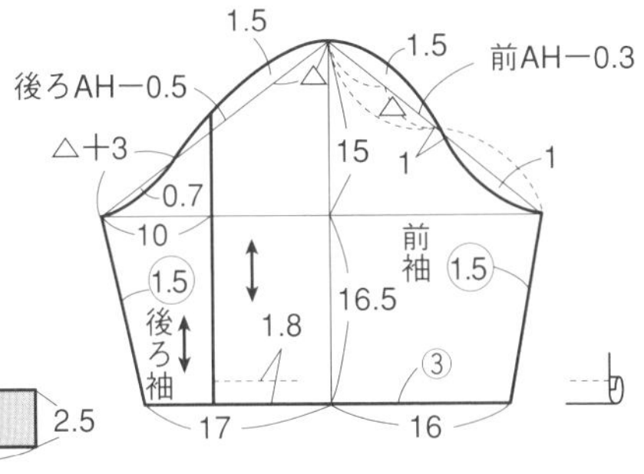
1.5
1.5
後ろAH−0.5
前AH−0.3
△+3
15
1
1
0.7
10
前袖
1.5
16.5
1.5
後ろ袖
1.8
3
17
16

布ループ1枚

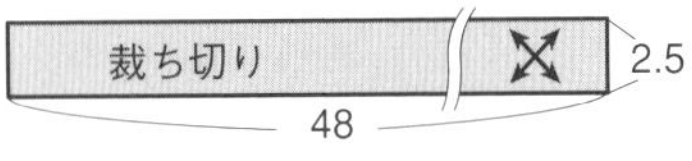
裁ち切り
2.5
48

布を接ぎ合わせて作ってから
6本にカットする

リボン2枚（青ブラウスのみ）

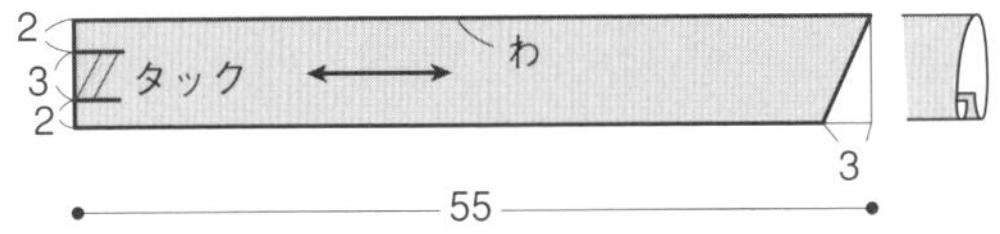
2
3
2
タック
わ
3
55

作り方順序

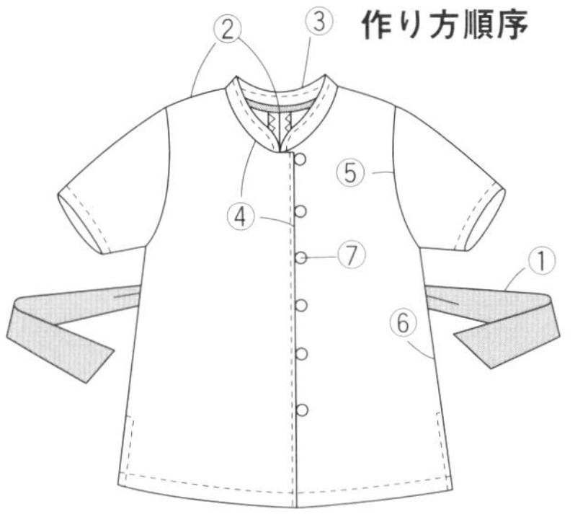
②
③
④
⑤
⑦
①
⑥

着丈約68cm 身幅約54cm

材料

白ブラウス36×540cm
青ブラウス36×600cm
接着芯90×80cm　直径2cmくるみボタン（ボタン）6個

作り方のポイント

・肩、後ろ中心、脇、袖下、見返しの布端にロックミシンまたはジグザグミシンをかける。
・布ループの作り方は52ページ、くるみボタンの作り方は53ページ参照。
・見返し、裏襟に接着芯をはる。
・襟はとじ込み付録Aに掲載の型紙を参考にするとよい。

作り方

❶青ブラウスはリボンを作る。
❷後ろ中心と肩を縫う。
❸襟を作る。
❹身頃と見返しと襟ぐり布を中表に合わせ、襟と布ループをはさんで襟ぐりと前立てを縫う。
❺袖を作り、身頃に付ける。
❻袖下から脇を縫い、スリットあき、裾、袖口を縫う。
❼くるみボタン（ボタン）を付ける。

作り方

①リボンを作る（青ブラウスのみ）

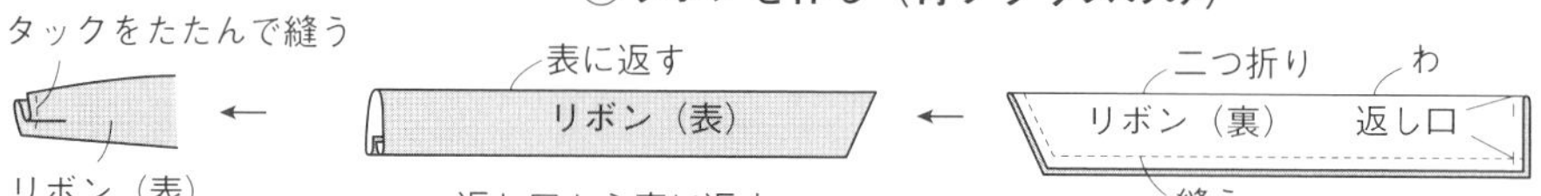

タックをたたんで縫う
リボン（表）
表に返す
リボン（表）
二つ折り
わ
リボン（裏）
返し口
縫う

返し口から表に返す

中表に合わせて縫う

②後ろ中心と肩を縫う

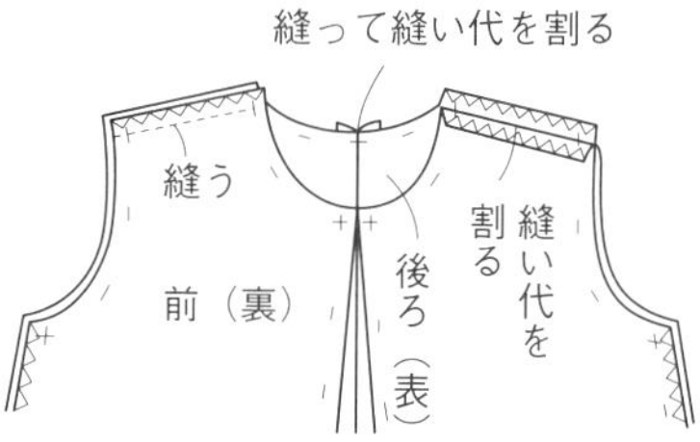

縫って縫い代を割る
縫う
前（裏）
後ろ（表）
割る
縫い代を

後ろを中表に合わせて中心を縫い
前と合わせて肩を縫う

③襟を作る

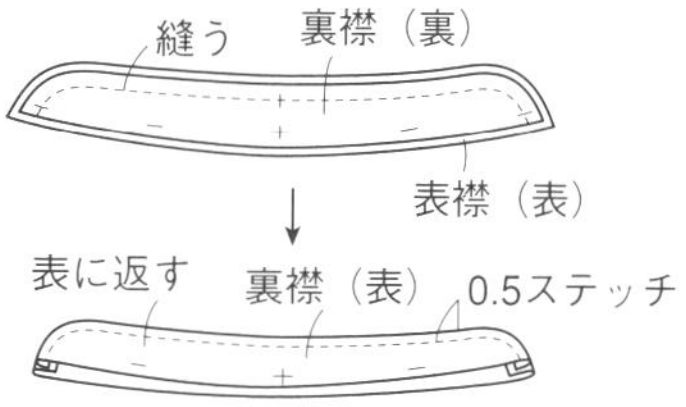

縫う
裏襟（裏）
表襟（表）
表に返す
裏襟（表）
0.5ステッチ

表と裏の襟を中表に合わせて縫い
表に返してステッチする

④身頃と見返しと襟ぐり布を中表に合わせ 襟と布ループをはさんで襟ぐりと前立てを縫う

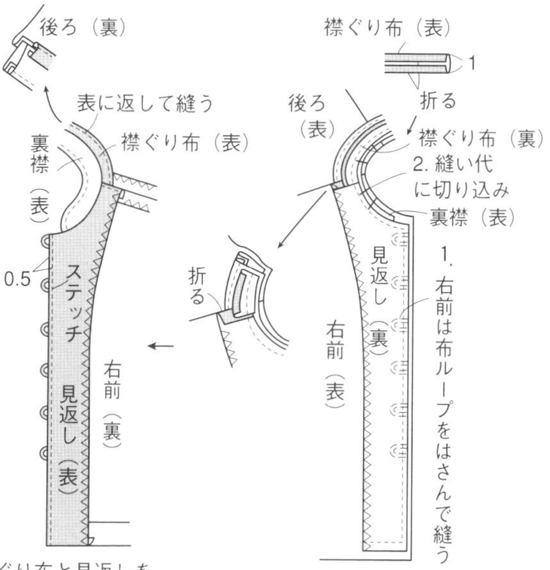

後ろ（裏）
表に返して縫う
裏襟（表）
襟ぐり布（表）
0.5
ステッチ
見返し（表）
右前（裏）
折る
襟ぐり布（表）
1
折る
後ろ（表）
襟ぐり布（裏）
2. 縫い代に切り込み
裏襟（表）
見返し（裏）
右前（表）
1. 右前は布ループをはさんで縫う

襟ぐり布と見返しを
表に返して襟ぐり布を
縫い、ステッチする

前に見返し、後ろに襟ぐり布を中表に合わせて
襟と布ループをそれぞれはさんで縫う

⑤袖を作り、身頃に付ける

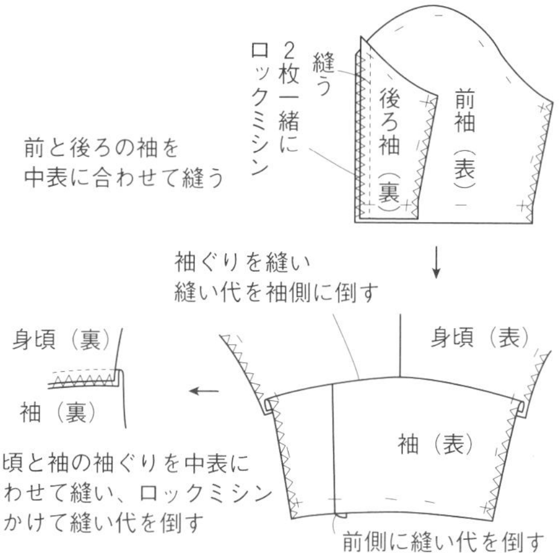

縫う
2枚一緒にロックミシン
後ろ袖（裏）
前袖（表）
袖ぐりを縫い
縫い代を袖側に倒す
身頃（裏）
袖（裏）
身頃（表）
袖（表）
前側に縫い代を倒す

前と後ろの袖を
中表に合わせて縫う

身頃と袖の袖ぐりを中表に
合わせて縫い、ロックミシン
をかけて縫い代を倒す

⑥袖下から脇を縫い、スリットあき、裾、袖口を縫う

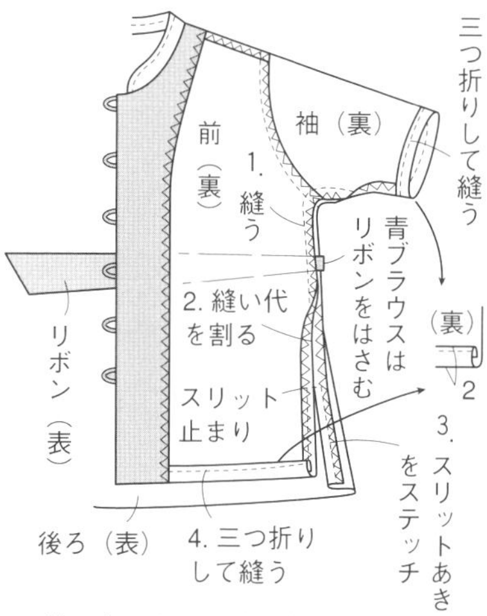

三つ折りして縫う
前（裏）
袖（裏）
1. 縫う
青ブラウスはリボンをはさむ
2. 縫い代を割る
スリット止まり
リボン（表）
（裏）
2
3. スリットあきをステッチ
後ろ（表）
4. 三つ折りして縫う

袖と身頃をそれぞれ中表に
合わせて袖下から脇を縫う
裾と袖口を三つ折りして縫う

裁ち方

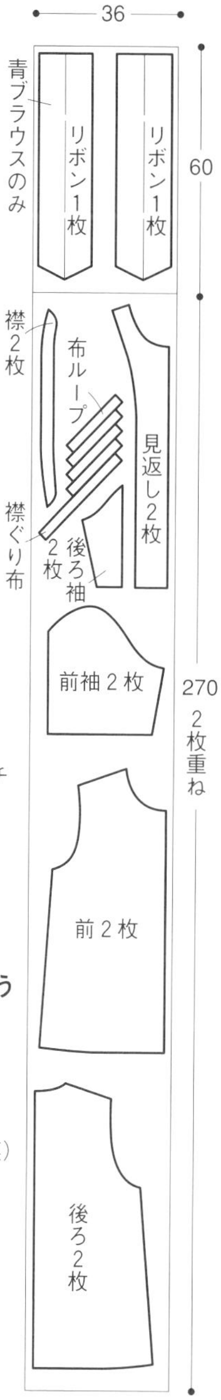

36
青ブラウスのみ
リボン1枚
リボン1枚
60
襟2枚
布ループ
見返し2枚
襟ぐり布
2枚
後ろ袖
前袖2枚
270
2枚重ね
前2枚
後ろ2枚

すき間でくるみ
ボタンをとる
※襟ぐり布は付け
寸法に接ぎ合わせる

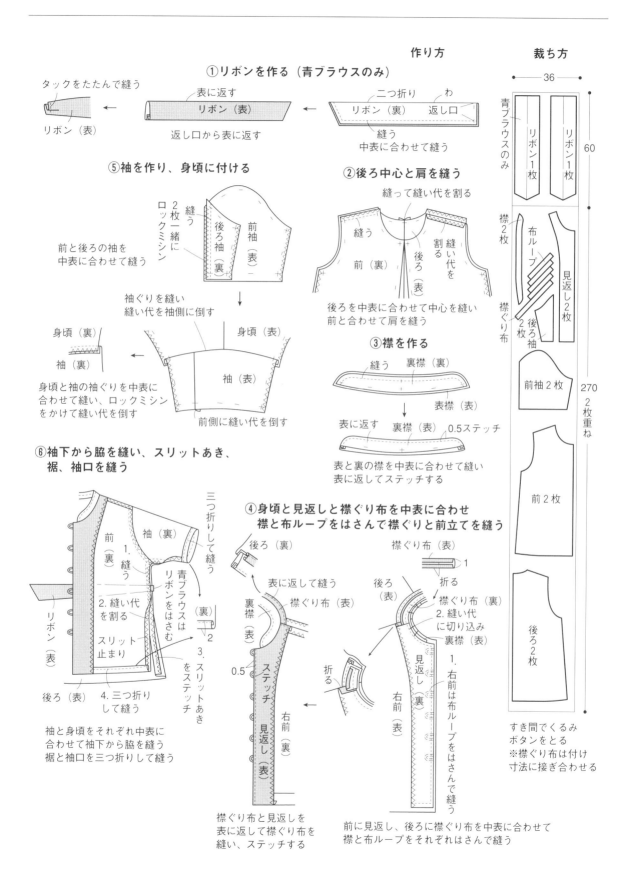

布ループ・ボタン付け位置

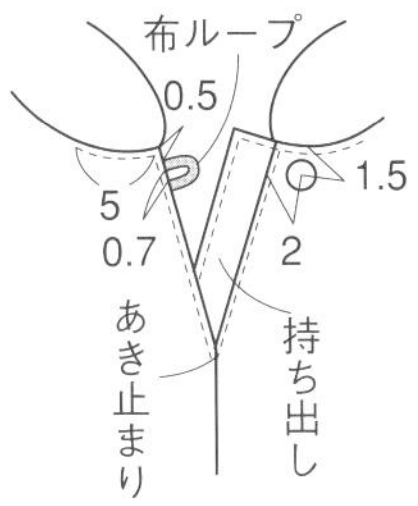

布ループ
0.5
1.5
5
0.7
2
あき止まり
持ち出し

表襟、裏襟各1枚

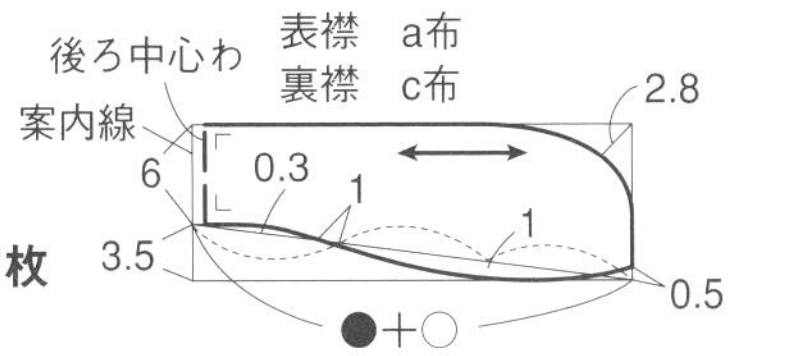

後ろ中心わ
表襟　a布
裏襟　c布
案内線
2.8
6
0.3
1
1
3.5
0.5
●+○

持ち出し1枚

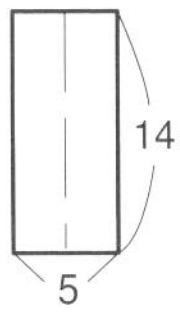

14
5

※○の数字は縫い代
指定のないものはすべて1cm付ける

前、後ろ、見返し各2枚

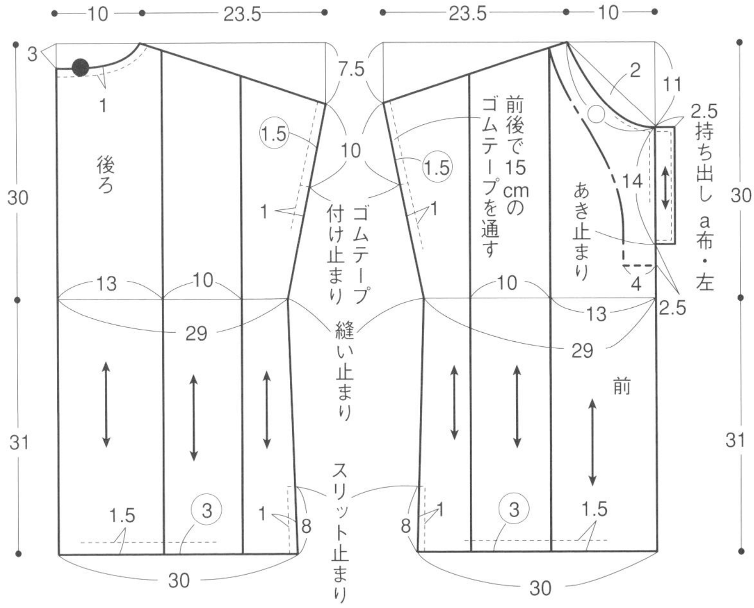

10
23.5
23.5
10
3
7.5
1
2
11
後ろ
1.5
10
2.5
持ち出し　a布・左
前後で15cmのゴムテープを通す
1.5
30
30
14
あき止まり
1
ゴムテープ付け止まり
1
4
2.5
13
10
10
13
29
縫い止まり
29
前
31
31
スリット止まり
1.5
3
1
8
8
1
3
1.5
30
30

布ループ1枚

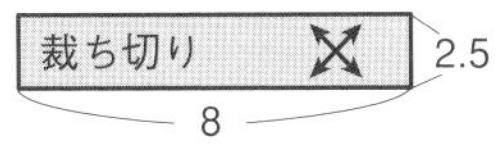

裁ち切り
2.5
8

a・b・c布とアップリケの配置

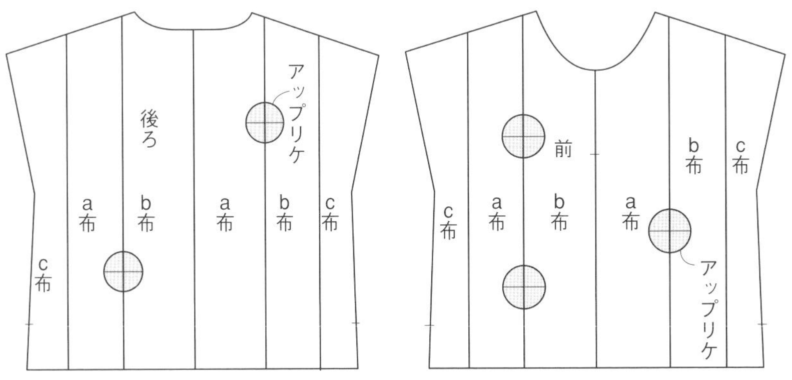

後ろ
アップリケ
a布
b布
a布
b布
c布
c布
前
b布
c布
c布
a布
b布
a布
アップリケ

作り方順序

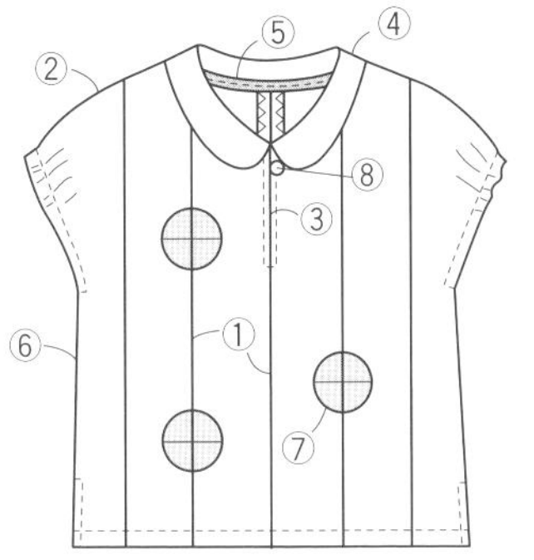

5
4
2
8
3
6
1
7

着丈約58cm 身幅約58cm

材料

アップリケ布適宜　a布36×230cm　b布36×180cm　c布36×200cm　接着芯90×60cm　直径2cmくるみボタン1個　幅0.5cmゴムテープ40cm　刺し子糸適宜

作り方のポイント

・肩、脇、切り替え、中心、見返しの布端にロックミシンまたはジグザグミシンをかける。
・布ループの作り方は52ページ、くるみボタンの作り方は53ページ参照。
・見返し、持ち出し、裏襟に接着芯をはる。
・襟はとじ込み付録Aに掲載の型紙を参考にするとよい。

作り方

❶中心と切り替えを縫う。
❷肩を縫う。
❸持ち出しを作る。
❹襟を作る。
❺見返しのあき止まりから下を縫う。身頃と見返しと襟ぐり布を中表に合わせ、襟と持ち出しと布ループをはさんであき止まりから襟ぐりを縫う。
❻脇を縫い、袖ぐりにゴムテープを付けて縫い、スリットあきと裾を縫う。
❼アップリケを作り、付ける。
❽くるみボタンを付ける。

作り方

①中心と切り替えを縫う

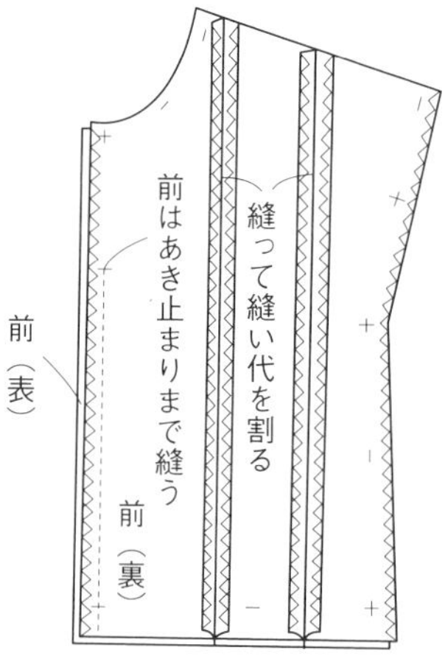
前(表)
前はあき止まりまで縫う
縫って縫い代を割る
前(裏)

前と後ろをそれぞれ中表に合わせて
中心と切り替えを縫い、縫い代を割る

②肩を縫う

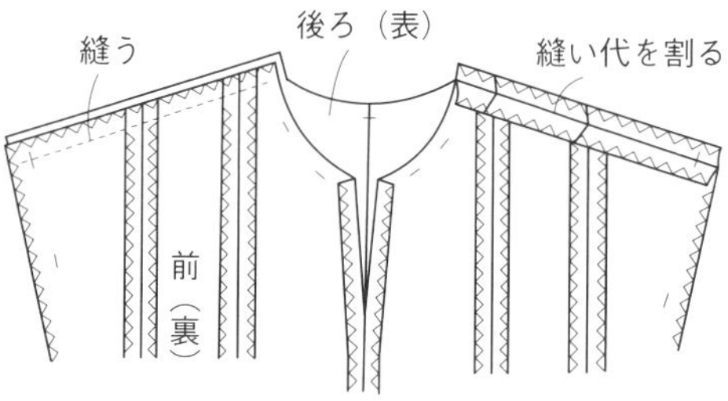
縫う
後ろ（表）
縫い代を割る
前(裏)

前と後ろを中表に合わせて肩を縫い
縫い代を割る

③持ち出しを作る

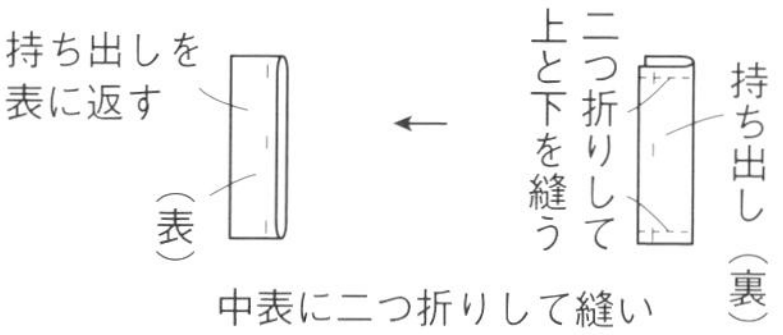
持ち出しを
表に返す
(表)
二つ折りして
上と下を縫う
持ち出し
(裏)

中表に二つ折りして縫い
表に返す

④襟を作る

表と裏の襟を中表に
合わせて縫い、表に返す

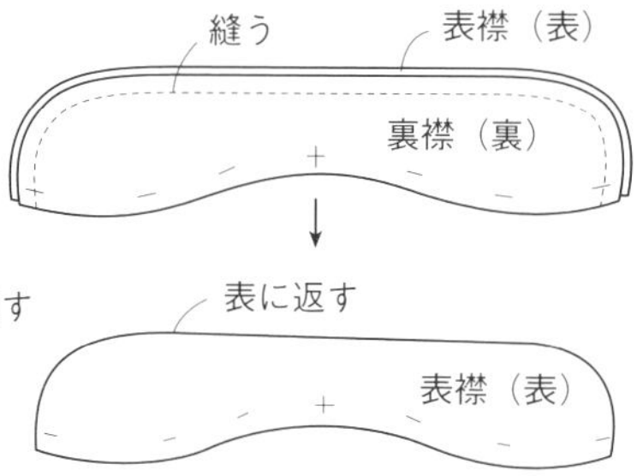
縫う
表襟（表）
裏襟（裏）
表に返す
表襟（表）

裁ち方

36
b布
右前見返し
右前
左前
左後ろ
右後ろ
180

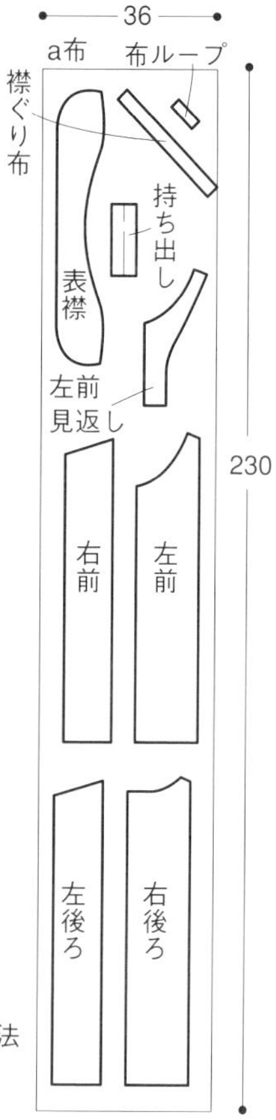
36
a布
布ループ
襟ぐり布
持ち出し
表襟
左前見返し
右前
左前
左後ろ
右後ろ
230

すき間で
くるみボタンをとる
※襟ぐり布は付け寸法
に接ぎ合わせる

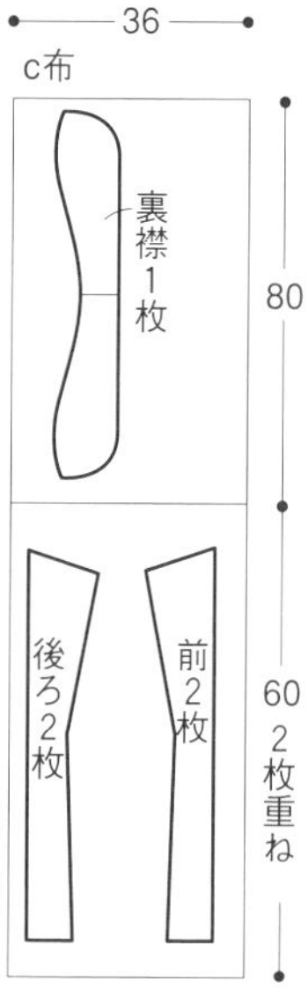
36
c布
裏襟1枚
80
後ろ2枚
前2枚
60
2枚重ね

⑤見返しのあき止まりから下を縫う
身頃と見返しと襟ぐり布を中表に合わせ、襟と持ち出しと布ループをはさんで あき止まりから襟ぐりを縫う

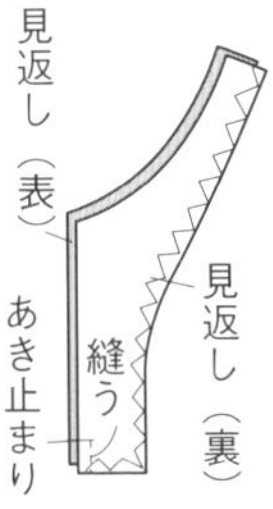
見返し（表）
見返し（裏）
縫う
あき止まり

左右の見返しを中表に合わせて
あき止まりから下の前中心を縫う

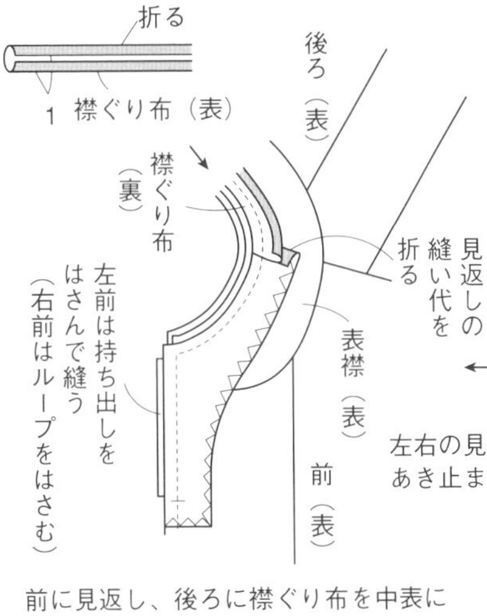
折る
1
襟ぐり布（表）
襟ぐり布（裏）
後ろ（表）
見返しの縫い代を折る
表襟（表）
前（表）
左前は持ち出しをはさんで縫う（右前はループをはさむ）

前に見返し、後ろに襟ぐり布を中表に
合わせて襟ぐりに襟、左前に持ち出し
右前に布ループをそれぞれはさんで縫う

襟ぐり布と見返しを表に返して
襟ぐり布を縫い、ステッチをする

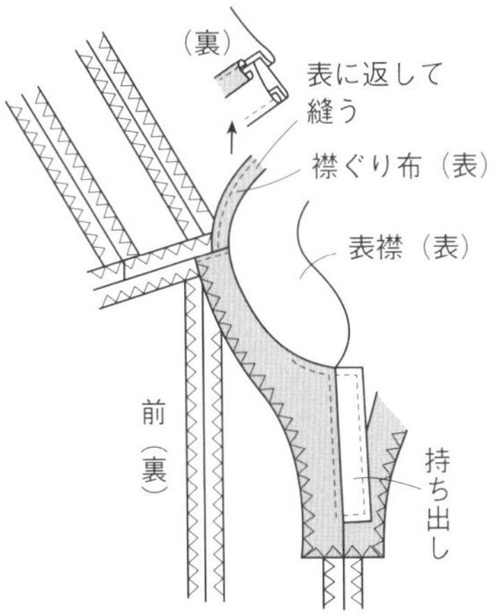
（裏）
表に返して縫う
襟ぐり布（表）
表襟（表）
前（裏）
持ち出し

⑥脇を縫い、袖ぐりにゴムテープを付けて縫う
スリットあきと裾を縫う

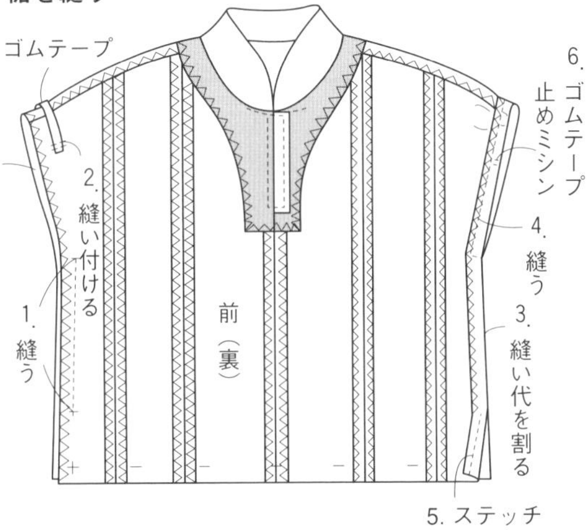
ゴムテープ
後ろ（表）
2. 縫い付ける
1. 縫う
前（裏）
6. ゴムテープ止めミシン
4. 縫う
3. 縫い代を割る
5. ステッチ

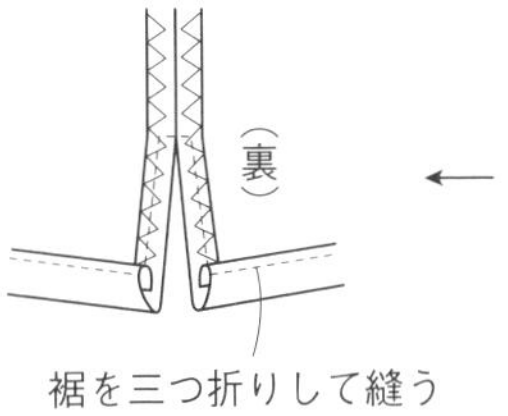
（裏）
裾を三つ折りして縫う

前と後ろを中表に合わせて
脇をスリット止まりまで縫い
袖ぐりにゴムテープを付ける
スリットあきを縫い
裾を縫う

⑦アップリケを作り、付ける

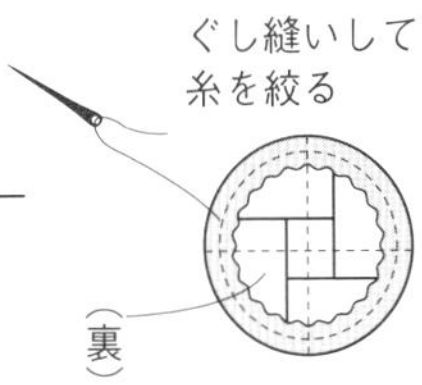
ぐし縫いして糸を絞る
（裏）

接ぎ合わせて円にし
周囲をぐし縫いして引き絞る
型紙を入れてアイロンで押さえて形作る

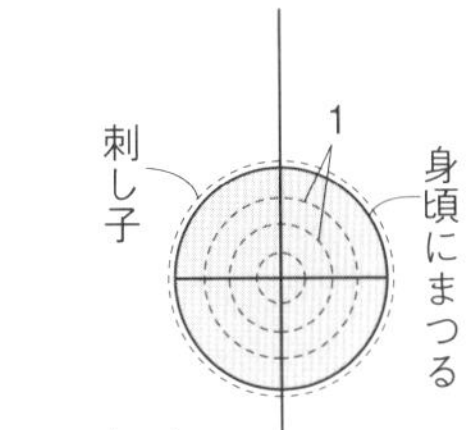
刺し子
1
身頃にまつる

アップリケの
型紙を抜いて
身頃にまつる

アップリケの実物大型紙

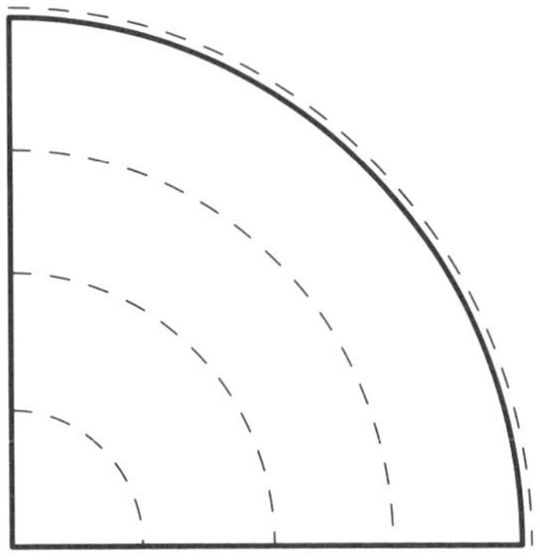

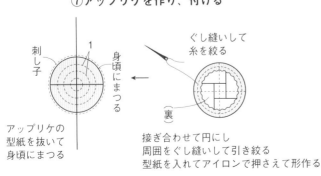

袖2枚

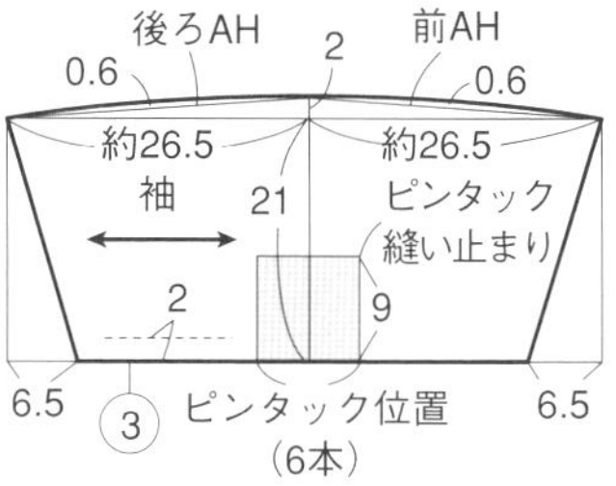
後ろAH
2
前AH
0.6
0.6
約26.5
約26.5
袖
21
ピンタック
縫い止まり
2
9
6.5
③
ピンタック位置
（6本）
6.5

襟1枚

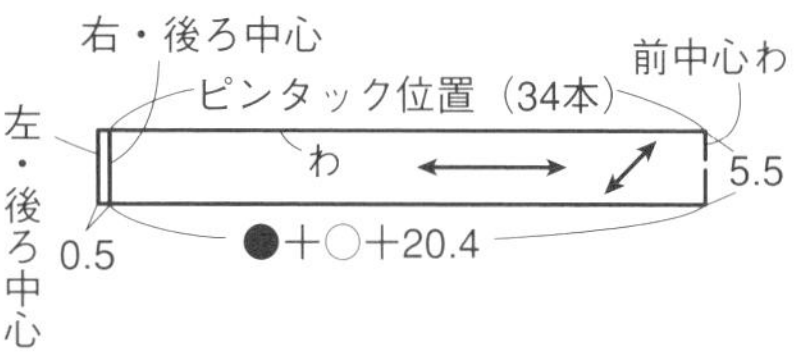
右・後ろ中心
ピンタック位置（34本）
前中心わ
左・後ろ中心
わ
5.5
0.5
●＋○＋20.4

布ループ・ボタン付け位置

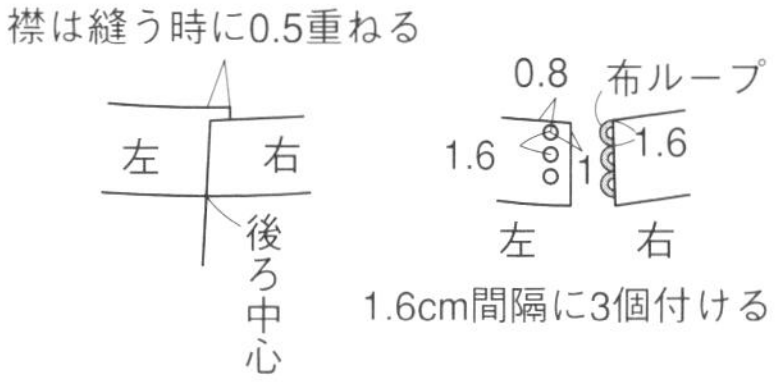
襟は縫う時に0.5重ねる
左
右
後ろ中心
0.8
布ループ
1.6
1
1.6
左
右
1.6cm間隔に3個付ける

布ループ1枚

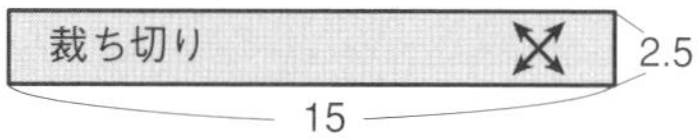
裁ち切り
2.5
15

布を接ぎ合わせて作ってから3本にカットする

※○の数字は縫い代
指定のないものはすべて1cm付ける

作り方順序

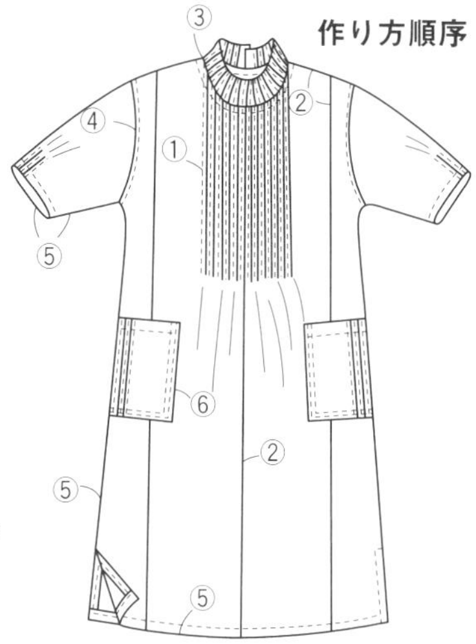
③
②
④
①
⑤
⑥
②
⑤
⑤

着丈約120cm 身幅約65cm

前、前脇、後ろ、後ろ脇、ポケット各2枚

襟ぐり線は粗裁ちしておいてピンタックを縫ったあとに72ページ①のようにカットする

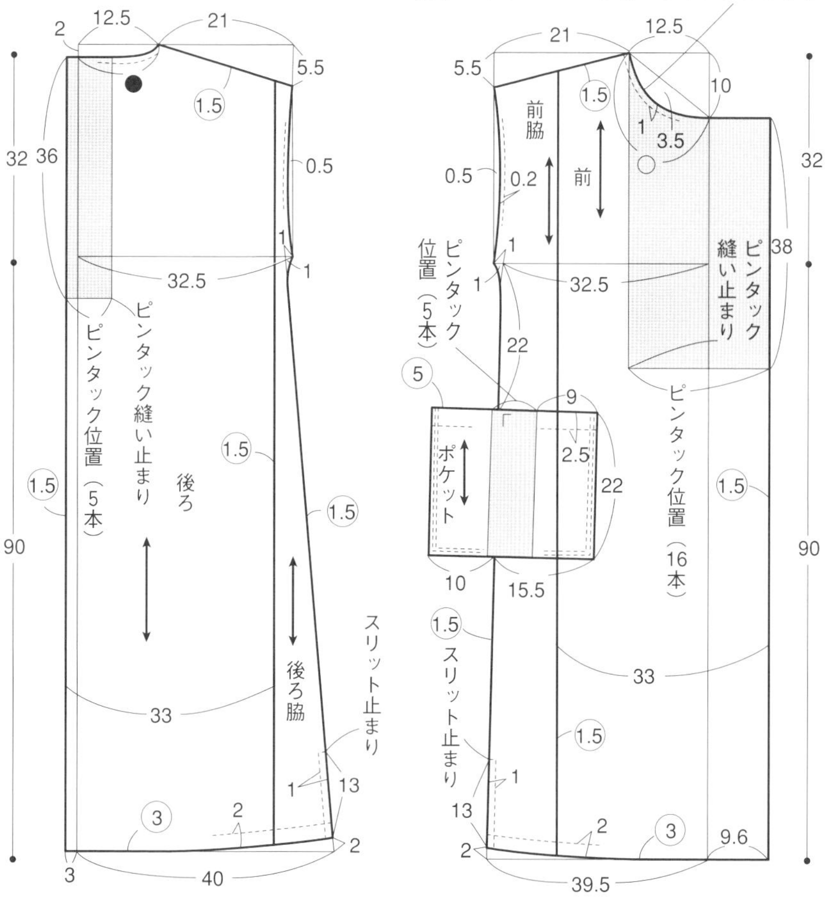
2
12.5
21
5.5
●
1.5
32
36
0.5
1
1
32.5
ピンタック縫い止まり
ピンタック位置（5本）
1.5
1.5
後ろ
1.5
90
後ろ脇
33
スリット止まり
1
13
③
2
2
3
40
21
12.5
5.5
1.5
10
前脇
1
3.5
0.5
0.2
前
32
ピンタック位置（5本）
1
1
32.5
ピンタック縫い止まり
38
22
⑤
9
ポケット
2.5
22
ピンタック位置（16本）
1.5
10
15.5
90
1.5
スリット止まり
33
1.5
1
13
2
2
③
9.6
39.5

材料

身頃用布（袖、ポケット、襟すべて含む）36×1030cm　直径1cmボタン3個

作り方のポイント

・襟ぐりはピンタックを縫ってから、襟ぐり線を書き入れて裁断する。
・脇、肩、袖下、切り替え、ポケットの布端にロックミシンまたはジグザグミシンをかける。
・布ループの作り方は52ページ、ピンタックの作り方は53ページ参照。
・襟ぐりが頭回り寸法に足りているか確認する。

作り方

❶ピンタックを縫う。
❷切り替え、前中心、後ろ中心、肩の順に縫う。
❸襟を作り、身頃と襟ぐり布を中表に合わせて襟をはさんで縫う。
❹袖を作り、身頃に付ける。
❺袖下から脇を縫い、スリットあき、袖口、裾を縫う。
❻ポケットを作り、付ける。

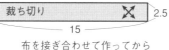

裁ち方

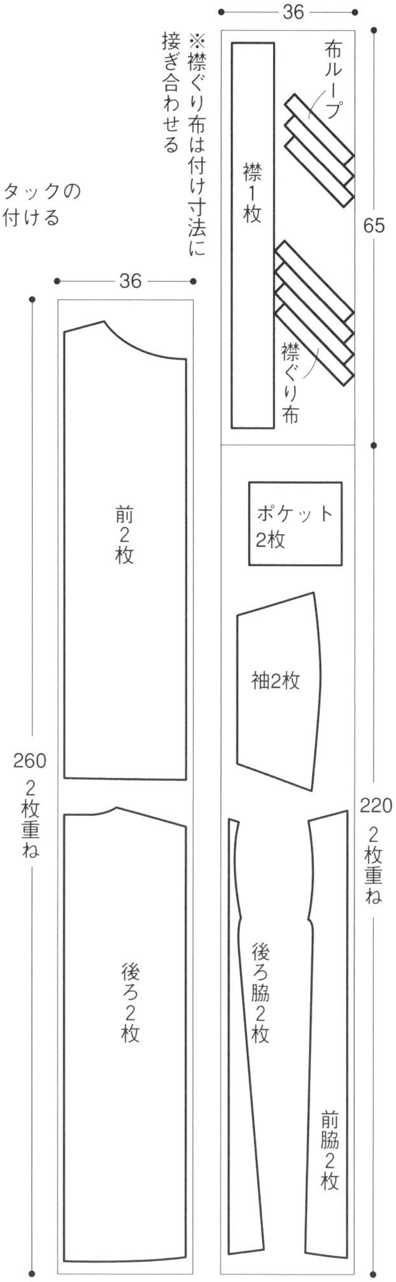
36
※襟ぐり布は付け寸法に接ぎ合わせる
布ループ
襟1枚
襟ぐり布
65
36
前2枚
後ろ2枚
260
2枚重ね
ポケット2枚
袖2枚
後ろ脇2枚
前脇2枚
220
2枚重ね

作り方

①ピンタックを縫う

襟は1
その他は0.8
タック分0.6

ピンタックの印を付ける

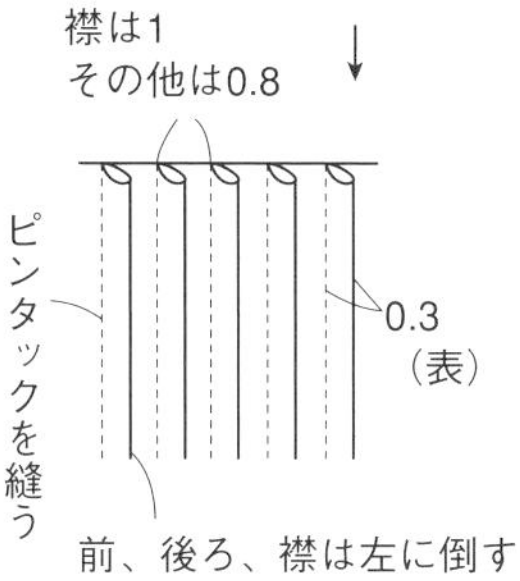
襟は1
その他は0.8
ピンタックを縫う
0.3
（表）

前、後ろ、襟は左に倒す
ポケット、袖は後ろに倒す

前襟ぐりは裁断せず
ピンタックを縫ってから
襟ぐり線を裁断する

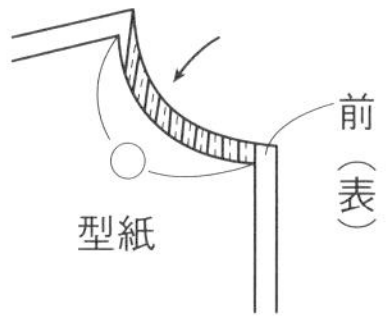
前
（表）
型紙

②切り替え、前中心、後ろ中心、肩を縫う

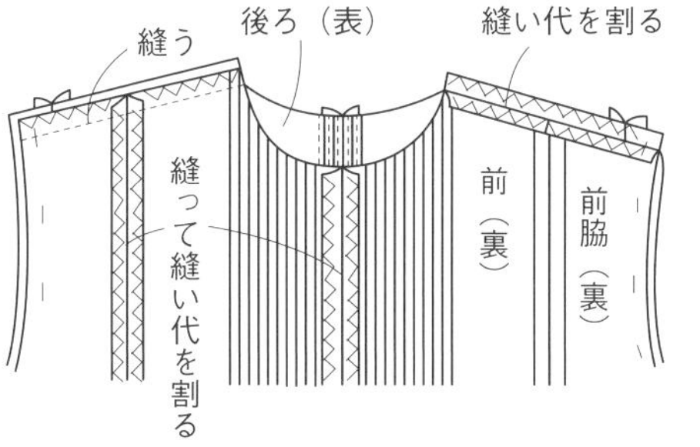
縫う
後ろ（表）
縫い代を割る
縫って縫い代を割る
前（裏）
前脇（裏）

前と後ろをそれぞれ中表に合わせ
切り替えと中心を縫い、前と後ろを
中表に合わせて肩を縫う

③襟を作り、身頃と襟ぐり布を中表に合わせて襟をはさんで縫う

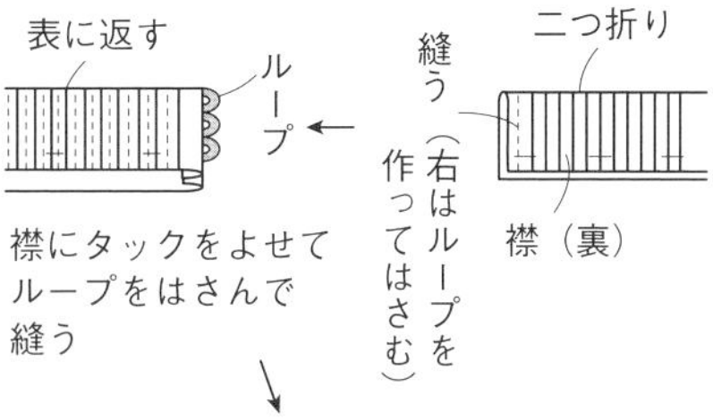
表に返す
ループ
縫う（右はループを作ってはさむ）
二つ折り
襟（裏）

襟にタックをよせて
ループをはさんで
縫う

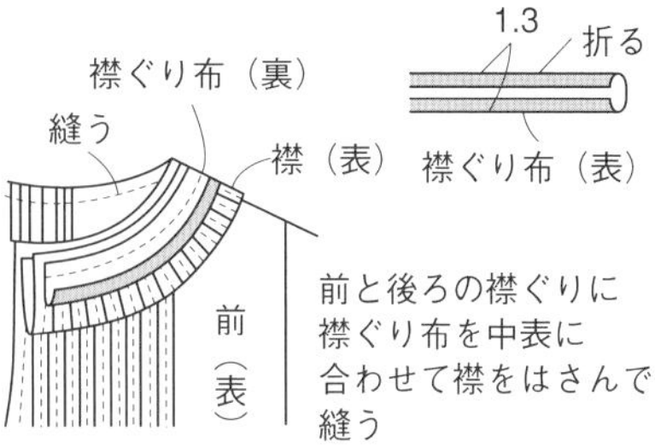
1.3
折る
襟ぐり布（裏）
縫う
襟（表）
襟ぐり布（表）
前（表）

前と後ろの襟ぐりに
襟ぐり布を中表に
合わせて襟をはさんで
縫う

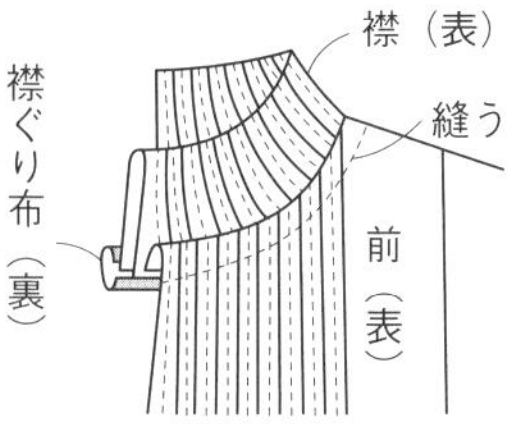
襟（表）
縫う
襟ぐり布（裏）
前（表）

襟ぐり布を表に返して身頃に縫い付ける

⑥ポケットを作り、付ける

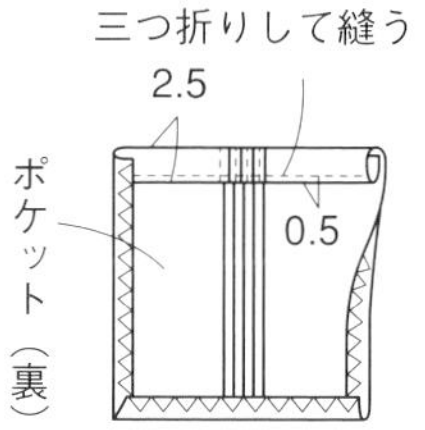
三つ折りして縫う
2.5
0.5
ポケット（裏）

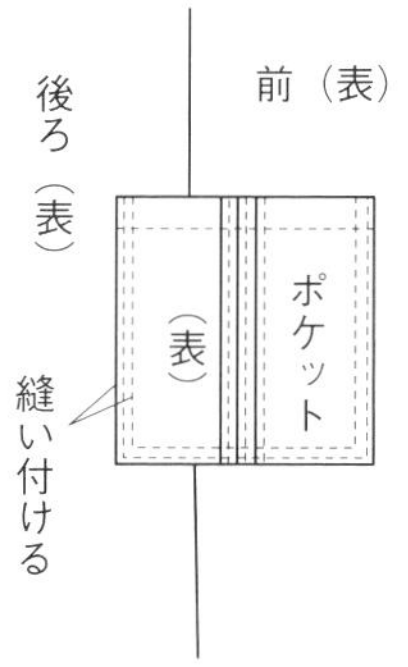
後ろ（表）
前（表）
ポケット（表）
縫い付ける

ポケットを作り
身頃に縫い付ける

④袖を作り、身頃に付ける

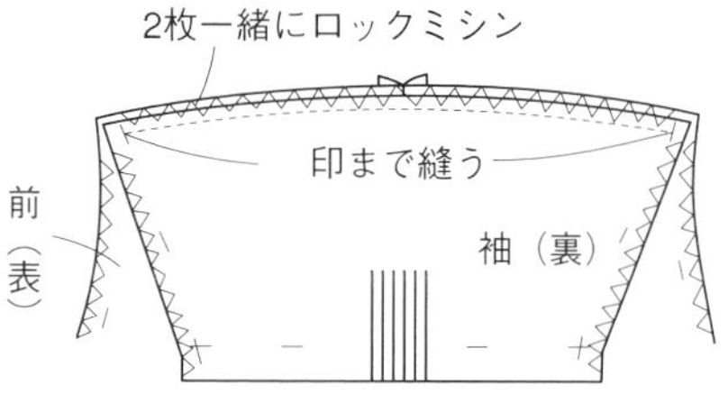
2枚一緒にロックミシン
印まで縫う
前（表）
袖（裏）

袖と身頃の襟ぐりを中表に合わせて縫う

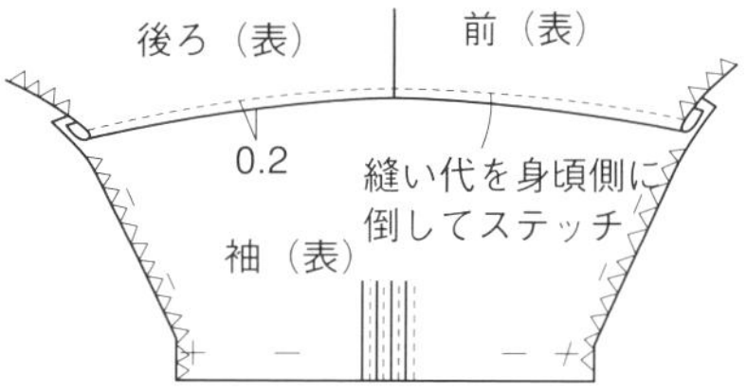
後ろ（表）
前（表）
0.2
縫い代を身頃側に
倒してステッチ
袖（表）

縫い代を倒してステッチする

⑤袖下から脇を縫い、スリットあき、裾、袖口を縫う

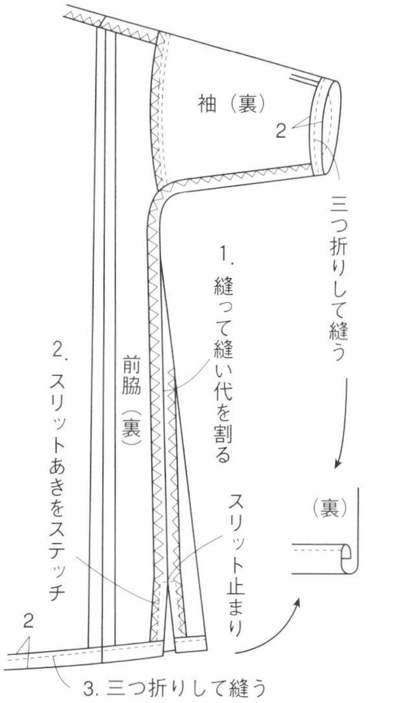
袖（裏）
2
三つ折りして縫う
1. 縫って縫い代を割る
前脇（裏）
2. スリットあきをステッチ
スリット止まり
（裏）
2
3. 三つ折りして縫う

袖と身頃をそれぞれ中表に合わせて
袖下から脇を縫う
スリットあきを縫い
袖口、裾を三つ折りして縫う

前袖、後ろ袖各2枚

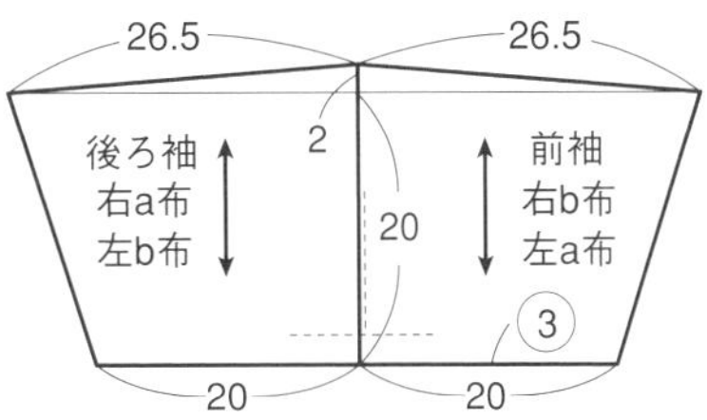

表襟、裏襟各1枚

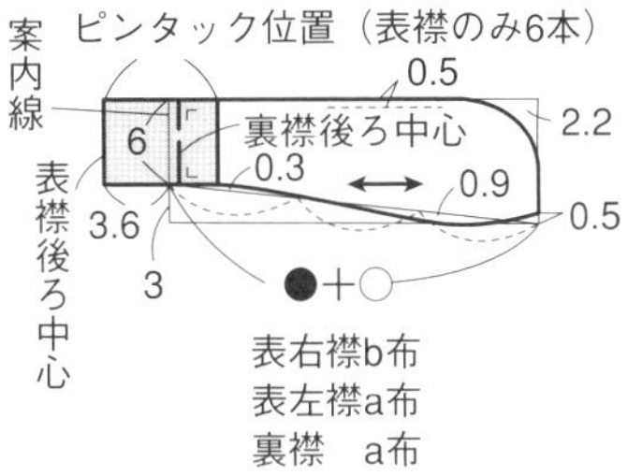

※○の数字は縫い代
指定のないものはすべて1cm付ける

布ループ・ボタン付け位置

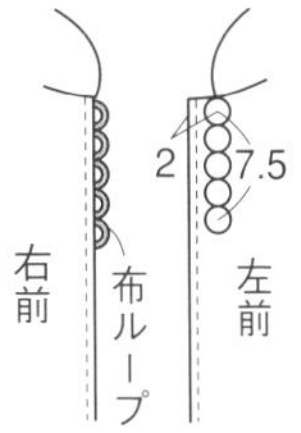

ひも4枚　b布　裁ち切り

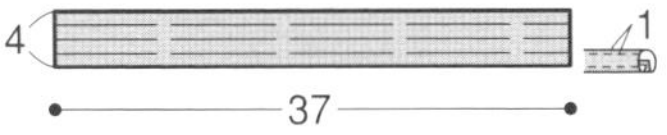

布ループ1枚

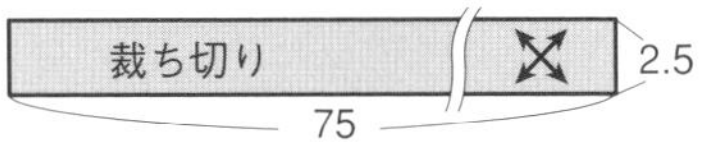

布を接ぎ合わせて作ってから
15本にカットする

前、前脇、後ろ、後ろ脇、見返し各2枚
ポケット4枚

襟ぐり線は粗裁ちしておいて
ピンタックを縫ったあとに
75ページ①のようにカットする

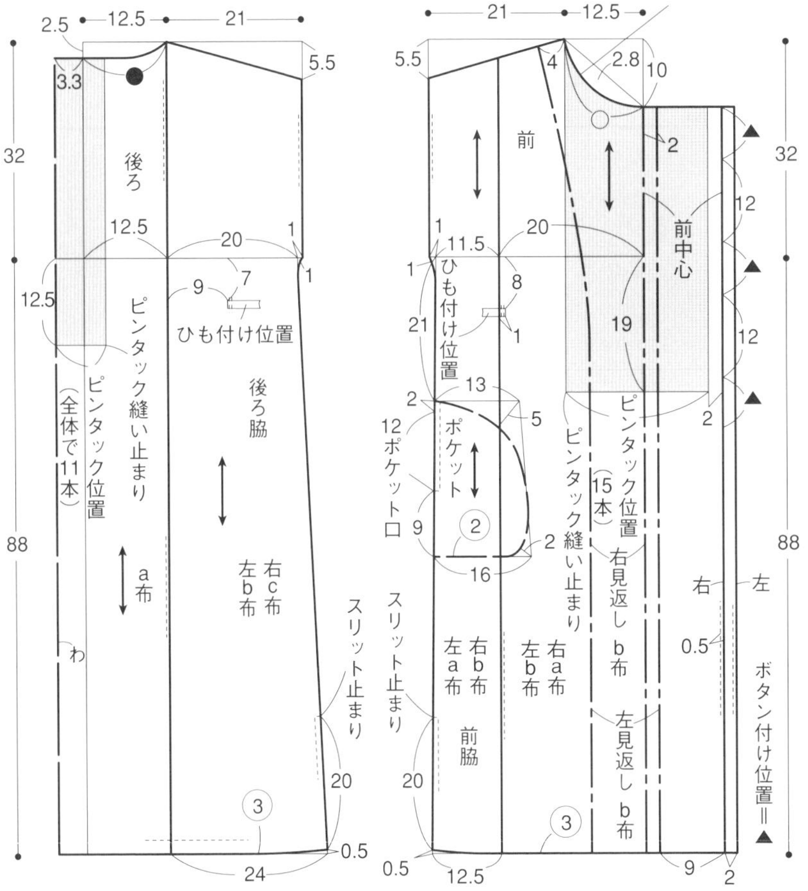

作り方順序

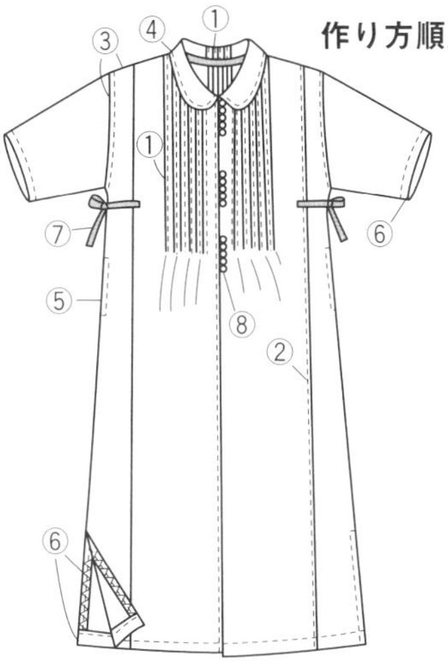

着丈約118cm 身幅約64cm

材料

a布36×550cm　b布36×650cm　c布36×130cm　d布36×80cm　接着芯90×130cm　直径1.5cmくるみボタン15個

作り方のポイント

・脇、袖下、肩、見返し、ポケット口の布端にロックミシンまたはジグザグミシンをかける。
・布ループの作り方は52ページ、くるみボタンとピンタックの作り方は53ページ参照。
・見返し、ポケット口の縫い代、裏襟に接着芯をはる。
・襟はとじ込み付録Aに掲載の型紙を参考にするとよい。

作り方

❶ピンタックを縫う。表襟は後ろ中心を縫ってからピンタックを縫う。
❷切り替えを縫い、ステッチをする。
❸肩を縫い、袖を作って付ける。
❹襟を作り、身頃と見返しと襟ぐり布を中表に合わせて襟と布ループをはさんで襟ぐりと前立てを縫う。
❺袖下から脇を縫い、ポケットを作る。
❻スリットあき、裾、袖口を縫う。
❼ひもを縫い付ける。
❽くるみボタンを付ける。

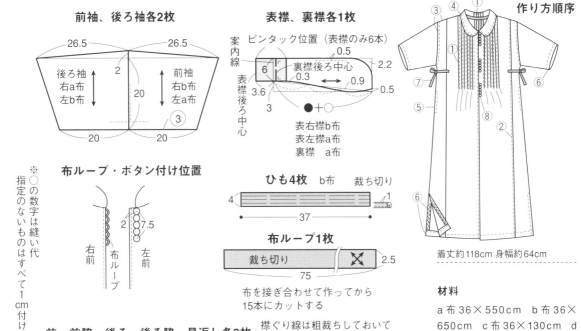

作り方

①ピンタックを縫う
（表襟は後ろ中心を縫ってからピンタックを縫う）

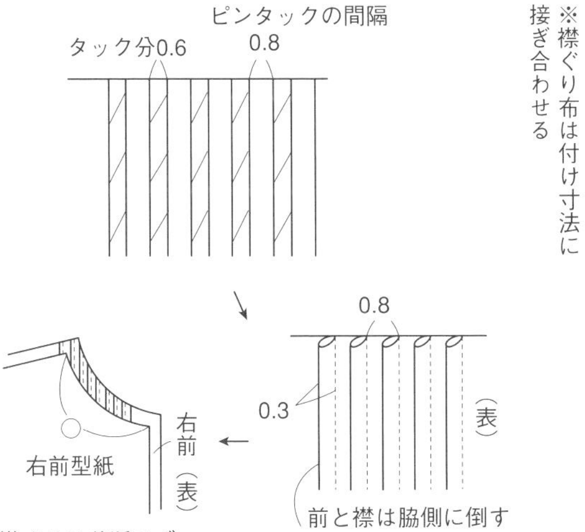
ピンタックの間隔
タック分0.6
0.8
0.8
0.3
（表）
右前
（表）
右前型紙
前と襟は脇側に倒す
後ろは左側に倒す

前襟ぐりは裁断せず
ピンタックを縫ってから
襟ぐり線を裁断する

ピンタックを縫って片側に倒す

②切り替えを縫い、ステッチをする

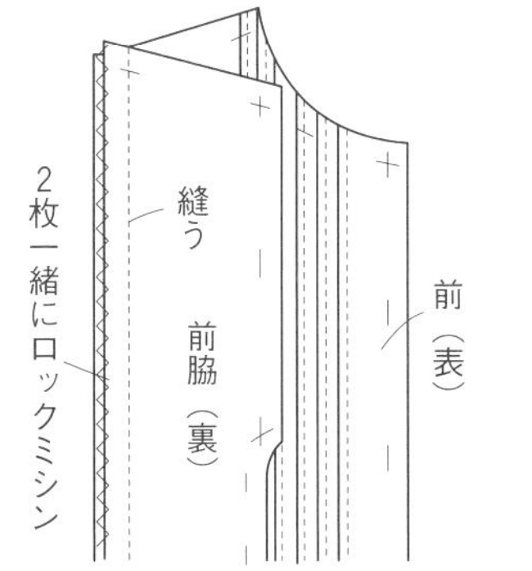
2枚一緒にロックミシン
縫う
前脇（裏）
前（表）

前と後ろをそれぞれ中表に合わせて
切り替えを縫う

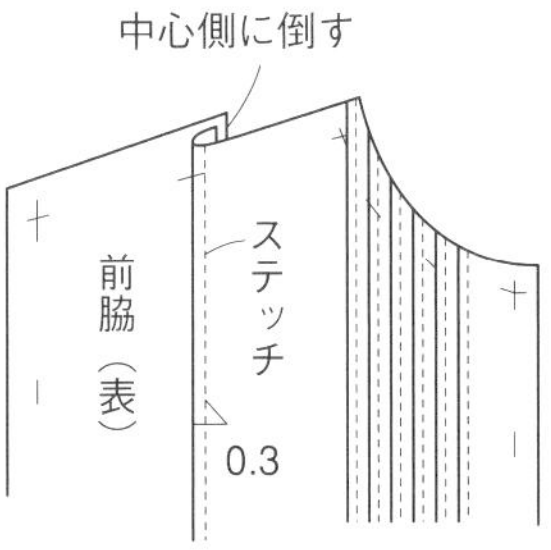
中心側に倒す
前脇（表）
ステッチ
0.3

表にひらいてステッチをする

裁ち方

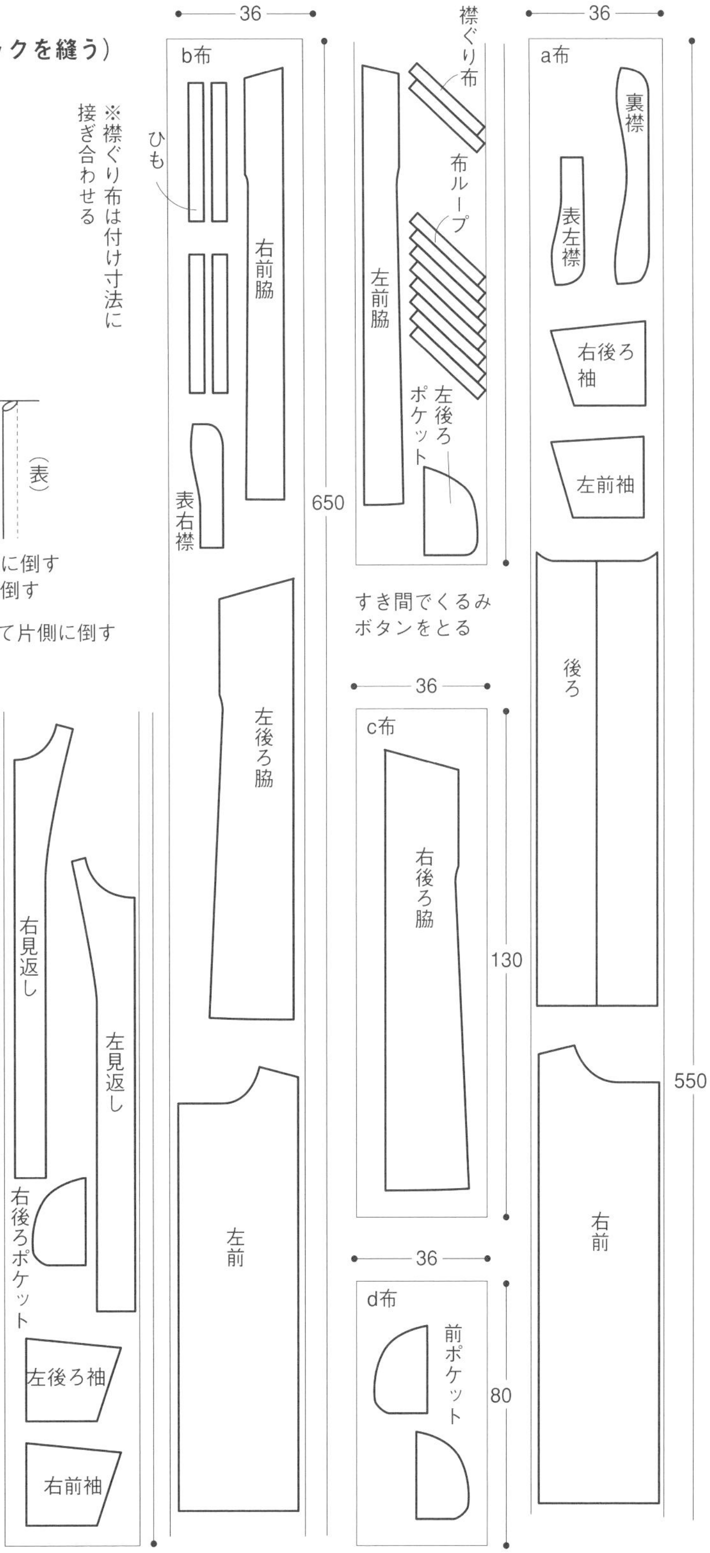
※襟ぐり布は付け寸法に
接ぎ合わせる
36
b布
ひも
右前脇
表右襟
650
左後ろ脇
左前
右見返し
左見返し
右後ろポケット
左後ろ袖
右前袖
襟ぐり布
布ループ
左前脇
左後ろポケット
すき間でくるみボタンをとる
36
c布
右後ろ脇
130
36
d布
前ポケット
80
36
a布
裏襟
表左襟
右後ろ袖
左前袖
後ろ
右前
550

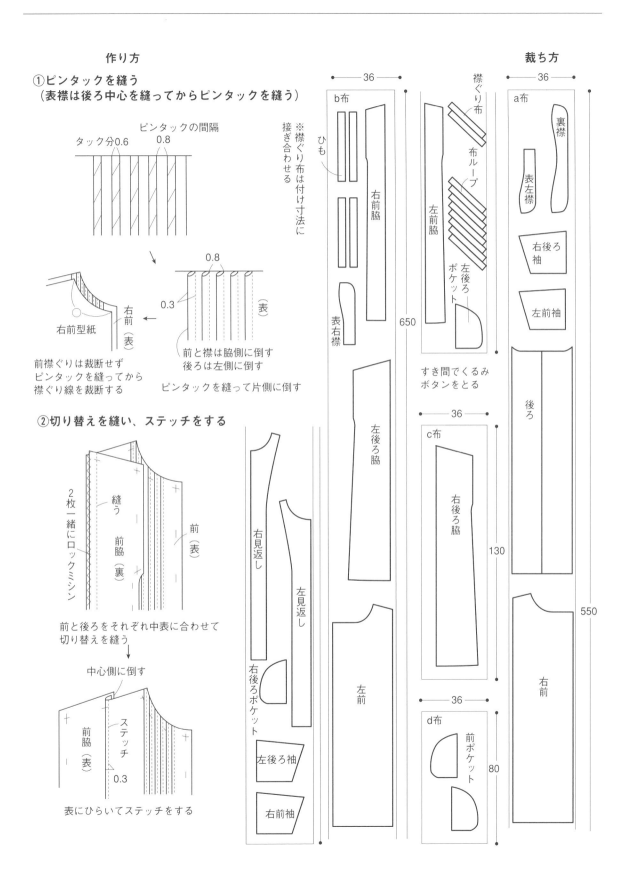

③肩を縫い、袖を作って身頃に付ける

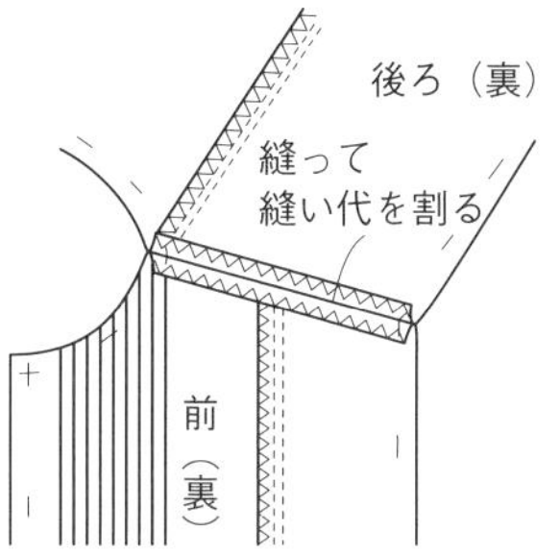

後ろ（裏）
縫って
縫い代を割る
前（裏）

前と後ろを中表に合わせて
肩を縫う

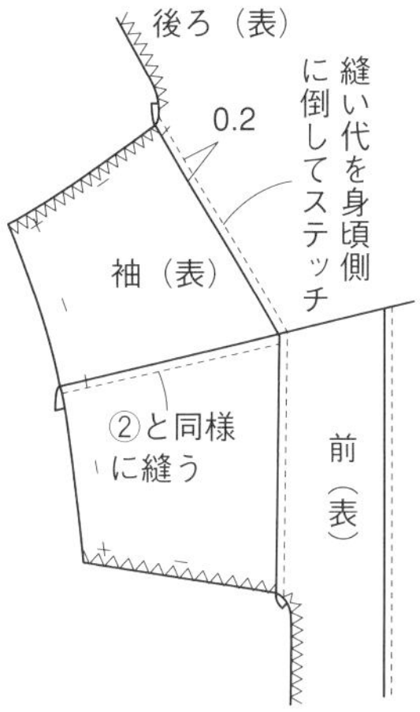

後ろ（表）
0.2
縫い代を身頃側に倒してステッチ
袖（表）
②と同様に縫う
前（表）

袖を作って身頃の袖ぐりと
中表に合わせて縫う

④襟を作り、身頃と見返しと襟ぐり布を中表に合わせて襟と布ループをはさんで襟ぐりと前立てを縫う

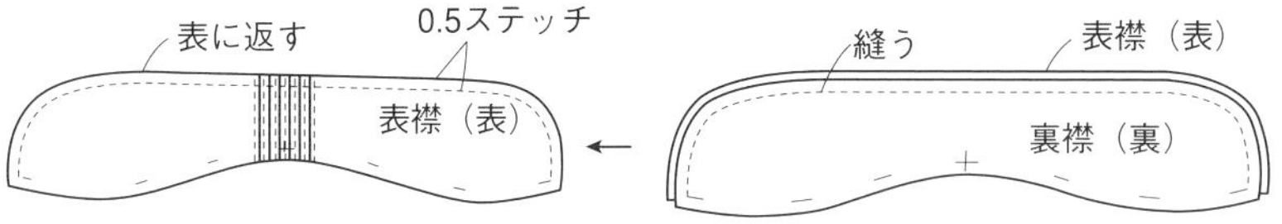

表に返す
0.5ステッチ
表襟（表）
縫う
表襟（表）
裏襟（裏）

表襟と裏襟を中表に合わせて縫い
表に返してステッチする

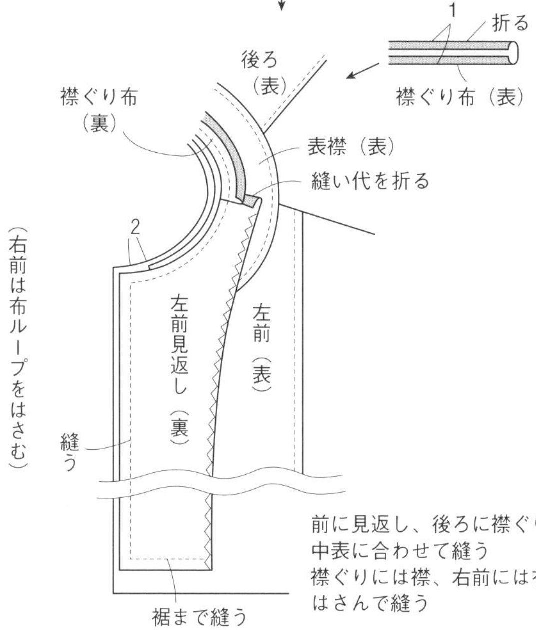

1
折る
襟ぐり布（表）
後ろ（表）
襟ぐり布（裏）
表襟（表）
縫い代を折る
2
（右前は布ループをはさむ）
左前見返し（裏）
左前（表）
縫う
裾まで縫う

前に見返し、後ろに襟ぐり布を
中表に合わせて縫う
襟ぐりには襟、右前には布ループを
はさんで縫う

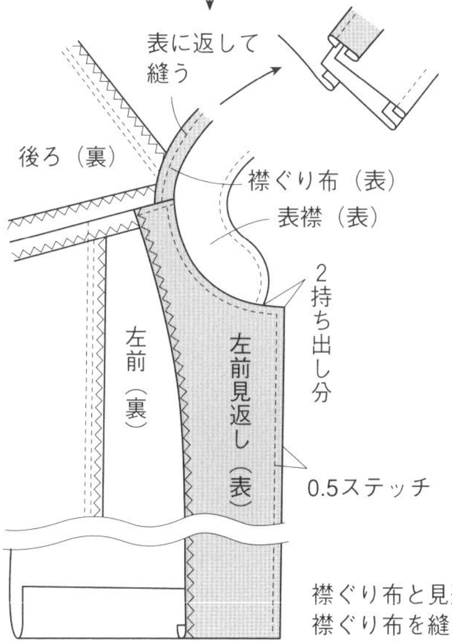

表に返して
縫う
後ろ（裏）
襟ぐり布（表）
表襟（表）
2
持ち出し分
左前（裏）
左前見返し（表）
0.5ステッチ

襟ぐり布と見返しを表に返して
襟ぐり布を縫い、ステッチする

⑤袖下から脇を縫い、ポケットを作る

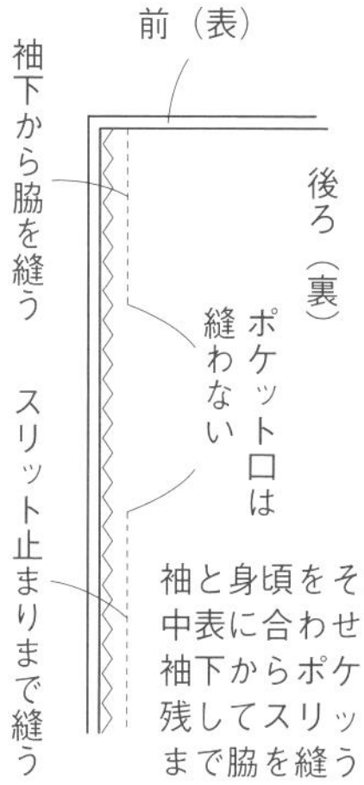

前（表）
袖下から脇を縫う
後ろ（裏）
ポケット口は縫わない
スリット止まりまで縫う

袖と身頃をそれぞれ中表に合わせて袖下からポケット口を残してスリット止まりまで脇を縫う

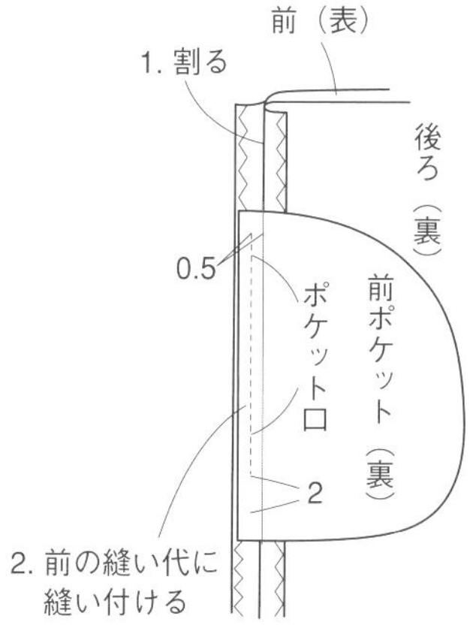

前（表）
1. 割る
後ろ（裏）
0.5
ポケット口
前ポケット（裏）
2
2. 前の縫い代に縫い付ける

前ポケットを前の縫い代に縫い付ける

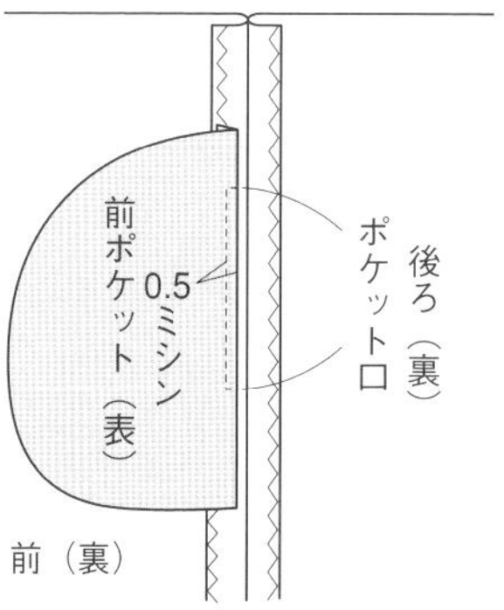

前ポケット（表）
0.5ミシン
ポケット口
後ろ（裏）
前（裏）

前ポケットを折り返してポケット口をミシンステッチする

左上に続く

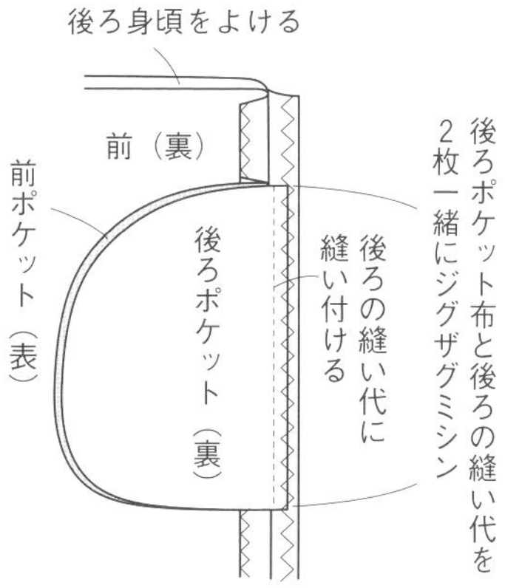

後ろ身頃をよける
前（裏）
前ポケット（表）
後ろポケット（裏）
後ろの縫い代に縫い付ける
後ろポケット布と後ろの縫い代を2枚一緒にジグザグミシン

後ろポケットを後ろの縫い代に合わせて縫う

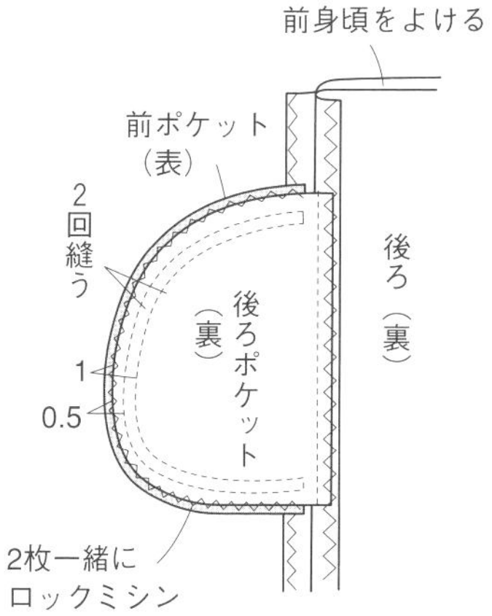

前身頃をよける
前ポケット（表）
2回縫う
後ろポケット（裏）
後ろ（裏）
1
0.5
2枚一緒にロックミシン

ポケット同士を合わせて縫う

⑥スリットあき、裾、袖口を縫う

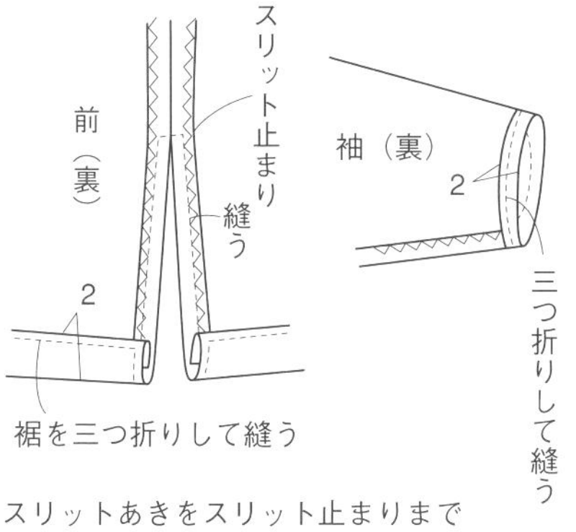

前（裏）
スリット止まり
縫う
2
袖（裏）
2
三つ折りして縫う
裾を三つ折りして縫う

スリットあきをスリット止まりまで縫い、袖口と裾の縫い代を三つ折りして縫う

⑦ひもを縫い付ける

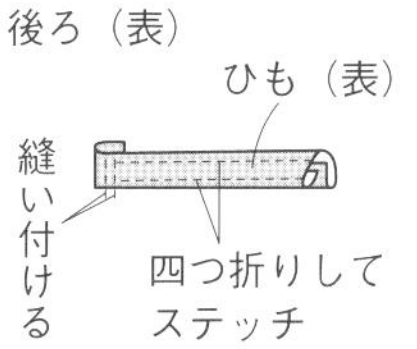

後ろ（表）
ひも（表）
縫い付ける
四つ折りしてステッチ

ひもを四つ折りして作り後ろの付け位置に縫い付ける

ひも4枚

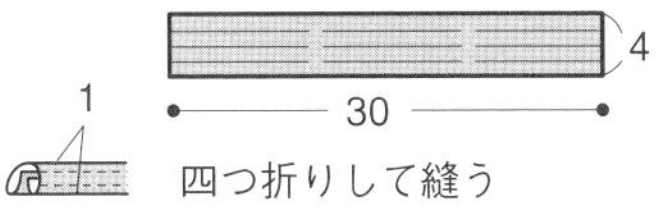
4
30
1
四つ折りして縫う

※◯の数字は縫い代
指定のないものはすべて1cm付ける

前、後ろ各1枚
スカート、ポケット各2枚

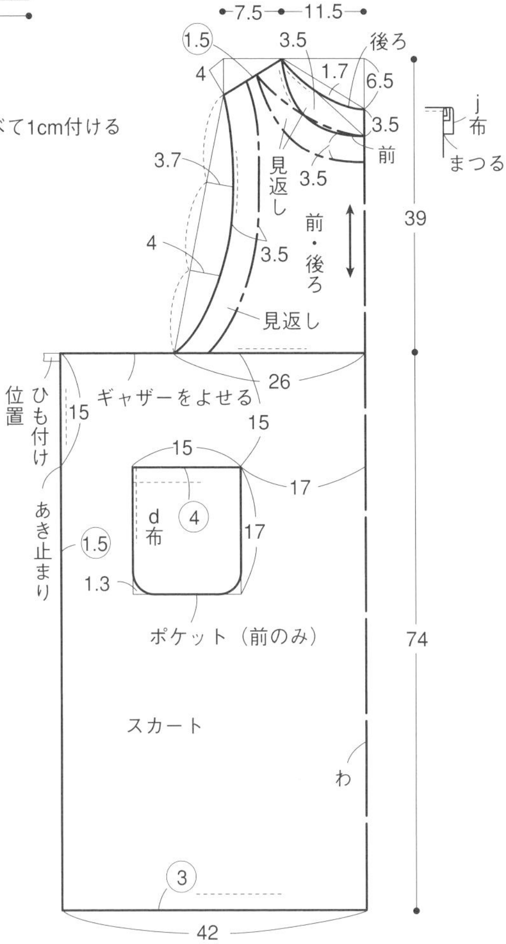
7.5
11.5
1.5
3.5
後ろ
4
1.7
6.5
3.5
前
j布
まつる
3.7
見返し
3.5
前・後ろ
39
4
3.5
見返し
26
ギャザーをよせる
ひも付け位置
15
15
15
17
d布
4
17
1.5
あき止まり
1.3
ポケット（前のみ）
74
スカート
わ
3
42

裁ち方

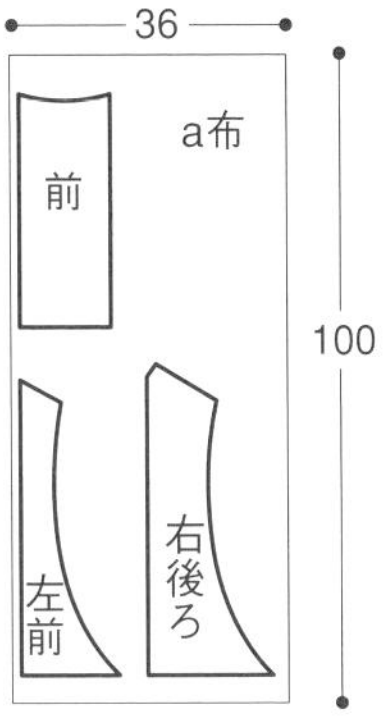
36
a布
前
100
左前
右後ろ

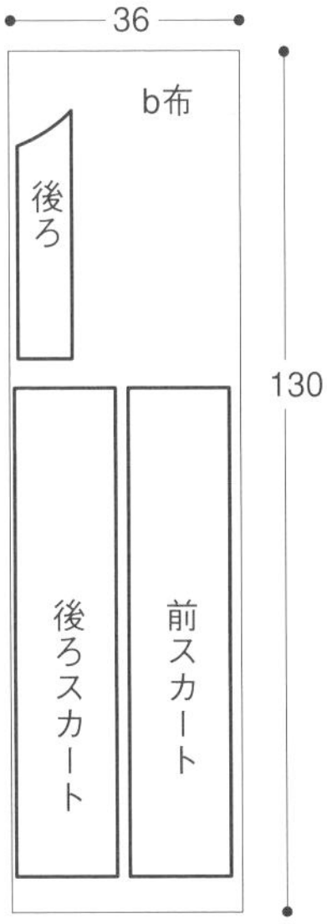
36
b布
後ろ
130
後ろスカート
前スカート

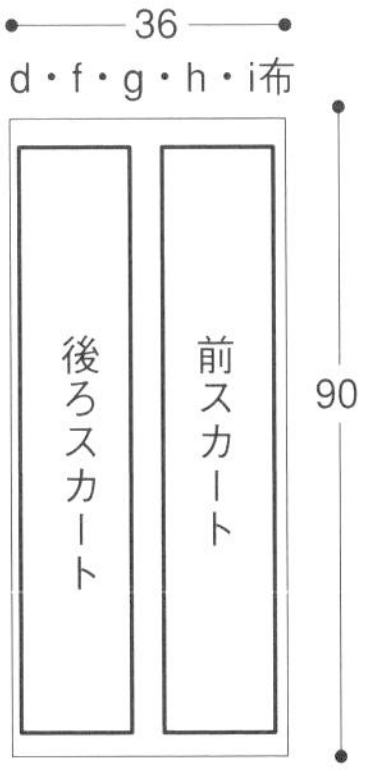
36
d・f・g・h・i布
90
後ろスカート
前スカート

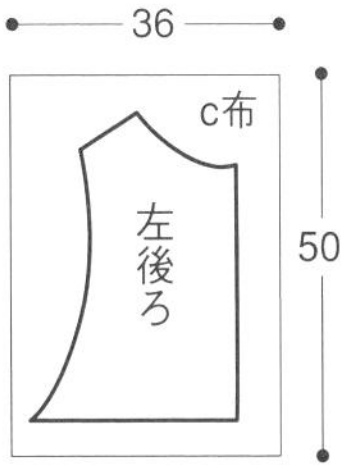
36
c布
左後ろ
50

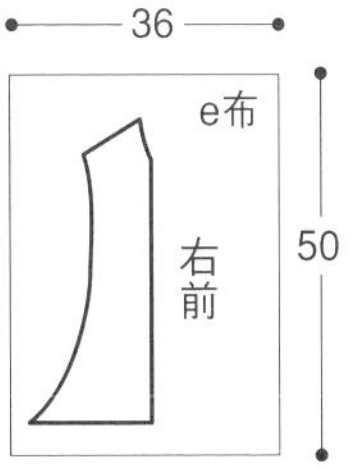
36
e布
右前
50

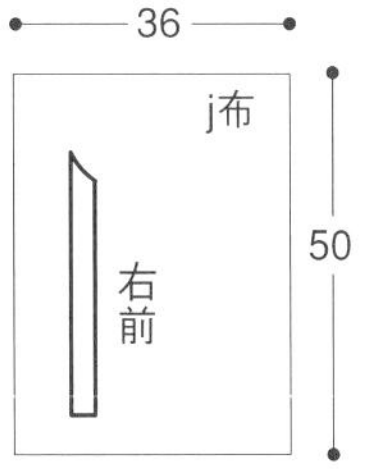
36
j布
右前
50

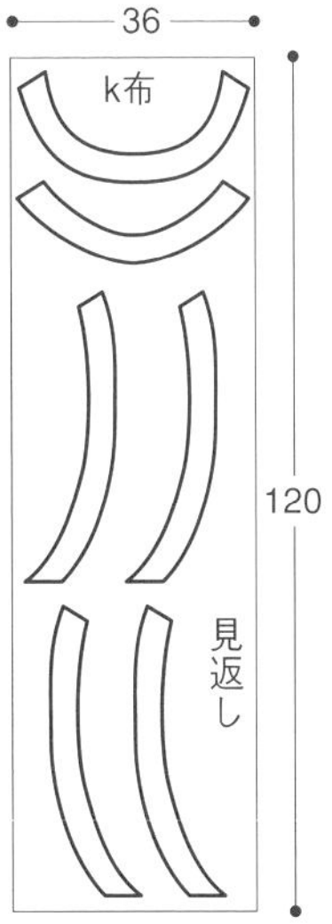
36
k布
120
見返し

作り方順序

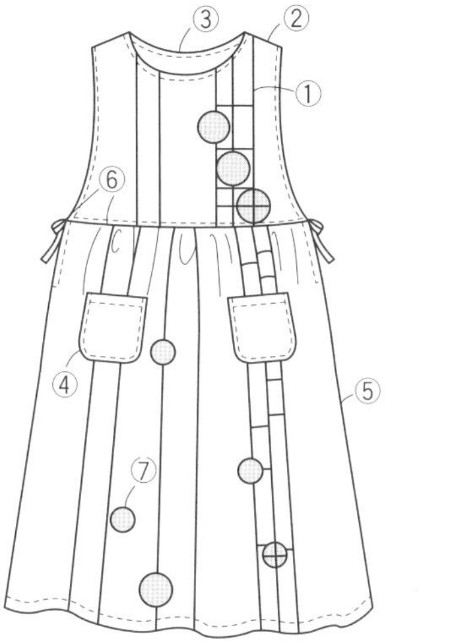
③
②
①
⑥
④
⑤
⑦

着丈約106cm 身幅約52cm

材料

アップリケ、パッチワーク帯用布、ひも用布各種　a布36×100cm　b布36×130cm　c・e・j布各36×50cm　d・f・g・h・i布各36×90cm　k布36×120cm　接着芯90×80cm　刺し子糸適宜

作り方のポイント

・見返し、スカートの脇、肩、ポケットの布端はロックミシンまたはジグザグミシンをかける。
・見返しに接着芯をはる。

作り方

❶身頃とスカートのパッチワーク、切り替えを縫う。
❷肩を縫う。見返しも同様に縫う。
❸身頃と見返しを中表に合わせて袖ぐり、襟ぐりを縫う。
❹ポケットを作り、付ける。
❺スカートを作る。
❻身頃とスカートを中表に合わせてウエストを縫い、ひもを付ける。
❼アップリケを作って付け、刺し子をする。

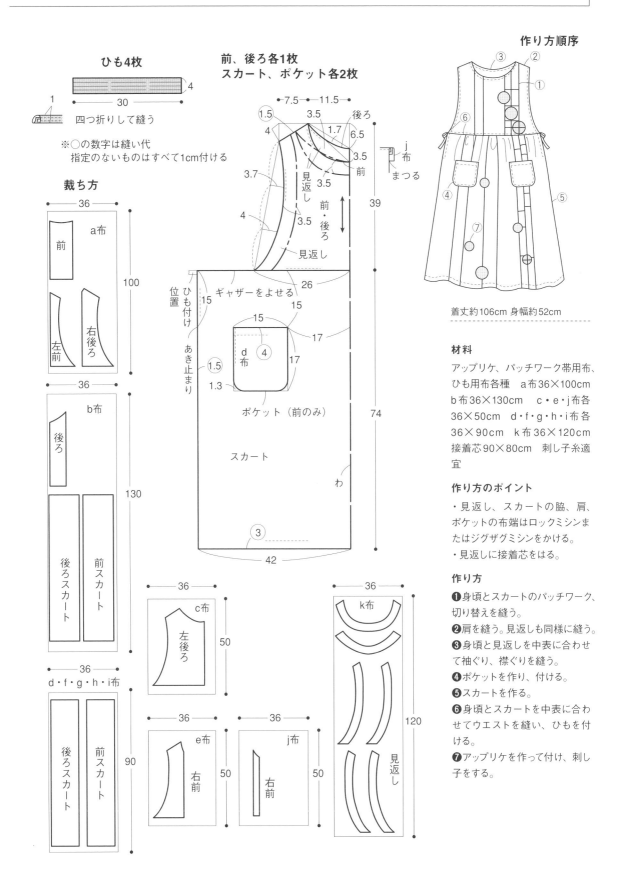

アップリケの作り方

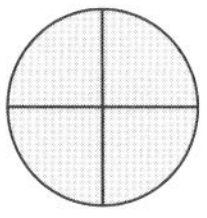

自由に接ぐ

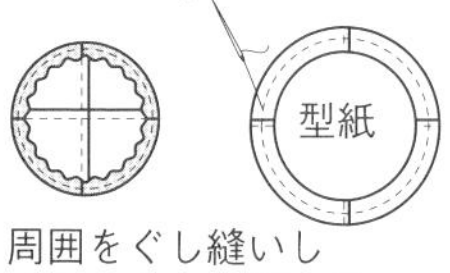
型紙

周囲をぐし縫いし
型紙を入れて引き絞り
型紙を抜く

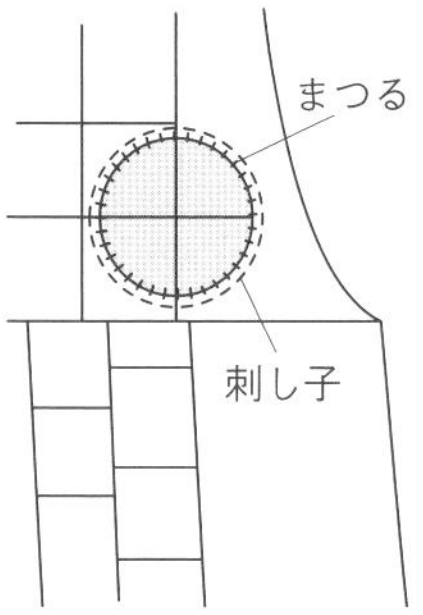
まつる
刺し子

アップリケをまつって付け
周囲に刺し子をする

布の配置・アップリケ位置

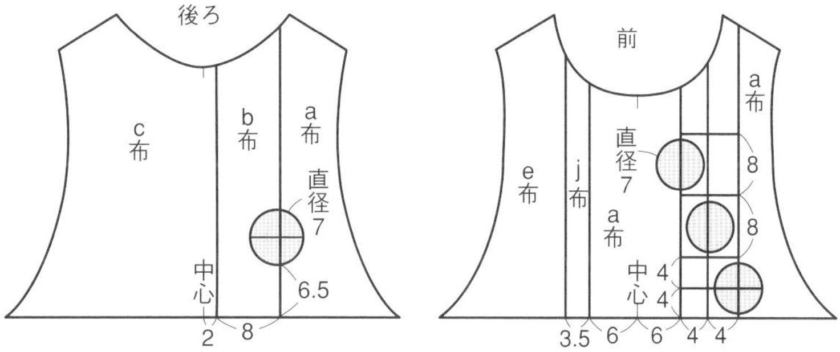
後ろ
c布
b布
a布
直径7
中心
6.5
2
8
前
a布
e布
j布
直径7
a布
8
8
中心
4
4
3.5
6
6
4
4

前スカート

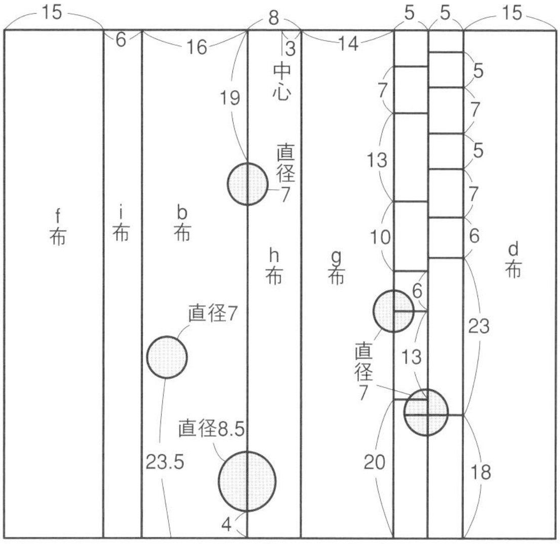
15
8
5
5
15
6
16
3
14
中心
19
直径7
f布
i布
b布
h布
g布
d布
直径7
直径8.5
23.5
4
7
13
10
5
7
5
7
6
6
直径7
13
23
20
18

後ろスカート

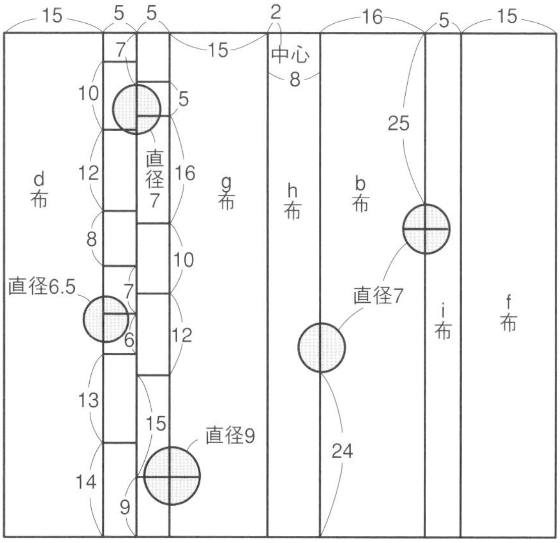
15
5
5
2
16
5
15
15
中心
8
7
10
5
12
直径7
16
d布
g布
h布
b布
25
8
10
直径6.5
7
6
12
直径7
i布
f布
13
15
直径9
24
14
9

パッチワークの帯

細かくパッチワークした2列の帯は、縫ってから
裏に接着芯をはる
その後にアップリケや刺し子をする

接着芯

作り方

①パッチワークをし、切り替えを縫う（スカートも同様）

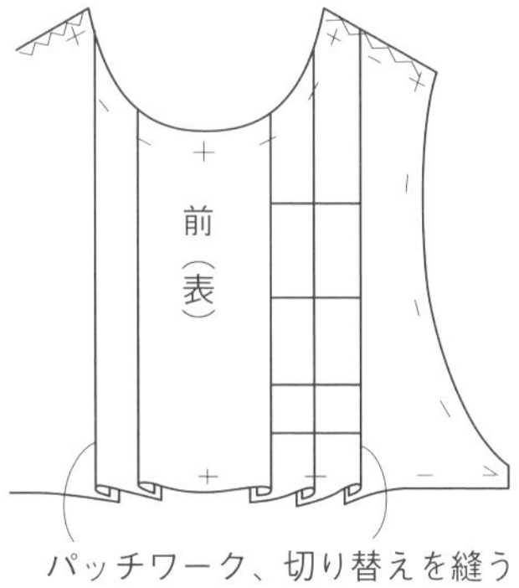
前（表）
パッチワーク、切り替えを縫う

中表に合わせて切り替えを縫い、ロックミシンをかけて片倒しにする

②肩を縫う（見返しも同様）

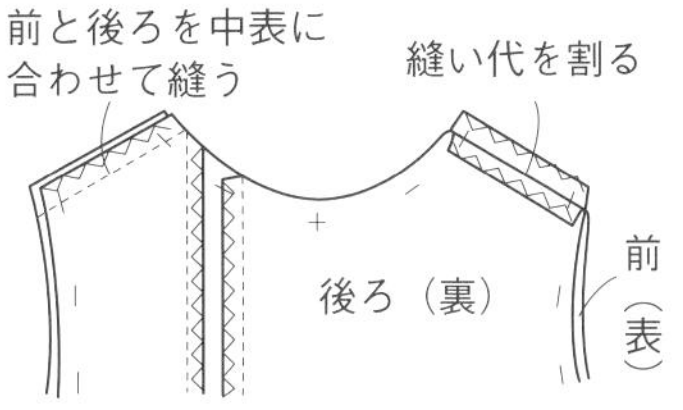
前と後ろを中表に合わせて縫う
縫い代を割る
後ろ（裏）
前（表）

前と後ろを中表に合わせて肩を縫う

③身頃と見返しを中表に合わせて袖ぐり、襟ぐりを縫う

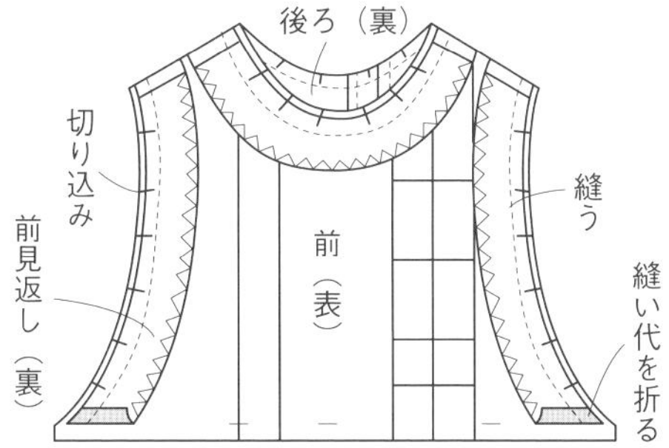
後ろ（裏）
切り込み
前見返し（裏）
前（表）
縫う
縫い代を折る

身頃の袖ぐりと襟ぐりに見返しを中表に合わせて縫う

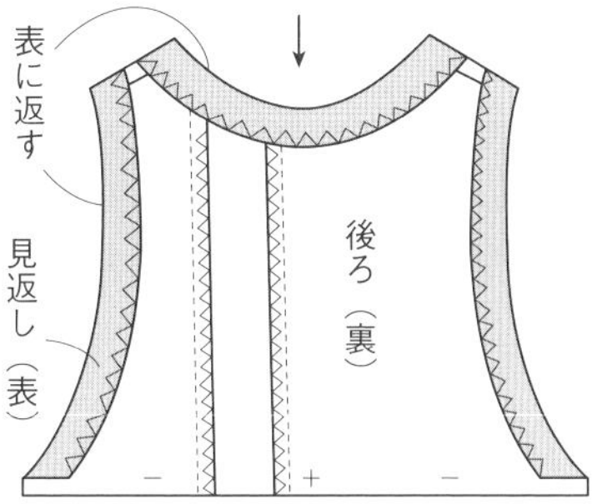
表に返す
見返し（表）
後ろ（裏）

表に返す

④ポケットを作り、付ける

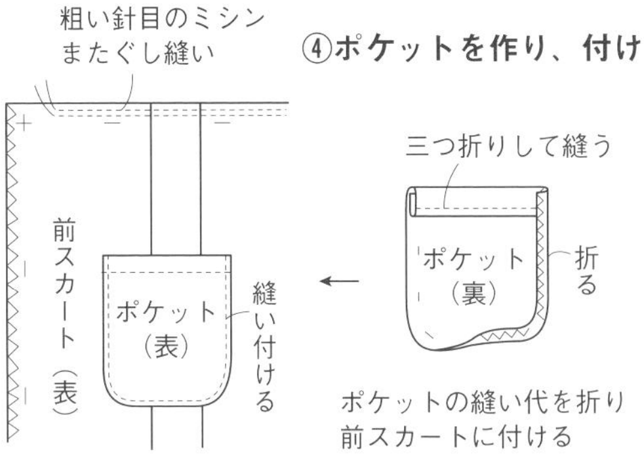
粗い針目のミシンまたぐし縫い
前スカート（表）
ポケット（表）
縫い付ける
三つ折りして縫う
ポケット（裏）
折る

ポケットの縫い代を折り前スカートに付ける

⑤スカートを作る

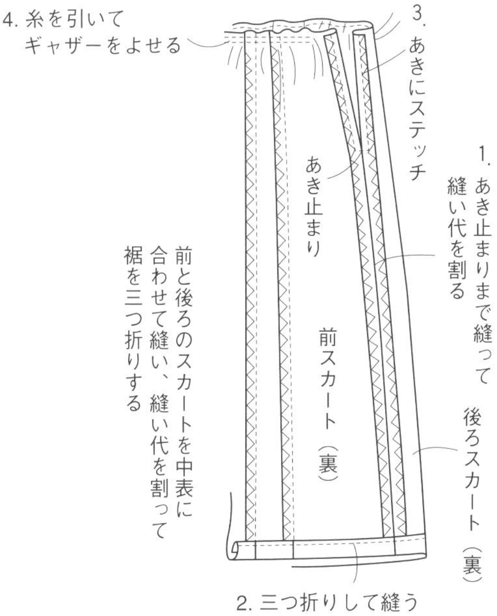
4. 糸を引いてギャザーをよせる
3. あきにステッチ
1. あき止まりまで縫って縫い代を割る
あき止まり
前スカート（裏）
後ろスカート（裏）
前と後ろのスカートを中表に合わせて縫い、縫い代を割って裾を三つ折りする
2. 三つ折りして縫う

⑥身頃とスカートを中表に合わせてウエストを縫い、ひもを付ける

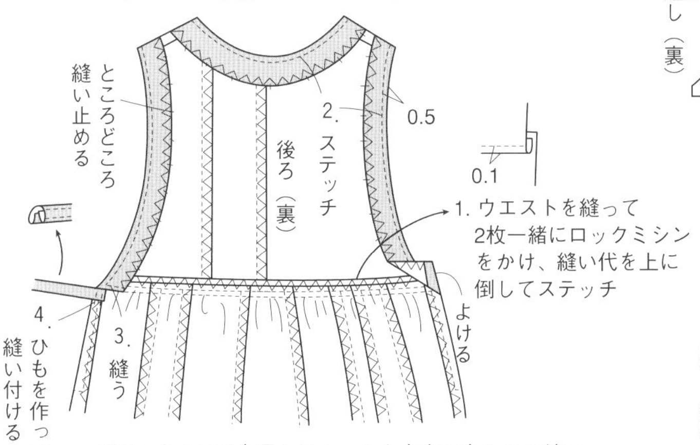
ところどころ縫い止める
2. ステッチ
後ろ（裏）
0.5
0.1
1. ウエストを縫って2枚一緒にロックミシンをかけ、縫い代を上に倒してステッチ
よける
4. ひもを作って縫い付ける
3. 縫う

見返しをよけて身頃とスカートを中表に合わせて縫いロックミシンをかける
見返しをかぶせてステッチをし、ひもを付ける

裁ち方

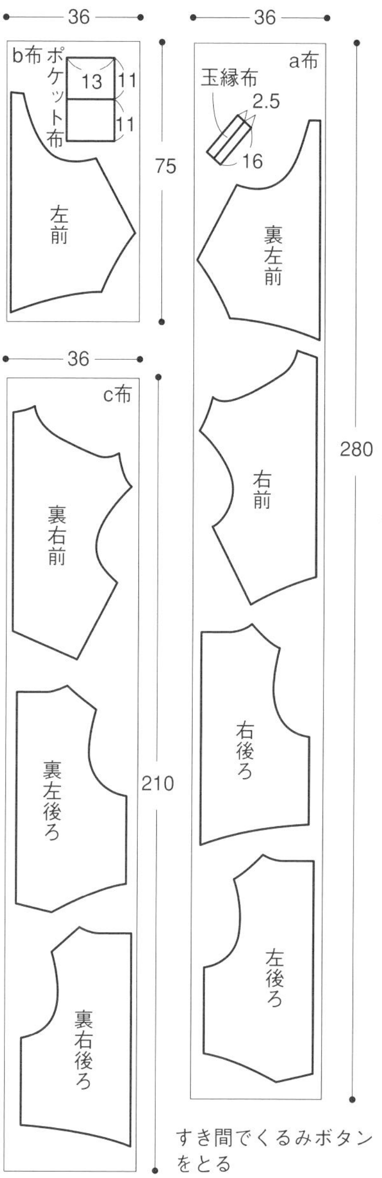
36
b布
ポケット布
13
11
11
75
左前
36
a布
玉縁布
2.5
16
裏左前
右前
右後ろ
左後ろ
280
36
c布
裏右前
裏左後ろ
裏右後ろ
210
すき間でくるみボタンをとる

前、裏前、後ろ、裏後ろ各1枚

※縫い代はすべて1cm付ける

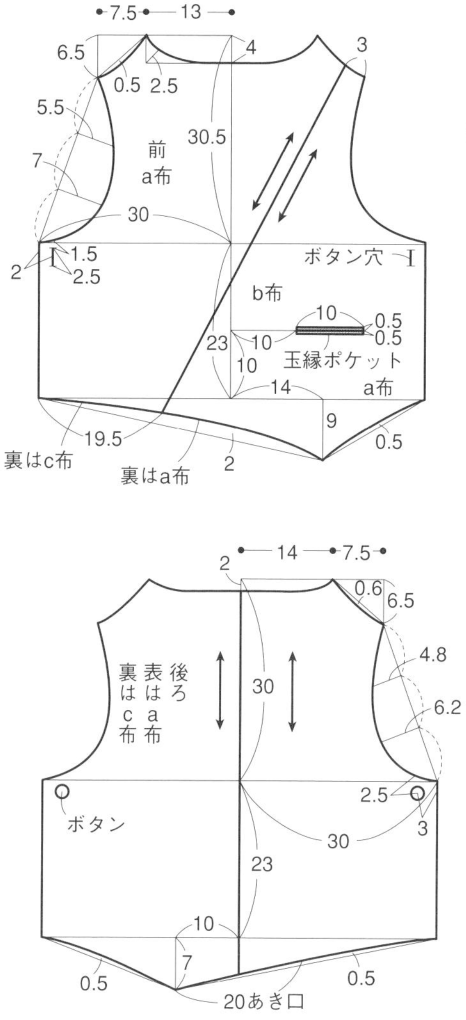
7.5
13
6.5
4
3
0.5
2.5
5.5
30.5
前
a布
7
30
2
1.5
2.5
ボタン穴
b布
10
0.5
0.5
23
10
10
玉縁ポケット
14
a布
9
19.5
0.5
裏はc布
裏はa布
2
14
7.5
2
0.6
6.5
後ろ
表はa布
裏はc布
30
4.8
6.2
ボタン
2.5
3
30
23
10
7
0.5
0.5
20あき口

作り方順序

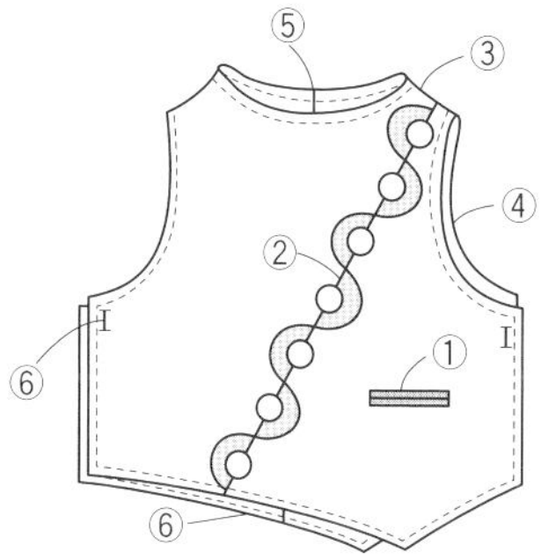
⑤
③
④
②
⑥
①
⑥

着丈約58cm 身幅約60cm

材料

アップリケ用布各種　a布36×280cm　b布36×75cm　c布36×210cm　接着芯適宜　直径2cmくるみボタン4個

作り方のポイント

・くるみボタンの作り方は53ページ、玉縁ポケットの作り方は54ページ参照。

・玉縁布、身頃の玉縁付け位置に接着芯をはる。

作り方

❶玉縁ポケットを作る。

❷切り替えを縫い、アップリケをする。

❸肩を縫う。

❹表と裏を中表に合わせて縫い、表に返す。

❺後ろ中心を縫う。

❻表に返してあき口をまつり、ステッチをする。ボタンホールを作ってくるみボタンを付ける。

作り方

①玉縁ポケットを作る

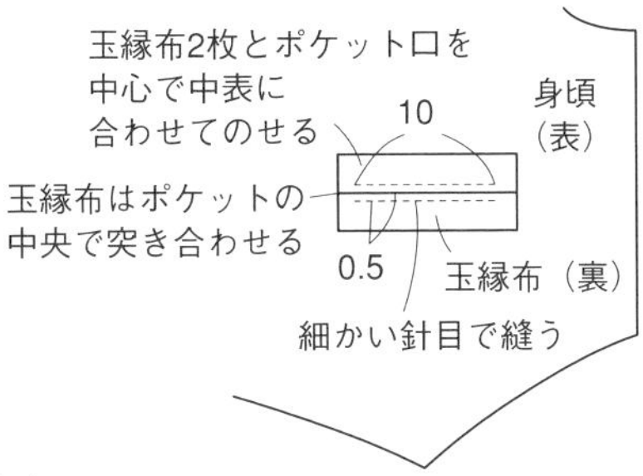

玉縁布2枚とポケット口を
中心で中表に
合わせてのせる
10
身頃
（表）
玉縁布はポケットの
中央で突き合わせる
0.5
玉縁布（裏）
細かい針目で縫う

54ページを参照して
左前に玉縁ポケットを作る
玉縁布をポケット口に合わせて上下を縫う

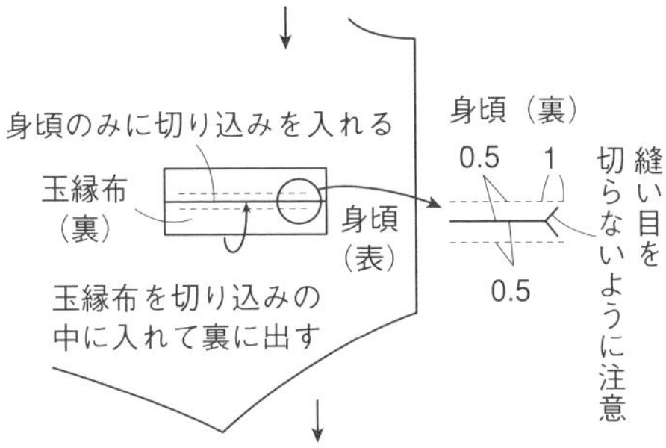

身頃のみに切り込みを入れる
玉縁布
（裏）
身頃
（表）
玉縁布を切り込みの
中に入れて裏に出す
身頃（裏）
0.5
1
0.5
縫い目を切らないように注意

玉縁布を裏に出し、縫い目を割る

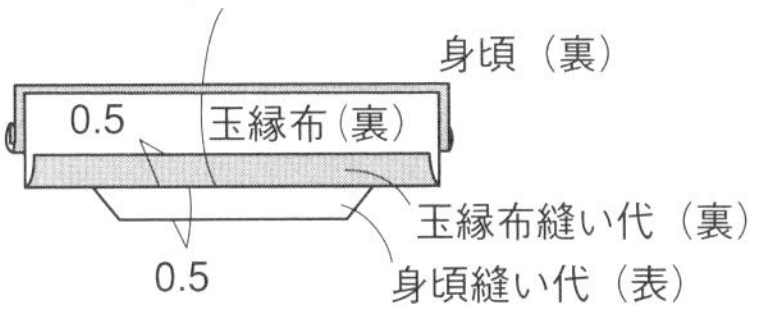

身頃（裏）
0.5
玉縁布（裏）
玉縁布縫い代（裏）
0.5
身頃縫い代（表）

玉縁布を引き出して縫い目を割り
縫い代を芯にしてくるんで折る

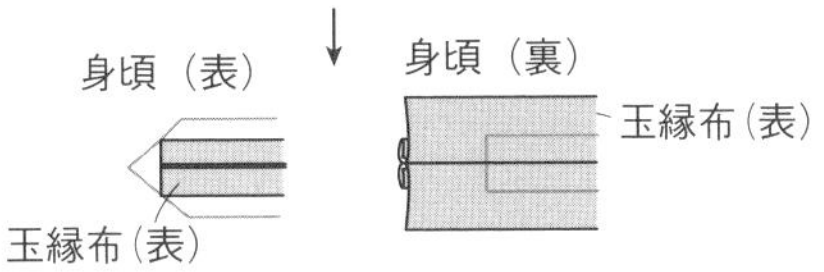

身頃（表）
身頃（裏）
玉縁布（表）
玉縁布（表）

表は切り込みに玉縁布が
突き合わせで見える状態

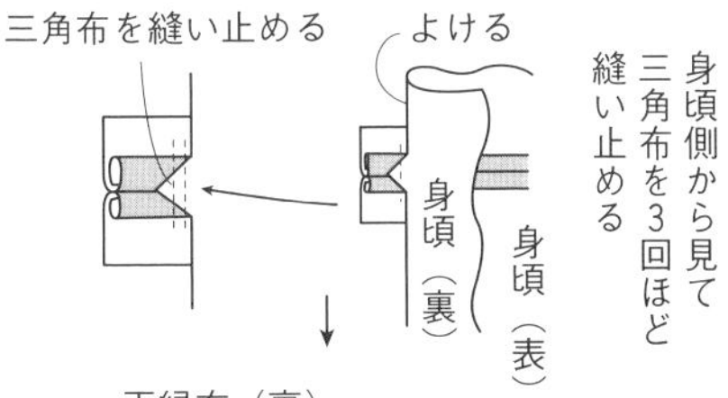

三角布を縫い止める
よける
身頃（裏）
身頃（表）
身頃側から見て三角布を3回ほど縫い止める

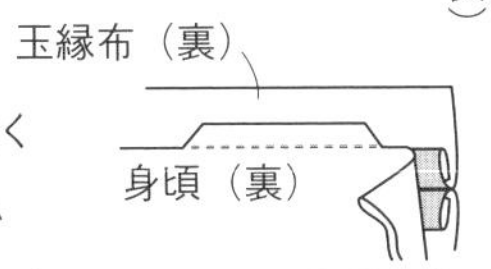

玉縁布（裏）
身頃（裏）

左上に続く

身頃をめくって身頃の縫い代と
玉縁布を一緒に縫い目の上を縫う

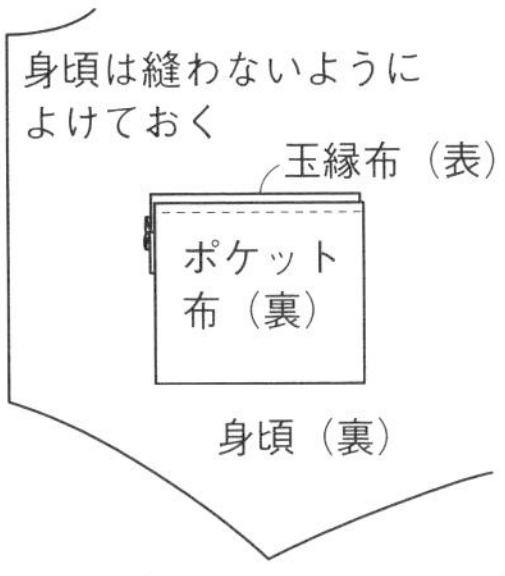

身頃は縫わないように
よけておく
玉縁布（表）
ポケット
布（裏）
身頃（裏）

玉縁布の上側にポケット布を
中表に合わせて縫う

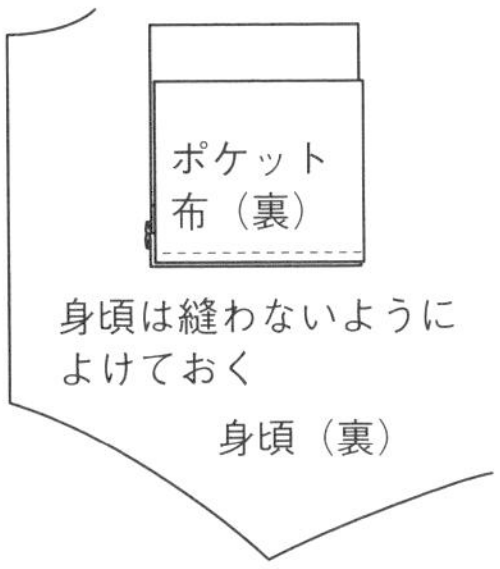

ポケット
布（裏）
身頃は縫わないように
よけておく
身頃（裏）

同様に玉縁布の下側にも
ポケット布を中表に
合わせて縫う

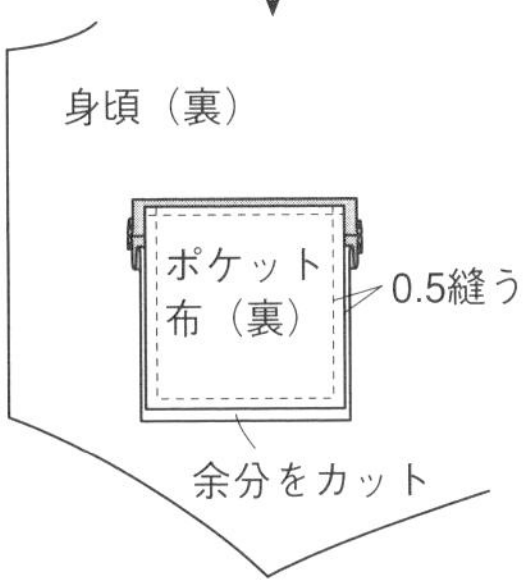

身頃（裏）
ポケット
布（裏）
0.5縫う
余分をカット

ポケット布同士を中表に
合わせて縫う

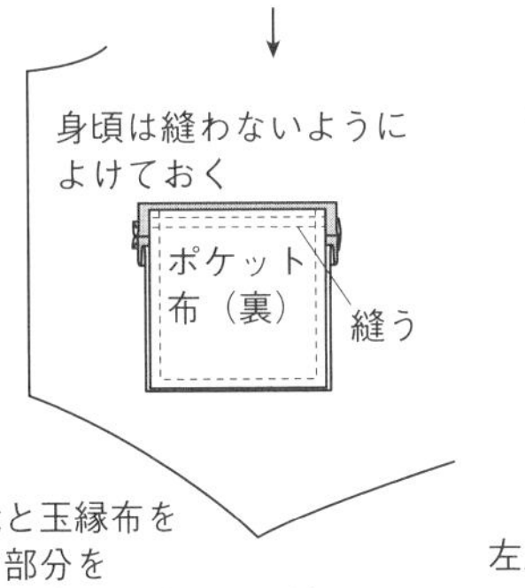

身頃は縫わないように
よけておく
ポケット
布（裏）
縫う

身頃の縫い代と玉縁布を
一緒に縫った部分を
再度、ポケット布も一緒にして縫う

②前の切り替えを縫い アップリケをする

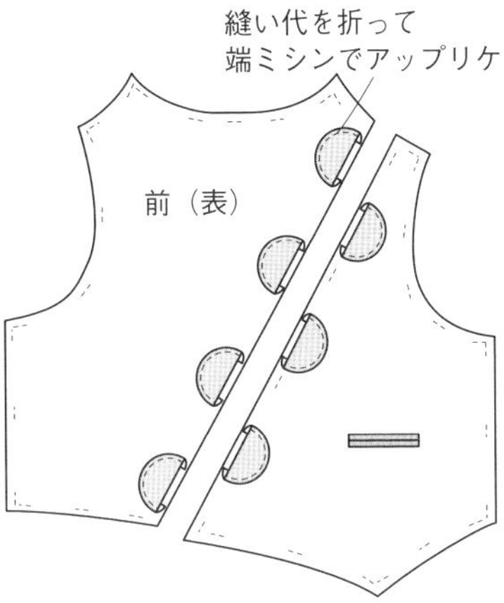

縫い代を折って
端ミシンでアップリケ
前（表）

前の左と右にそれぞれアップリケをする

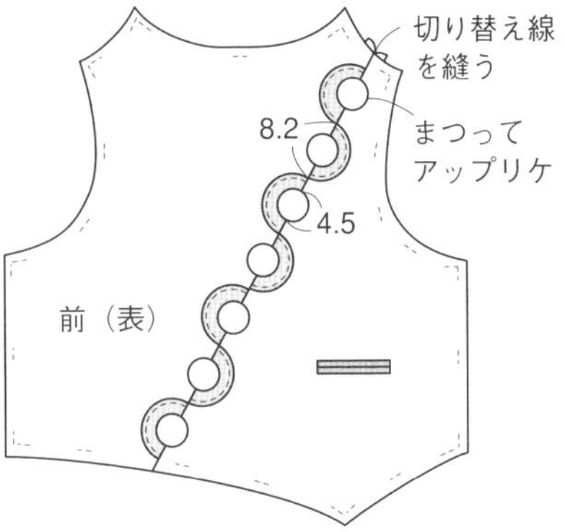

切り替え線
を縫う
8.2
まつって
アップリケ
4.5
前（表）

左と右を中表に合わせて縫い
さらに接ぎ目にアップリケする
裏前の切り替えも縫う

③肩を縫う

後ろ（表）
縫い代に
切り込みを入れる
肩を縫って
割る
前（裏）

前と後ろを中表に合わせて肩を縫う
裏前と裏後ろの肩も縫う

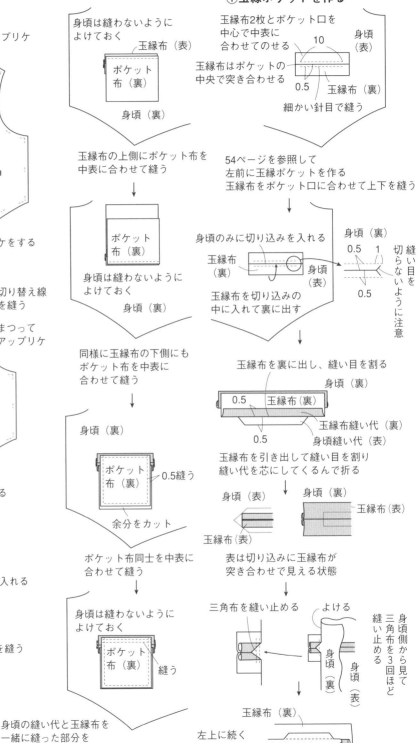

④表と裏を中表に合わせて縫い、表に返す

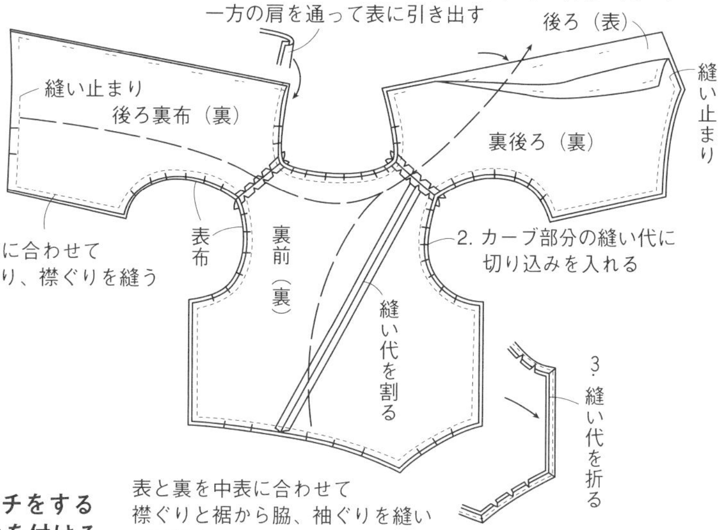
4. 襟ぐりと袖ぐりの縫い代を折り、表布と裏布の間から
一方の肩を通って表に引き出す
後ろ（表）
縫い止まり
後ろ裏布（裏）
縫い止まり
裏後ろ（裏）
1. 表と裏を中表に合わせて
裾、脇、袖ぐり、襟ぐりを縫う
表布
裏前（裏）
縫い代を割る
2. カーブ部分の縫い代に
切り込みを入れる
3. 縫い代を折る

表と裏を中表に合わせて
襟ぐりと裾から脇、袖ぐりを縫い
表に返す

6.表に返してあき口をまつり、ステッチをする ボタンホールを作り、くるみボタンを付ける

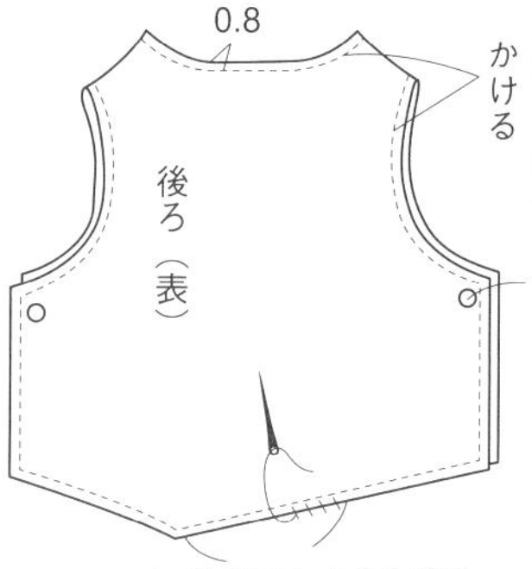
0.8
2. ステッチをかける
後ろ（表）
3. 表側と裏側にくるみボタンを付ける
1. あき口から表に返し
あき口をまつる

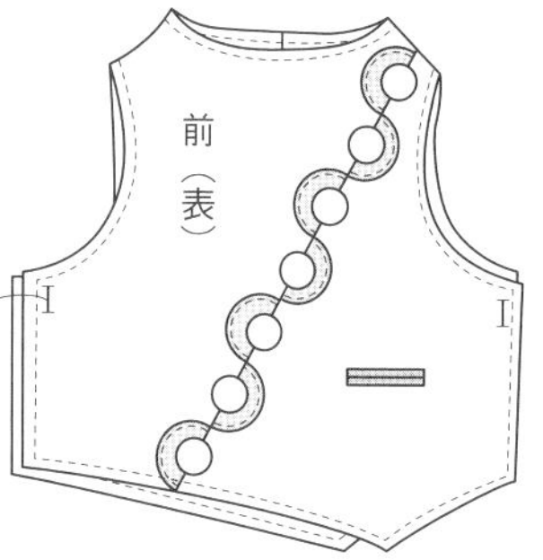
前（表）
ミシンでボタンホールを作る

表に返してあき口をまつり
ステッチをする
後ろにくるみボタンを付け
前にボタンホールを作る

⑤後ろ中心を縫う

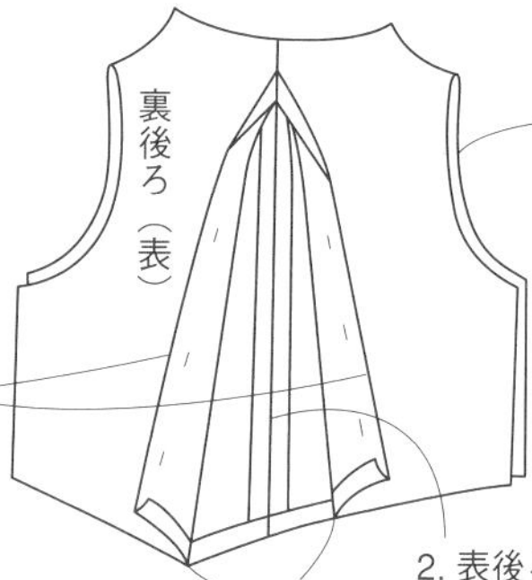
裏後ろ（表）
1. 表に返す
3. あき口から裏に返して裏後ろの中心を縫う
あき口
2. 表後ろの中心を縫い
縫い代を割る

表後ろの中心を中表に合わせて縫い
次に裏返して裏後ろの中心を縫う

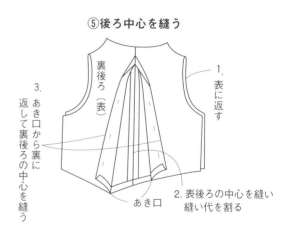

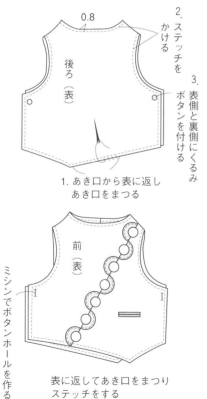

ベルト1枚

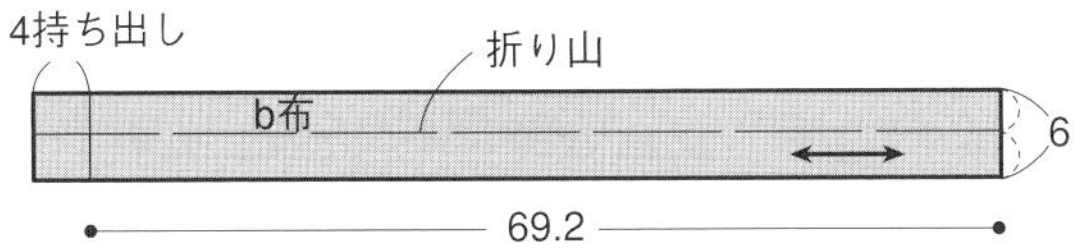
4持ち出し
折り山
b布
6
69.2

※○の数字は縫い代
指定のないものはすべて1cm付ける

スカート2枚

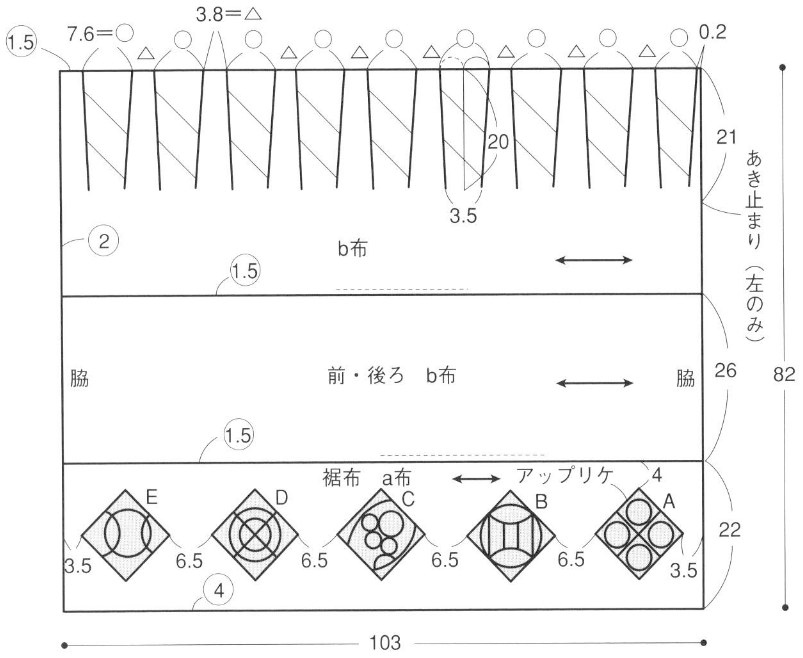
1.5
7.6＝○
3.8＝△
0.2
20
21
3.5
あき止まり（左のみ）
2
b布
1.5
脇
前・後ろ　b布
脇
26
82
1.5
裾布　a布
アップリケ
4
E
D
C
B
A
22
3.5
6.5
6.5
6.5
6.5
3.5
4
103

後ろアップリケ図案

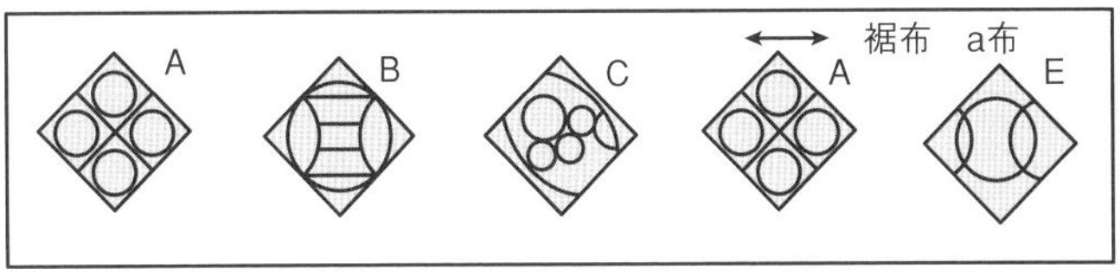
裾布　a布
A
B
C
A
E

作り方順序

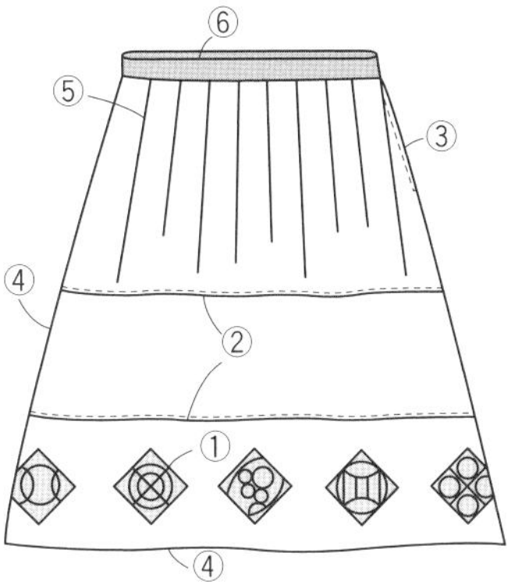
6
5
3
4
2
1
4

スカート丈約82cm

材料

アップリケ用布各種　a布36×230cm　b布36×450cm　幅3cm接着インサイドベルト75cm　長さ20cmファスナー1本　カギホック1組　接着芯適宜

作り方のポイント

・脇、裾の布端はロックミシンまたはジグザグミシンをかける。
・前と後ろのファスナー付け位置に接着芯をはっておく。
・アップリケ図案はとじ込み付録Aに掲載。

作り方

❶アップリケを作る。
❷切り替えを縫う。
❸ファスナーを付ける。
❹脇を縫い、裾をまつる。
❺ウエストにタックを作る。
❻ベルトを作り、付けてカギホックを付ける。

裁ち方

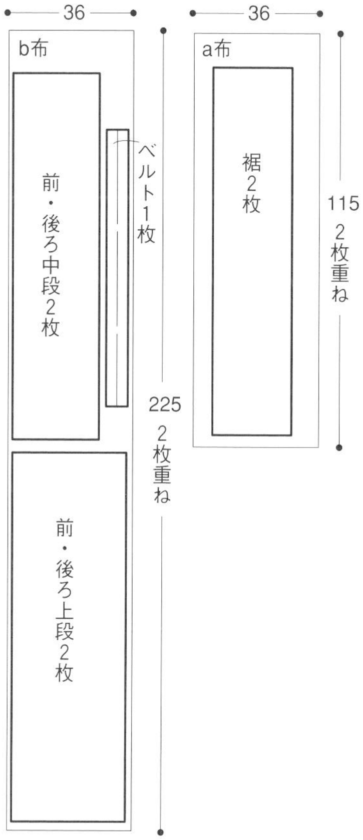
36
b布
前・後ろ中段2枚
ベルト1枚
225
2枚重ね
前・後ろ上段2枚
36
a布
裾2枚
115
2枚重ね

作り方

①アップリケを作る
（円のアップリケのしかたは 79ページ参照）

②切り替えを縫う

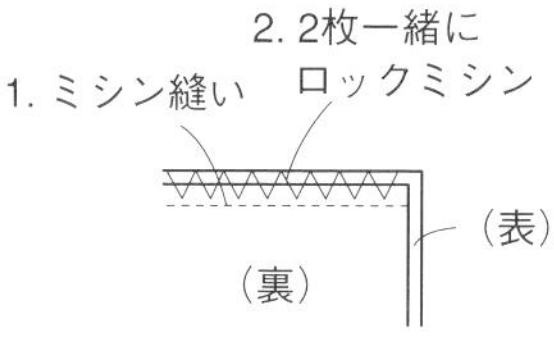
2. 2枚一緒に
ロックミシン
1. ミシン縫い
（表）
（裏）

2枚を中表に合わせて縫う

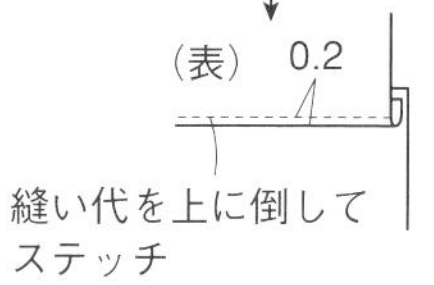
（表）
0.2
縫い代を上に倒して
ステッチ

ステッチをする

③ファスナーを付ける
（95ページ参照）

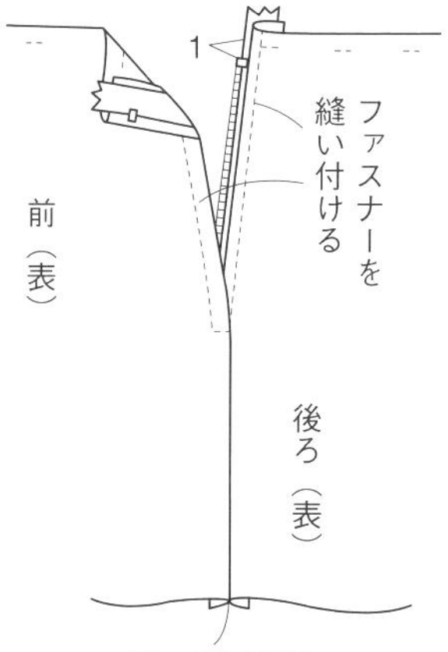
1
ファスナーを
縫い付ける
前（表）
後ろ（表）
縫い代は割る

あき止まりから裾まで縫い
あき止まりにファスナーを付ける

④脇を縫い、裾をまつる

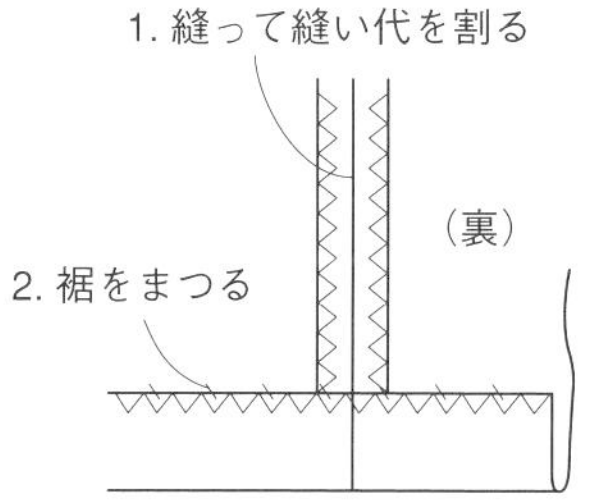
1. 縫って縫い代を割る
（裏）
2. 裾をまつる

右の脇を裾まで縫い、裾の縫い代をまつる

⑤ウエストにタックを作る

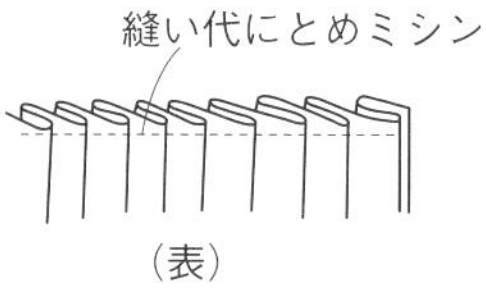
縫い代にとめミシン
（表）

タックをたたんで縫い代に
とめミシンをする

⑥ベルトを作り、付ける
（インサイドベルトのみを入れる 95ページ参照）

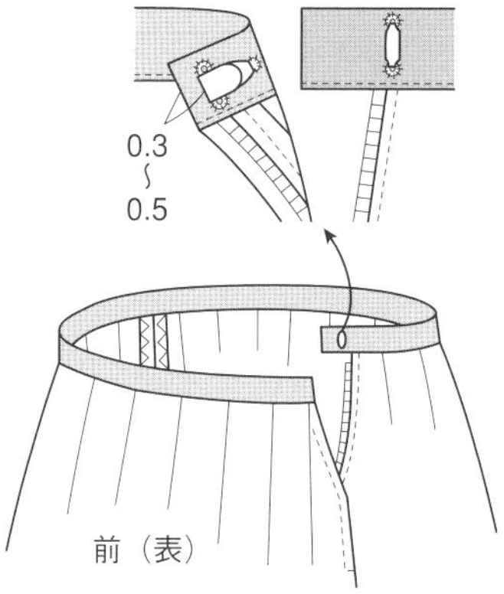
0.3
～
0.5
前（表）

ベルトを作ってウエストに付け
カギホックを付ける

布ループ・ボタン付け位置

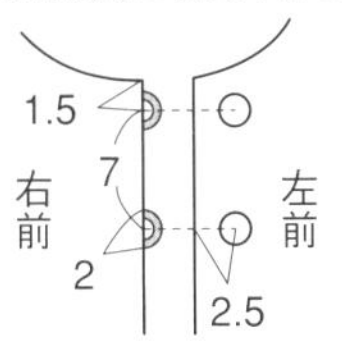
7cm間隔に6個付ける
1.5
7
2
右前
左前
2.5

表襟、裏襟各1枚

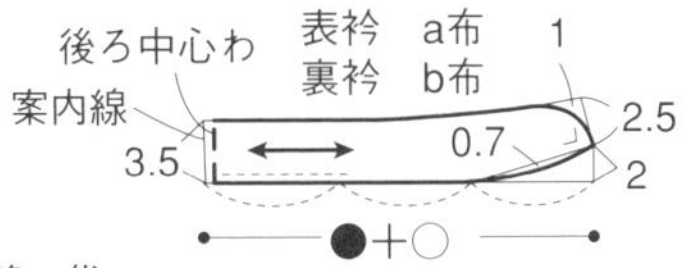
後ろ中心わ
表衿 a布
裏衿 b布
1
案内線
2.5
0.7
3.5
2
●+○

※○の数字は縫い代
指定のないものはすべて1cm付ける

前、裏前、前見返し各2枚　後ろ、裏後ろ、後ろ見返し各1枚

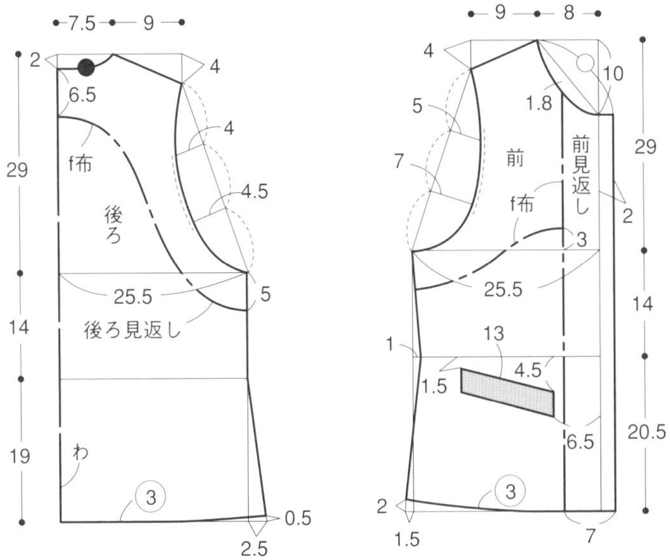
7.5
9
2
4
6.5
4
f布
4.5
後ろ
29
25.5
5
後ろ見返し
14
わ
19
3
0.5
2.5
9
8
4
10
5
1.8
前
前見返し
29
7
f布
2
3
25.5
14
13
1
4.5
1.5
6.5
20.5
3
2
1.5
7

布の配置

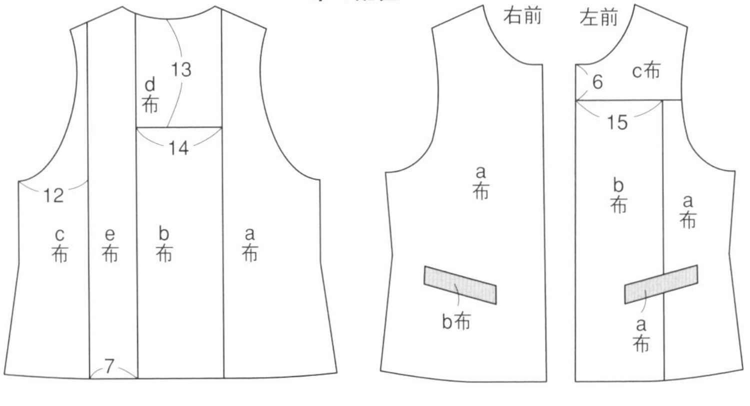
後ろ
13
d布
14
12
c布
e布
b布
a布
7
右前
左前
c布
6
15
a布
b布
a布
b布
a布

布ループ1枚

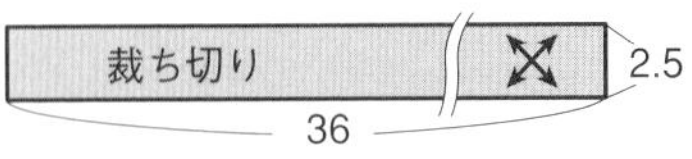
裁ち切り
2.5
36

布を接ぎ合わせて作ってから
6本にカットする

箱布4枚

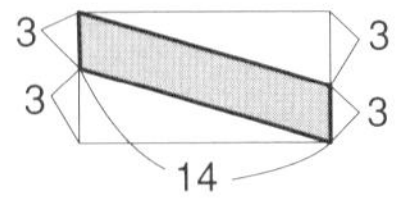
3
3
3
3
14

ポケット布B2枚

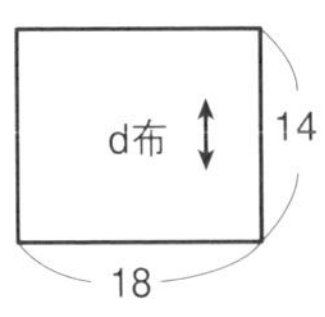
d布
14
18

ポケット布A2枚

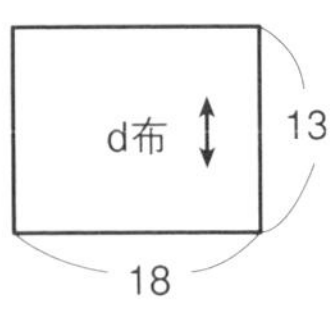
d布
13
18

作り方順序

5
1
3
6
4
2
4

着丈約60cm 身幅約51cm

材料

a布36×200cm　b布36×110cm　c・e布36×70cm　d布36×100cm　f布36×150cm　接着芯90×70cm　裏布90×120cm　直径2cmくるみボタン6個

作り方のポイント

・箱ポケットの作り方は56ページ、布ループの作り方は52ページ、くるみボタンの作り方は53ページ参照。

・箱布、見返し、裏襟に接着芯をはる。

・襟はとじ込み付録Aに掲載の型紙を参考にするとよい。

作り方

❶表は切り替え線を縫い、裏は見返しと裏布を縫う。
❷箱ポケットを作る。
❸表と裏を中表に合わせ、前立てと襟ぐりを縫う。
❹脇を縫い、裾をまつる。
❺襟を作り、付ける。
❻くるみボタンを付ける。

作り方

①表は切り替えを縫い 裏は見返しと裏布を縫う

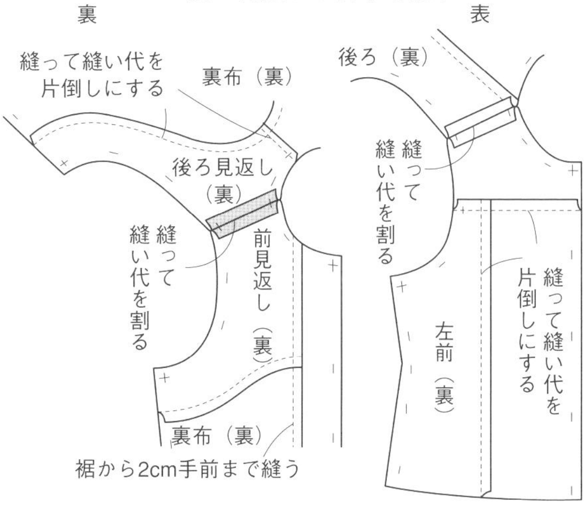
裏
表
縫って縫い代を片倒しにする
裏布（裏）
後ろ（裏）
後ろ見返し（裏）
縫って縫い代を割る
縫って縫い代を割る
前見返し（裏）
左前（裏）
縫って縫い代を片倒しにする
裏布（裏）
裾から2cm手前まで縫う

中表に合わせて表の切り替えを縫い
裏は見返しと裏布を縫う

②箱ポケットを作る

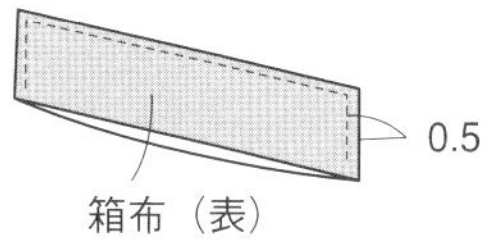
0.5
箱布（表）

箱布を中表に合わせて縫い
表に返してステッチをする

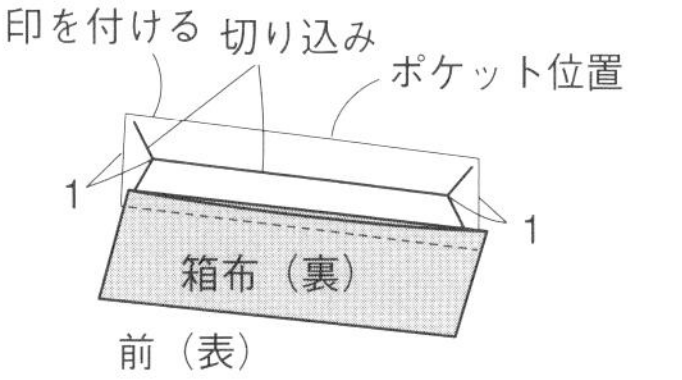
印を付ける
切り込み
ポケット位置
1
1
箱布（裏）
前（表）

ポケット付け位置の印を付け
箱布を中表に印と縫い代を合わせて縫う
切り込みを入れる

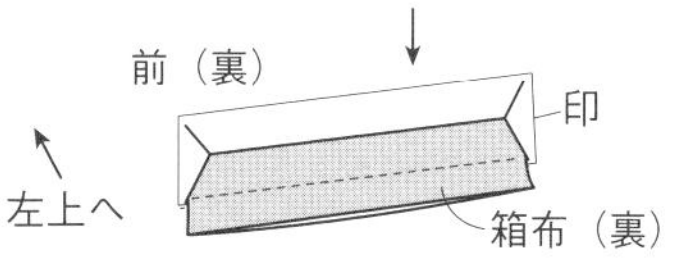
前（裏）
印
箱布（裏）
左上へ

箱布を切り込みから縫い代だけを
裏に折る

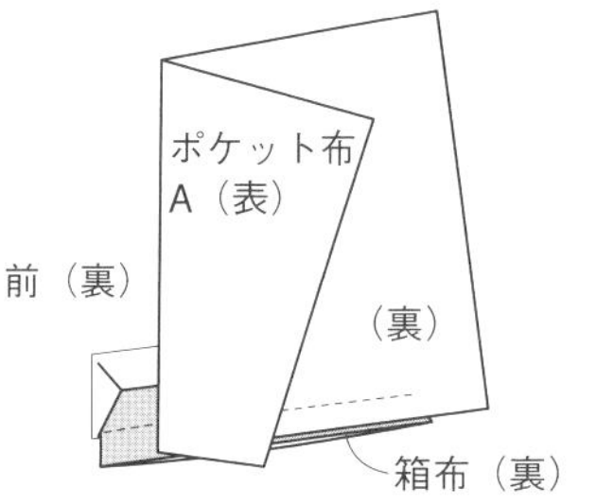
ポケット布A（表）
前（裏）
（裏）
箱布（裏）

ポケット布Aを中表に合わせて
身頃をよけて
縫い目の上を縫う

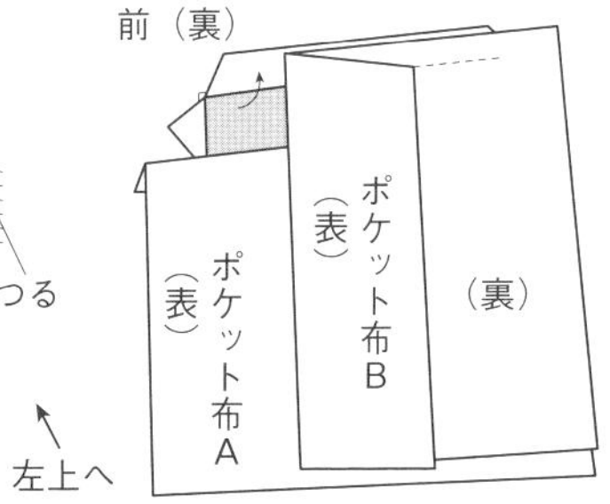
前（裏）
ポケット布B（表）
ポケット布A（表）
（裏）
左上へ

ポケット布Aを倒し、切り込みに
ポケット布Bを中表に合わせて縫う
身頃はよけておく

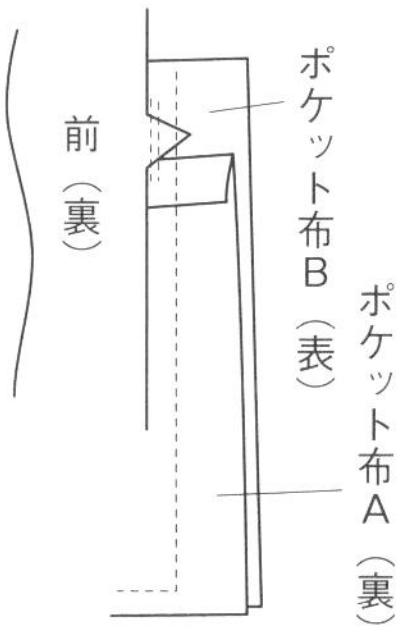
前（裏）
ポケット布B（表）
ポケット布A（裏）

切り込みの三角を
ポケット布に縫い付け
ポケット布の周囲を縫う

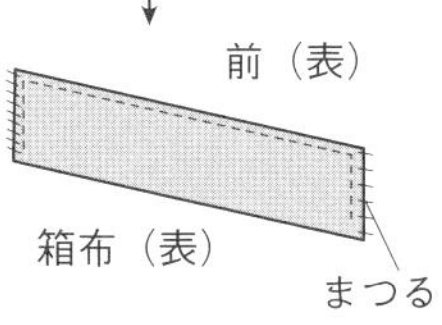
前（表）
箱布（表）
まつる

箱布の両端を身頃に
まつる

裁ち方

36
e布
後ろ
70

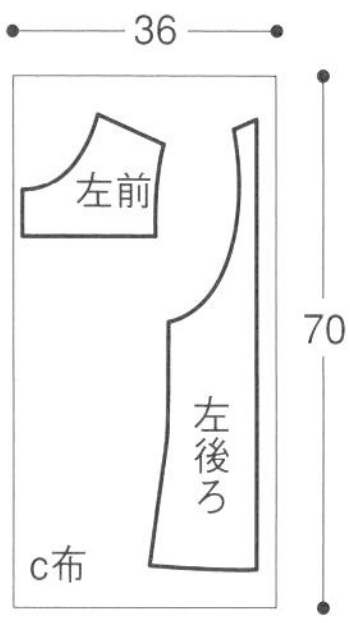
36
左前
左後ろ
c布
70

※ほかに見返し
以外の裏布をとる

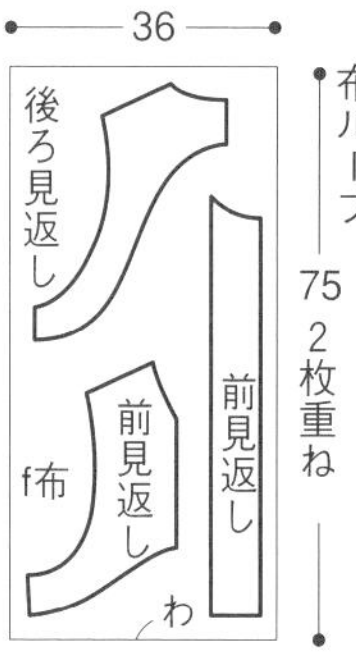
36
後ろ見返し
前見返し
前見返し
f布
わ
75
2枚重ね

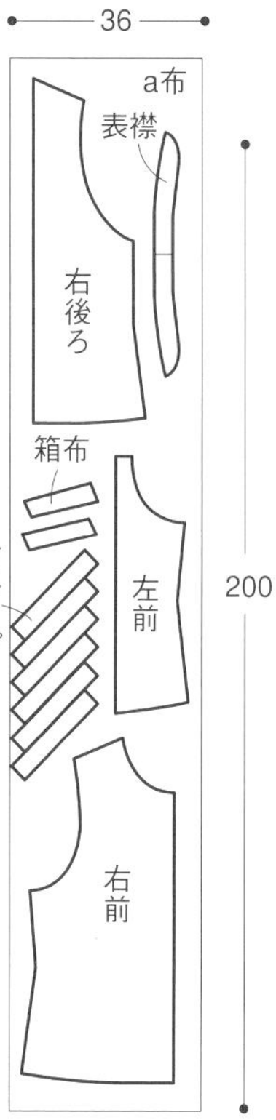
36
a布
表襟
右後ろ
箱布
布ループ
左前
右前
200

すき間でくるみ
ボタンをとる

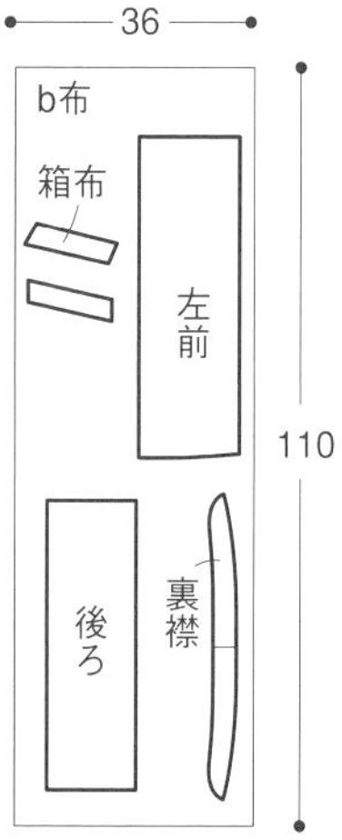
36
b布
箱布
左前
後ろ
裏襟
110

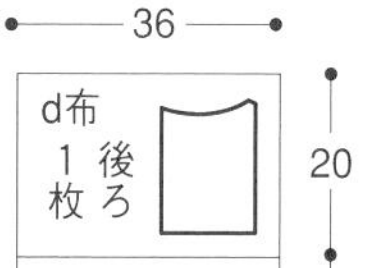
36
d布
後ろ
1枚
20

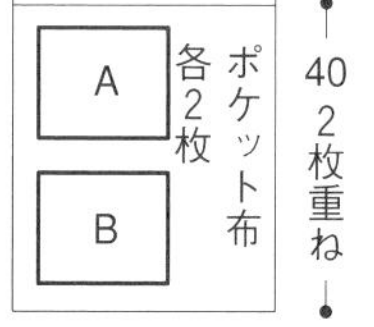
A
B
ポケット布
各2枚
40
2枚重ね

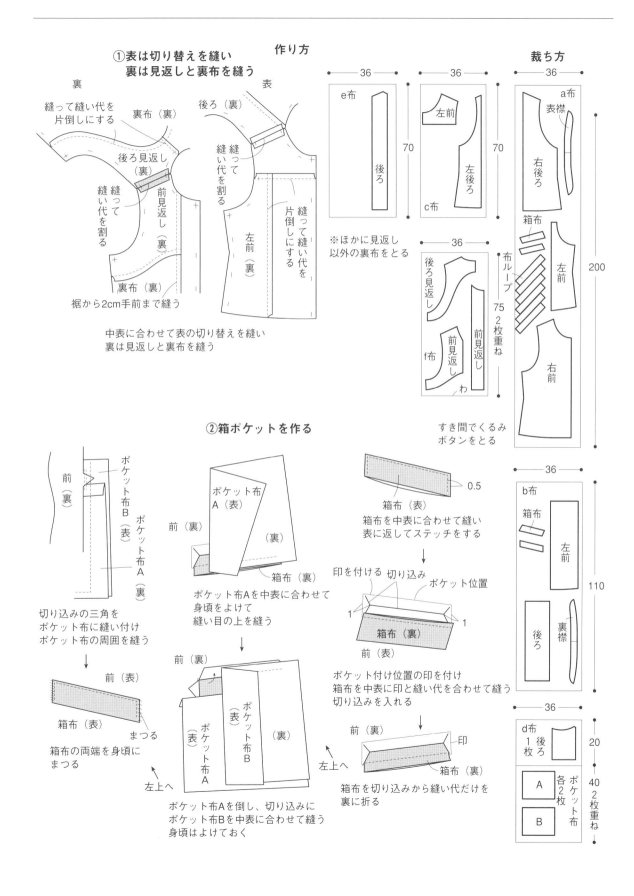

③表と裏を中表に合わせ、前立て、袖ぐりを縫う

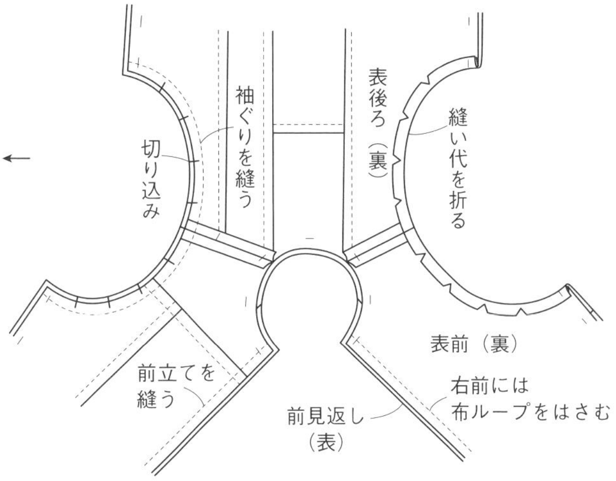

袖ぐりを縫う
表後ろ（裏）
縫い代を折る
切り込み
表前（裏）
前立てを縫う
前見返し（表）
右前には布ループをはさむ

表と裏を中表に合わせて右前には布ループをはさんで前立てと袖ぐりを縫う

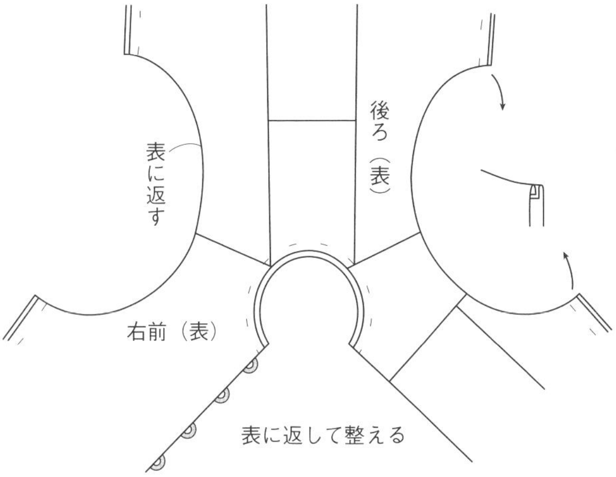

後ろ（表）
表に返す
右前（表）
表に返して整える

④脇を縫い、裾をまつる

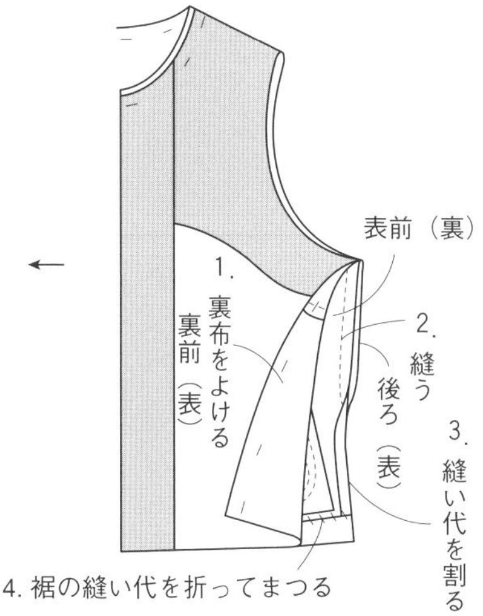

表前（裏）
1. 裏布をよける
裏前（表）
2. 縫う
後ろ（表）
3. 縫い代を割る
4. 裾の縫い代を折ってまつる

裏布をよけて表の前と後ろを中表に合わせて脇を縫い縫い代を割って裾をまつる

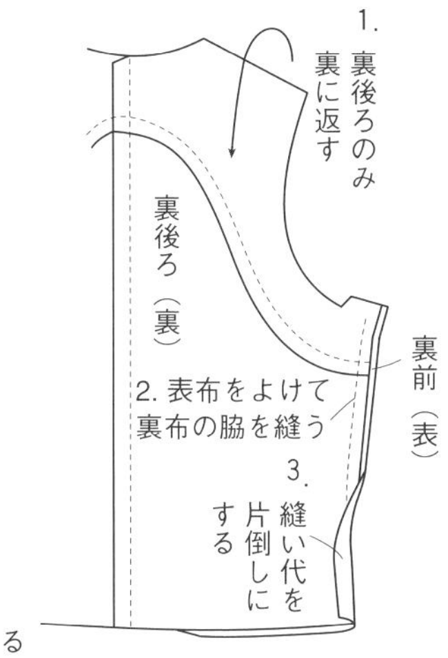

1. 裏後ろのみ裏に返す
裏後ろ（裏）
裏前（表）
2. 表布をよけて裏布の脇を縫う
3. 縫い代を片倒しにする

同様に裏布の脇を縫う

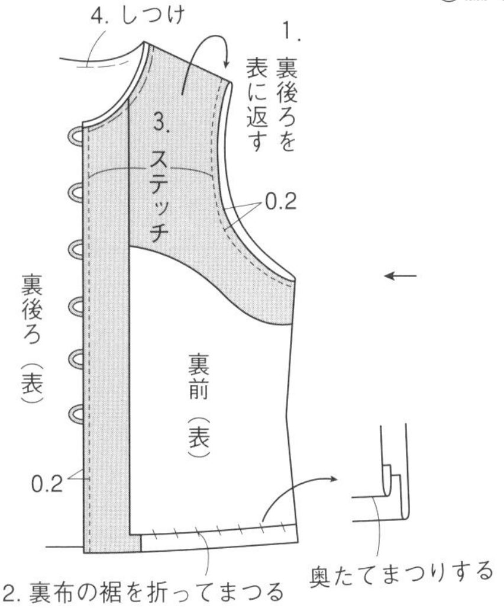

4. しつけ
1. 裏後ろを表に返す
3. ステッチ
0.2
裏後ろ（表）
裏前（表）
0.2
奥たてまつりする
2. 裏布の裾を折ってまつる

裏布の裾をまつりステッチをする

⑤襟を作り、付ける

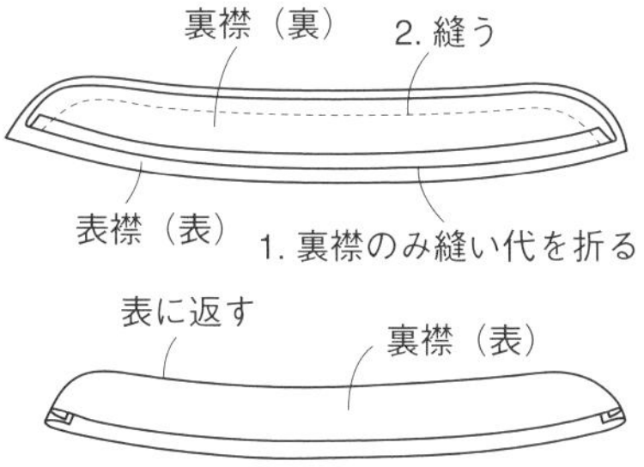

裏襟（裏）
2. 縫う
表襟（表）
1. 裏襟のみ縫い代を折る
表に返す
裏襟（表）

表と裏の襟を中表に合わせて縫い、表に返す

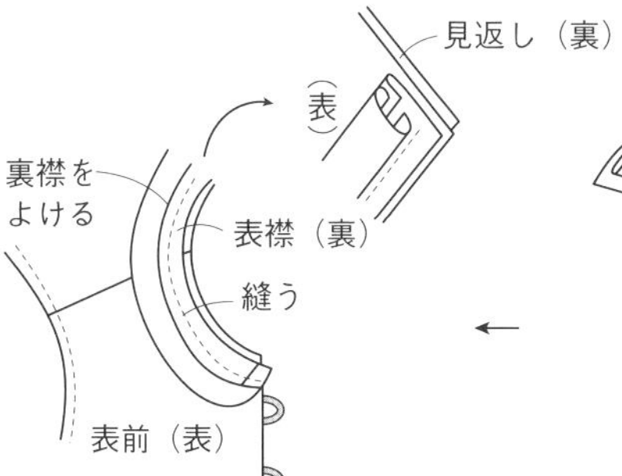

見返し（裏）
（表）
裏襟をよける
表襟（裏）
縫う
表前（表）

襟を身頃の襟ぐりに合わせ表襟だけを縫う

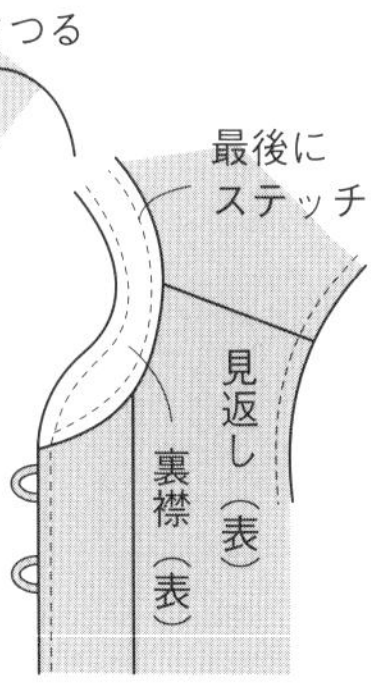

まつる
最後にステッチ
見返し（表）
裏襟（表）

襟を表に返して裏襟を襟ぐりに重ねて縫う

※○の数字は縫い代
指定のないものはすべて1cm付ける

ベルト1枚

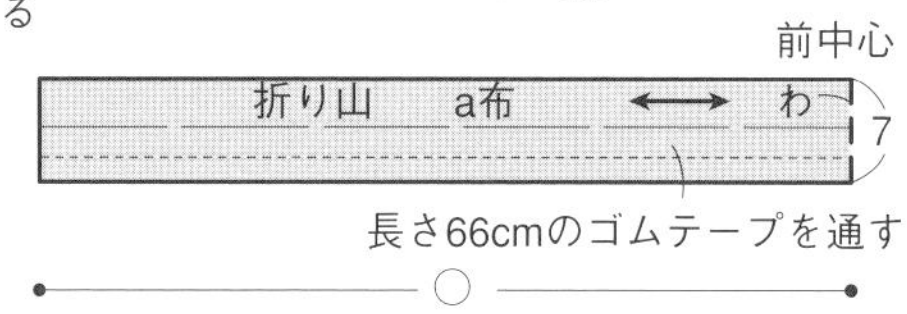
前中心
折り山
a布
わ
7
長さ66cmのゴムテープを通す

左、右各1枚

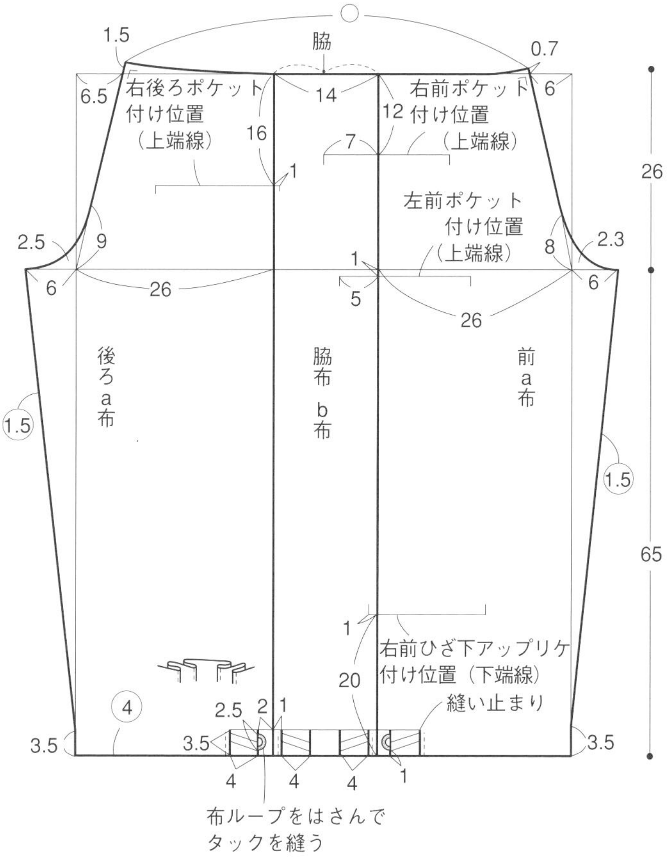
1.5
脇
0.7
6.5
右後ろポケット付け位置（上端線）
14
右前ポケット付け位置（上端線）
6
12
16
7
1
26
左前ポケット付け位置（上端線）
2.5
9
8
2.3
1
6
26
5
26
6
後ろa布
脇布b布
前a布
1.5
1.5
65
1
右前ひざ下アップリケ付け位置（下端線）
20
縫い止まり
4
2.5
2
1
3.5
3.5
3.5
4
4
4
1
布ループをはさんでタックを縫う

つつみボタン布4枚

3.5
裁ち切り

ひも2枚

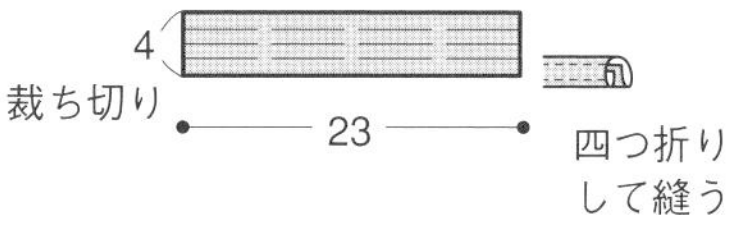
4
裁ち切り
23
四つ折りして縫う

作り方順序

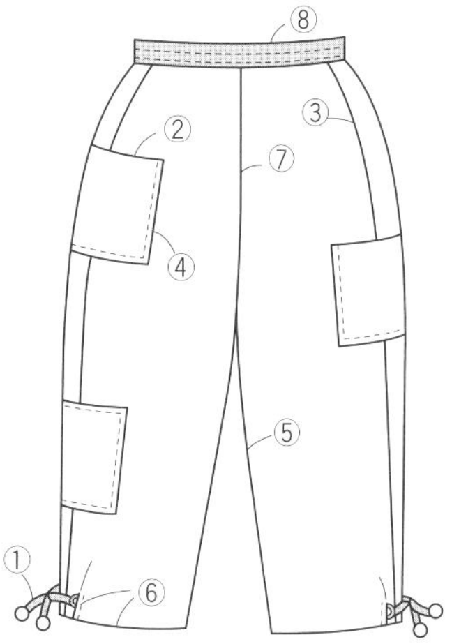
⑧
②
③
⑦
④
⑤
①
⑥

パンツ丈約91cm

材料

ひも、ポケット、アップリケ、タブ、布ループ、つつみボタン用布各種　a布36×520cm　b布36×150cm　直径2cmつつみボタン8個　幅1.5cmゴムテープ140cm

作り方のポイント

・裾、股下の布端はロックミシンまたはジグザグミシンをかける。
・ポケットやアップリケは好みで自由に付けてもよい。
・布ループの作り方は52ページ参照。

作り方

❶ひもと布ループを作る。
❷アップリケとポケットを作る。
❸切り替えを縫う。
❹ポケットを縫い付ける。
❺股下を縫う。
❻裾を縫い、タックを縫う。布ループにひもを通す。
❼股上を縫う。
❽ベルトを作って付け、ゴムテープを通す。

左前ポケット1枚

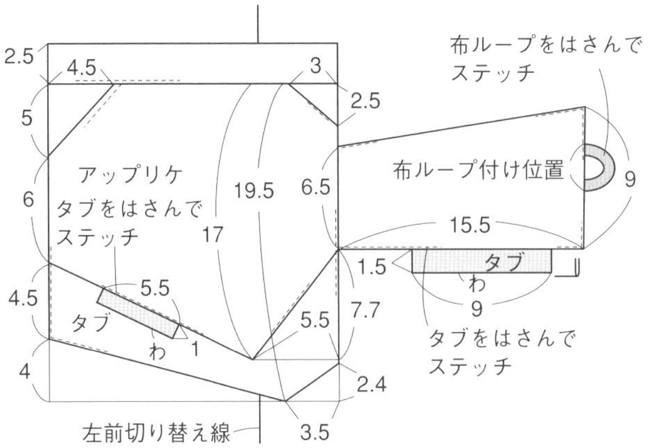

2.5
4.5
3
2.5
5
布ループをはさんで
ステッチ
アップリケ
タブをはさんで
ステッチ
19.5
6.5
布ループ付け位置
9
6
17
15.5
1.5
タブ
わ
9
5.5
4.5
タブ
わ
1
5.5
7.7
タブをはさんで
ステッチ
4
2.4
左前切り替え線
3.5

裁ち方

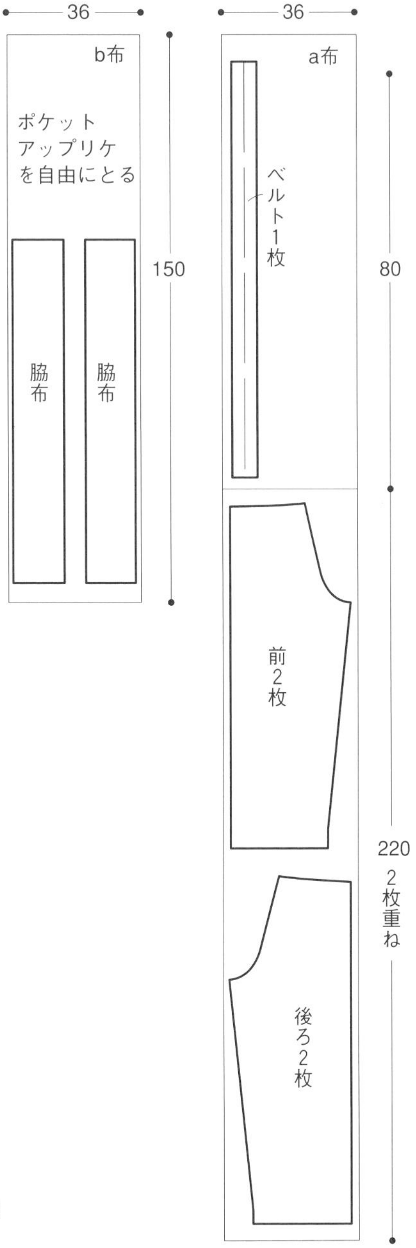

36
b布
ポケット
アップリケ
を自由にとる
脇布
脇布
150
36
a布
ベルト1枚
80
前2枚
220
2枚重ね
後ろ2枚

右前ひざ下アップリケ1枚

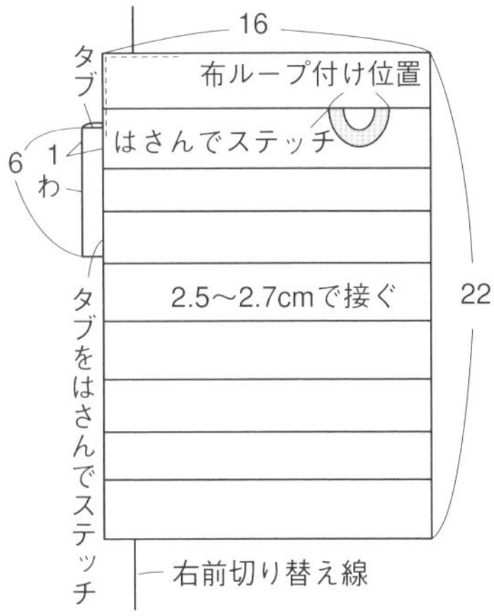

16
タブ
布ループ付け位置
6
1
わ
はさんでステッチ
2.5～2.7cmで接ぐ
22.7
タブをはさんでステッチ
右前切り替え線

右前ポケット1枚

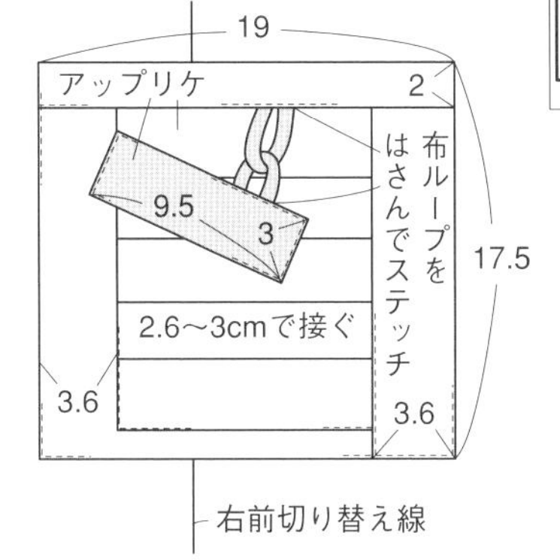

19
アップリケ
2
9.5
3
布ループをはさんでステッチ
17.5
2.6～3cmで接ぐ
3.6
3.6
右前切り替え線

つつみボタンの作り方

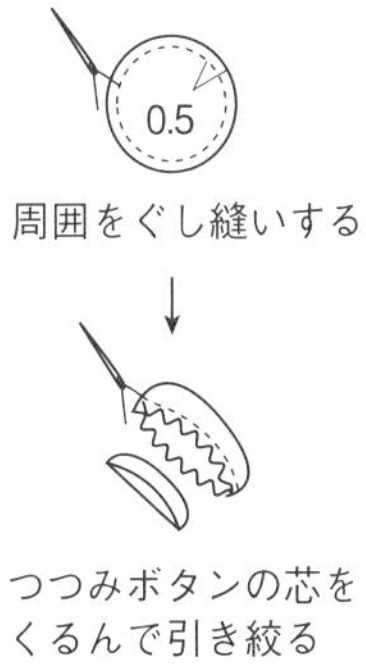

0.5
周囲をぐし縫いする
つつみボタンの芯を
くるんで引き絞る

右後ろポケット1枚

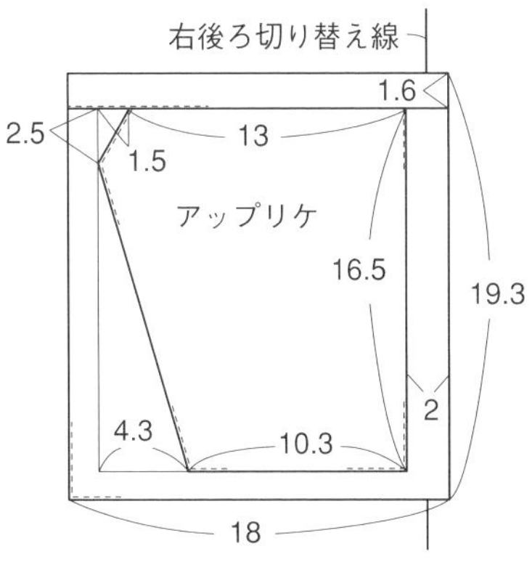

右後ろ切り替え線
1.6
2.5
13
1.5
アップリケ
16.5
19.3
2
4.3
10.3
18

作り方

①ひもと布ループを作る

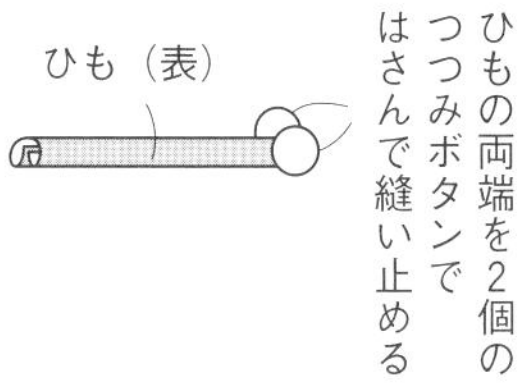

ひも（表）
ひもの両端を2個のつつみボタンではさんで縫い止める

②アップリケとポケットを作る

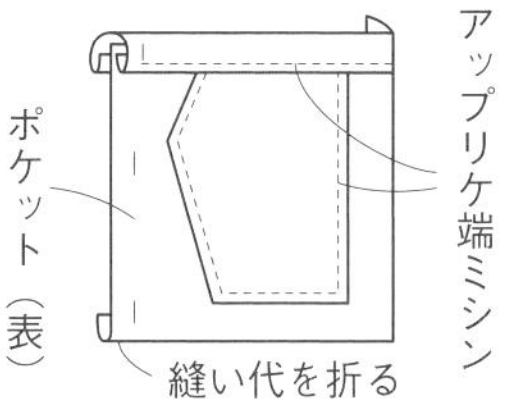

アップリケ端ミシン
ポケット（表）
縫い代を折る

ポケットとアップリケ布を
それぞれ作る

③切り替えを縫う

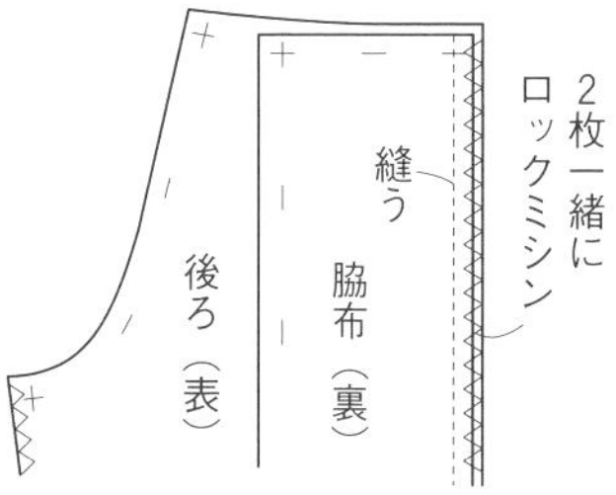

2枚一緒にロックミシン
縫う
後ろ（表）
脇布（裏）

脇布と後ろ、前をそれぞれ中表に
合わせて縫う

④ポケットを縫い付ける

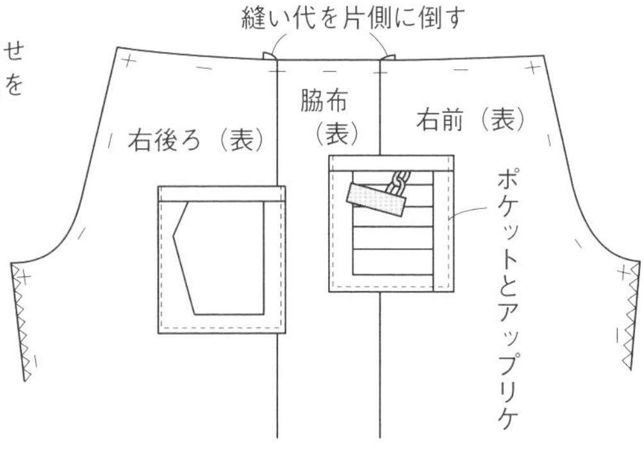

縫い代を片側に倒す
脇布（表）
右後ろ（表）
右前（表）
ポケットとアップリケ

ポケットとアップリケを
パンツに縫い付ける

⑤股下を縫う

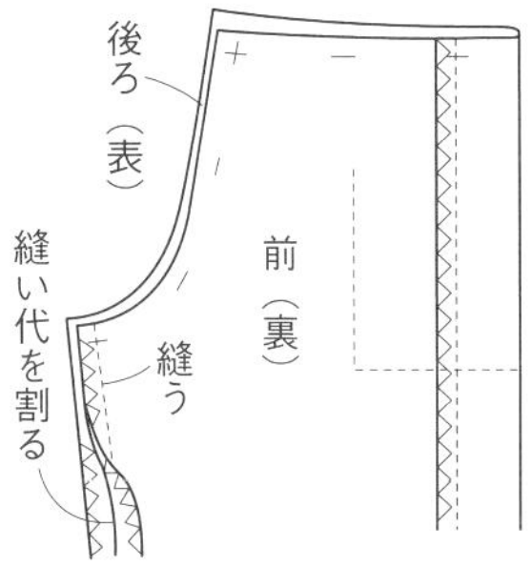

後ろ（表）
縫い代を割る
前（裏）
縫う

前と後ろを中表に合わせて股下を縫い
縫い代を割る

⑥裾を縫い、タックを縫う

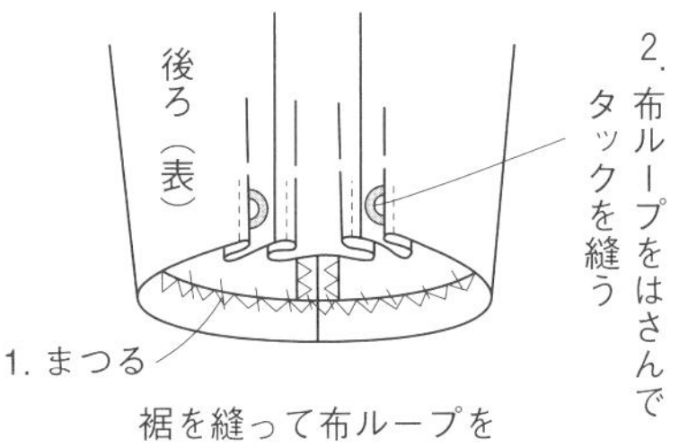

後ろ（表）
2. 布ループをはさんでタックを縫う
1. まつる

裾を縫って布ループを
はさんでタックを縫う

⑦股上を縫う

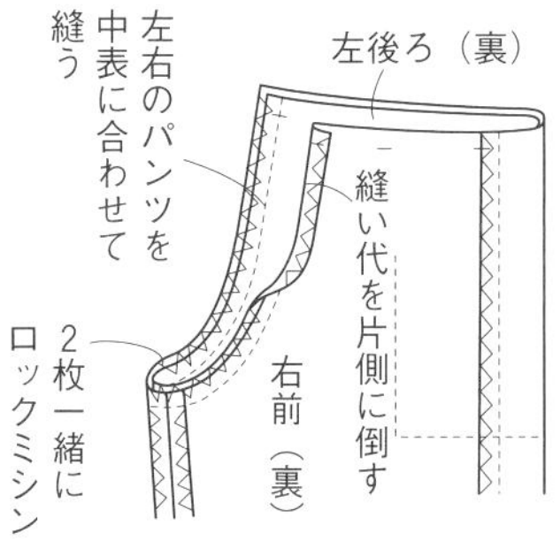

左右のパンツを中表に合わせて縫う
左後ろ（裏）
縫い代を片側に倒す
2枚一緒にロックミシン
右前（裏）

左と右を中表に合わせ
股上を縫って縫い代を
片倒しする

⑧ベルトを作って付け ゴムテープを通す

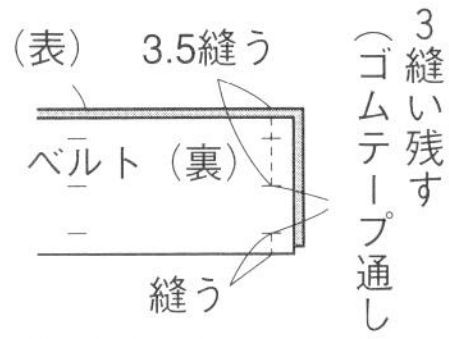

（表）
3.5縫う
3縫い残す（ゴムテープ通し口）
ベルト（裏）
縫う

ベルトを中表に
合わせて縫う

↓

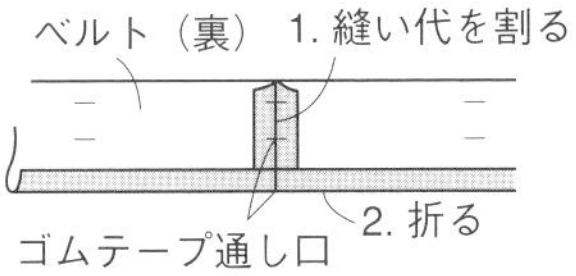

ベルト（裏）
1. 縫い代を割る
2. 折る
ゴムテープ通し口

通し口の縫い代を割り
片方の縫い代を折る

↓

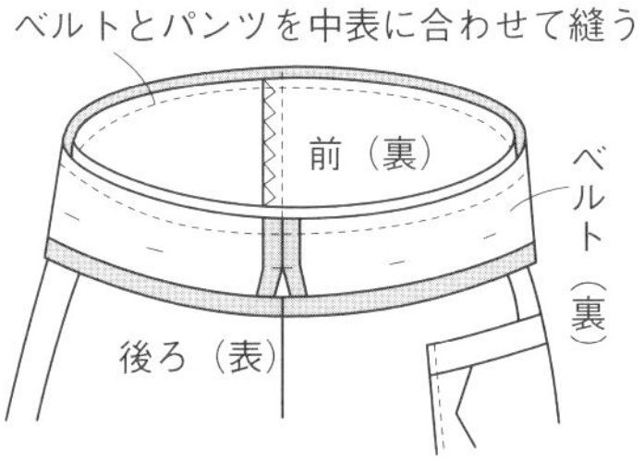

ベルトとパンツを中表に合わせて縫う
前（裏）
ベルト（裏）
後ろ（表）

パンツのウエストにベルトを
中表に合わせて縫う

↓

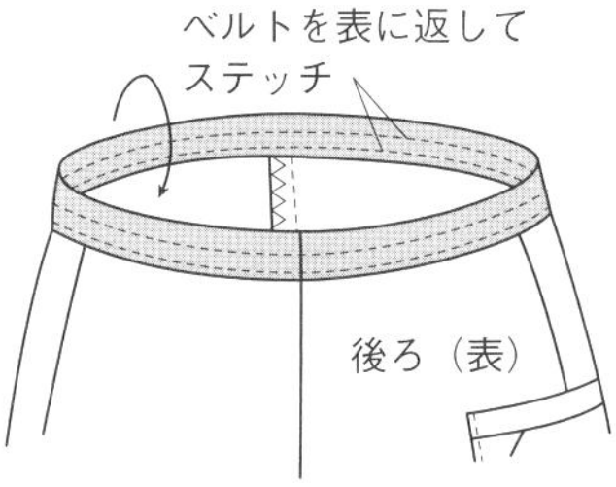

ベルトを表に返して
ステッチ
後ろ（表）

ベルトを表に返して下と中心を
ぐるりと縫う

↓

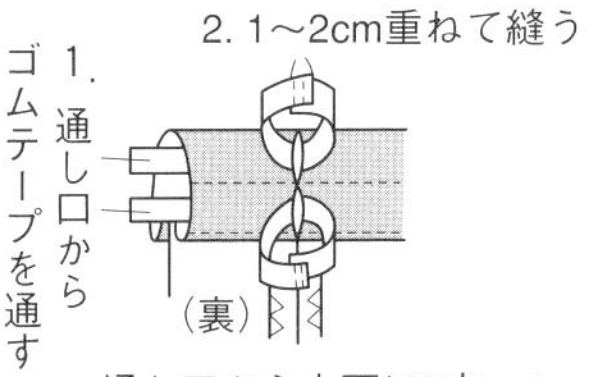

2. 1〜2cm重ねて縫う
1. 通し口からゴムテープを通す
（裏）

通し口から上下に2本
ゴムテープを通す

前、後ろ各2枚

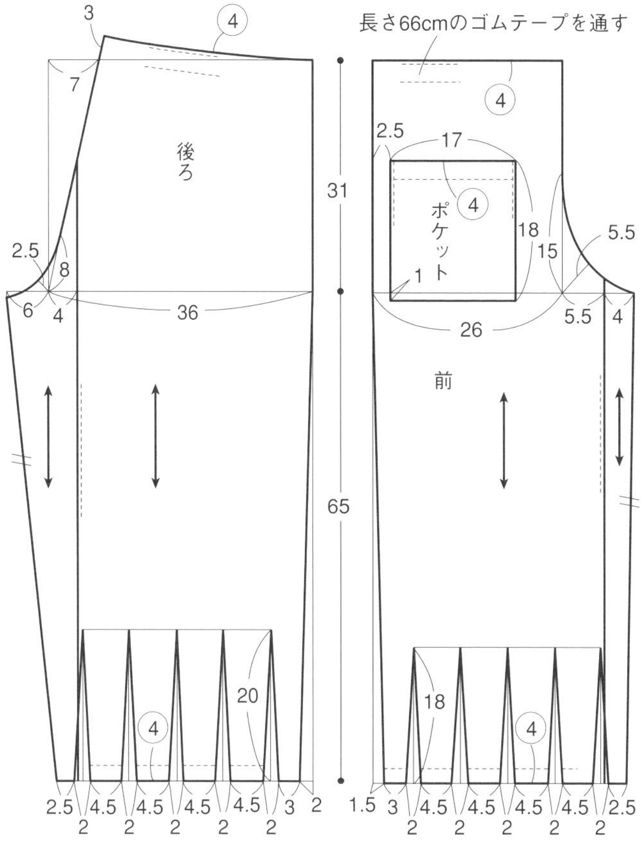
長さ66cmのゴムテープを通す
後ろ
前
ポケット
3
7
4
2.5
8
6
36
31
65
17
18
15
5.5
1
26
20
2.5 4.5 4.5 4.5 4.5 3 2
2 2 2 2 2
1.5 3 4.5 4.5 4.5 4.5 2.5

※◯の数字は縫い代
指定のないものはすべて1cm付ける

裁ち方

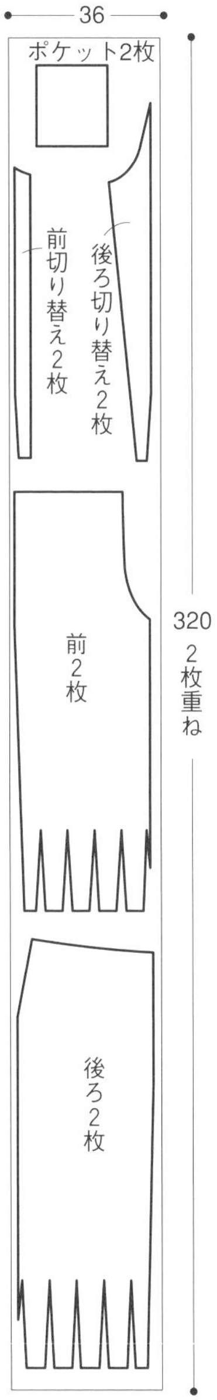
36
ポケット2枚
前切り替え2枚
後ろ切り替え2枚
前2枚
後ろ2枚
320
2枚重ね

作り方順序

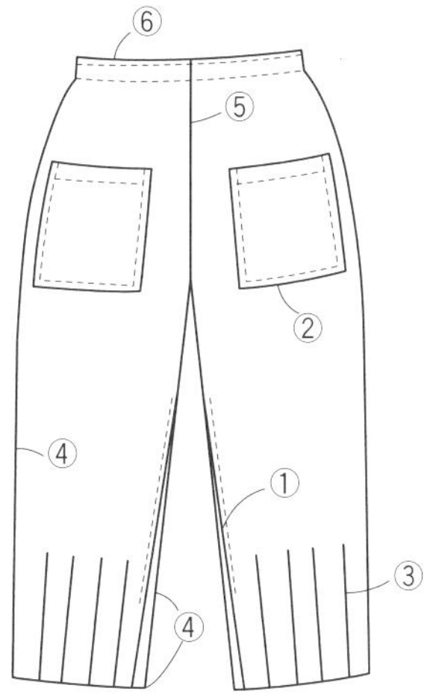
⑥
⑤
②
④
①
③
④

パンツ丈約96cm

材料

表布36×640cm　幅1cmゴムテープ70cm

作り方

❶切り替えを縫う。
❷ポケットを作り、付ける。
❸ダーツを縫う。
❹脇、股下を縫い、裾を三つ折りして縫う。
❺股上を縫う。
❻ウエストを縫い、ゴムテープを通す。

作り方

①切り替えを縫う

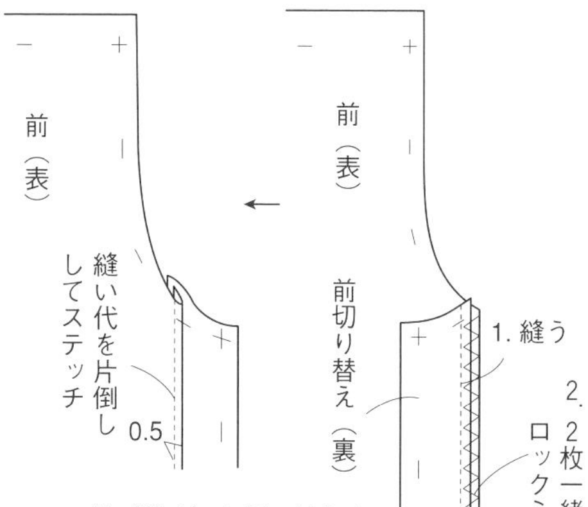
前（表）
前（表）
縫い代を片倒ししてステッチ
0.5
前切り替え（裏）
1. 縫う
2. 2枚一緒にロックミシン

前（後ろ）と切り替えを中表に合わせて縫う

②ポケットを作り、付ける

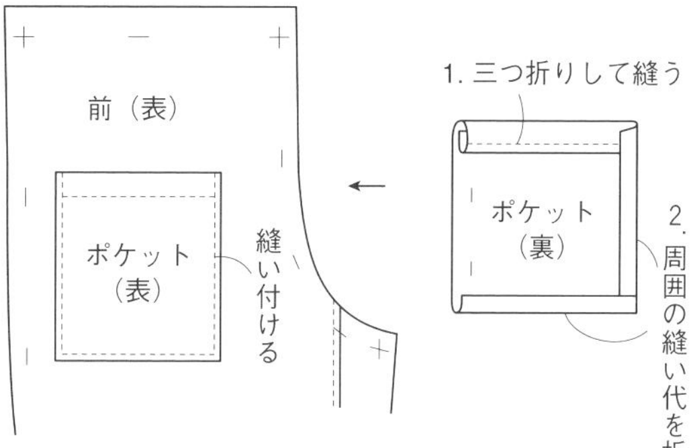
前（表）
ポケット（表）
縫い付ける
1. 三つ折りして縫う
ポケット（裏）
2. 周囲の縫い代を折る

ポケットを作って前に縫い付ける

③ダーツを縫う

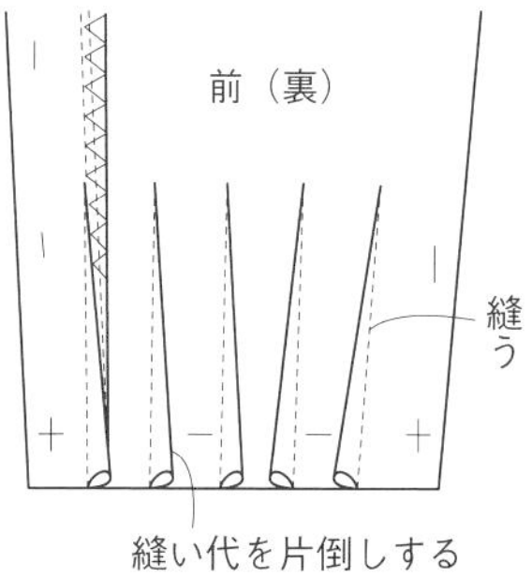
前（裏）
縫う
縫い代を片倒しする

裾のダーツを縫う

④脇、股下を縫い、裾を三つ折りして縫う

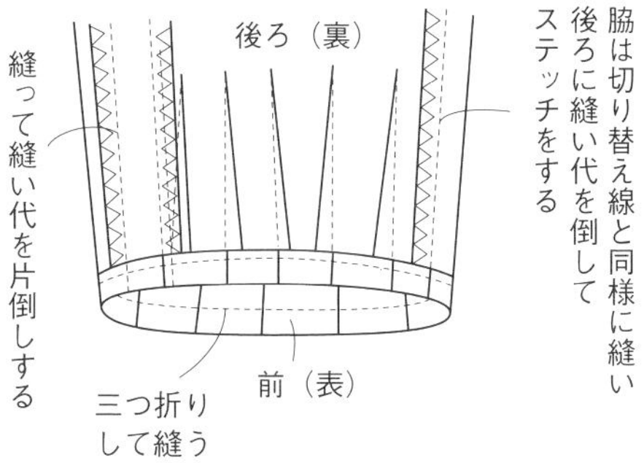
後ろ（裏）
脇は切り替え線と同様に縫い後ろに縫い代を倒してステッチをする
縫って縫い代を片倒しする
前（表）
三つ折りして縫う

中表に合わせて脇と股下を縫い、裾を縫う

⑤股上を縫う

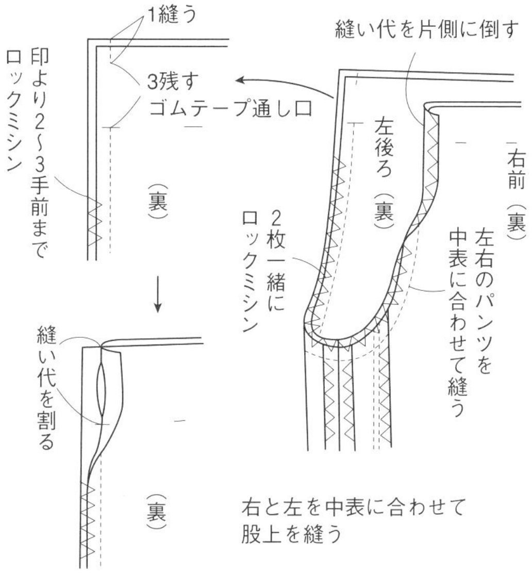
1縫う
3残す
ゴムテープ通し口
印より2～3手前までロックミシン
（裏）
縫い代を割る
（裏）
縫い代を片側に倒す
左後ろ（裏）
右前（裏）
2枚一緒にロックミシン
左右のパンツを中表に合わせて縫う

右と左を中表に合わせて股上を縫う

⑥ウエストを縫い、ゴムテープを通す

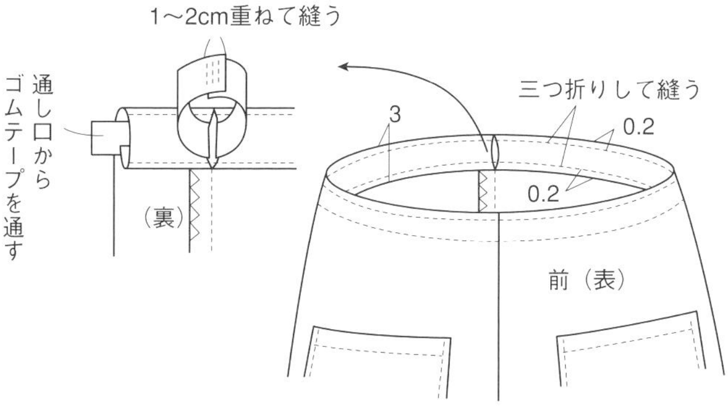
1～2cm重ねて縫う
通し口からゴムテープを通す
（裏）
三つ折りして縫う
3
0.2
0.2
前（表）

ウエストを三つ折りして縫い
通し口からゴムテープを通す

ベルト1枚

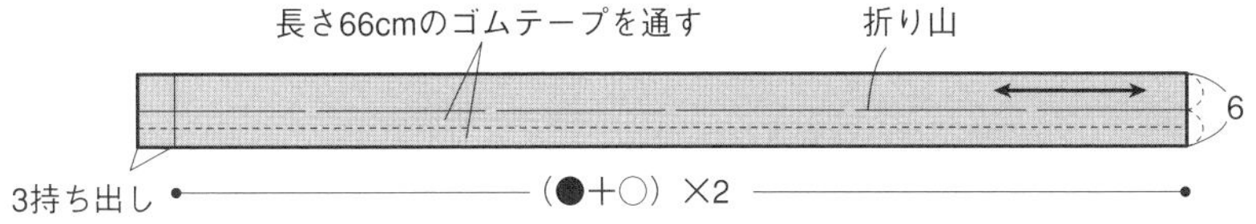
長さ66cmのゴムテープを通す
折り山
6
3持ち出し
（●＋○）×2

※○の数字は縫い代
指定のないものはすべて1cm付ける

裁ち方

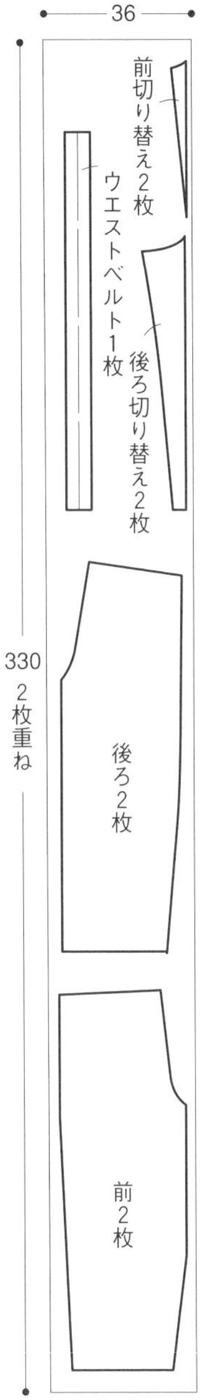
36
330
2枚重ね
前切り替え2枚
ウエストベルト1枚
後ろ切り替え2枚
後ろ2枚
前2枚

前、後ろ各2枚

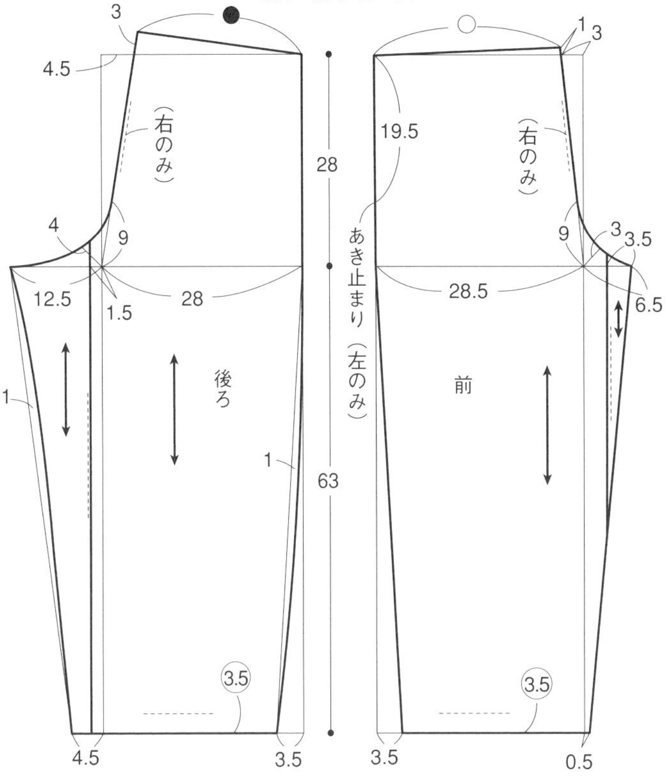
3
4.5
（右のみ）
28
4
9
12.5
1.5
28
後ろ
1
1
63
3.5
4.5
3.5
1
3
19.5
（右のみ）
あき止まり（左のみ）
9
3
3.5
28.5
6.5
前
3.5
3.5
0.5

作り方順序

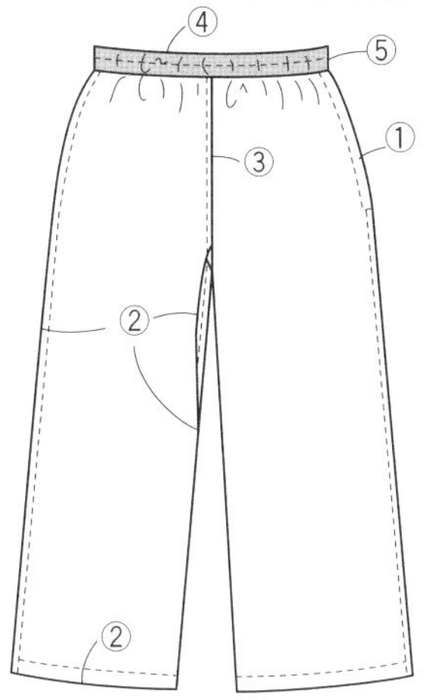
④
⑤
①
③
②
②

パンツ丈約91cm

材料

表布（ベルト含む）36×660cm　幅3cmインサイドベルト10cm　幅0.8cmゴムテープ140cm　長さ19cmファスナー1本　カギホック1組　接着芯適宜

作り方のポイント

・前後のファスナー付け位置に接着芯をはっておく。

作り方

❶ファスナーを付ける。
❷切り替え、脇、股下を縫い、裾を縫う。
❸股上を縫う。
❹ベルトを作り、パンツと縫う。
❺カギホックを付ける。

作り方

①ファスナーを付ける

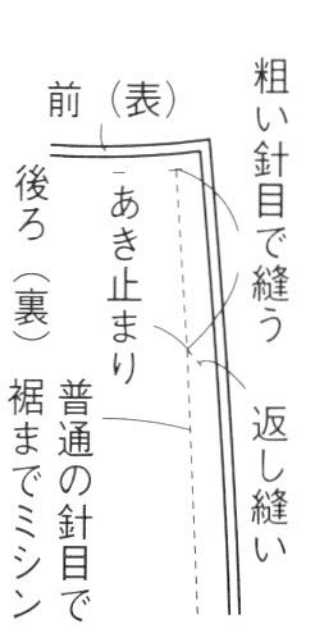
前（表）
後ろ（裏）
粗い針目で縫う
あき止まり
返し縫い
普通の針目で
裾までミシン

左前と後ろを中表に合わせて
あき止まりまで粗い針目で縫い
裾まで普通の針目で縫う

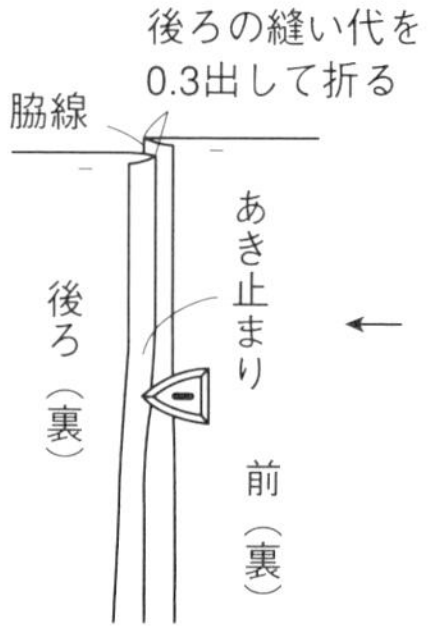
後ろの縫い代を
0.3出して折る
脇線
後ろ（裏）
あき止まり
前（裏）

縫い代を割る

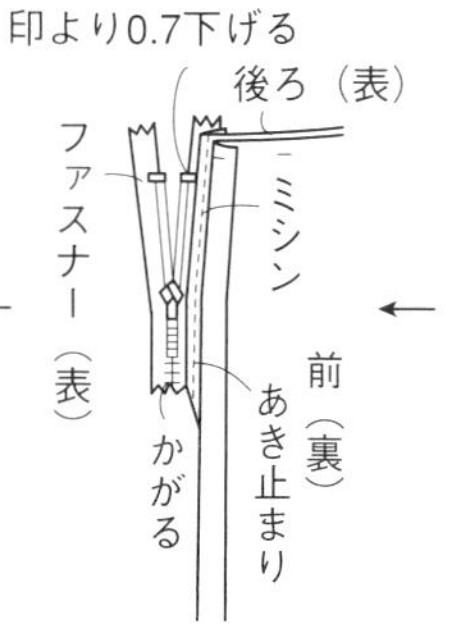
印より0.7下げる
後ろ（表）
ファスナー（表）
ミシン
前（裏）
あき止まり
かがる

ファスナーを後ろに
重ねて縫い、端をかがる

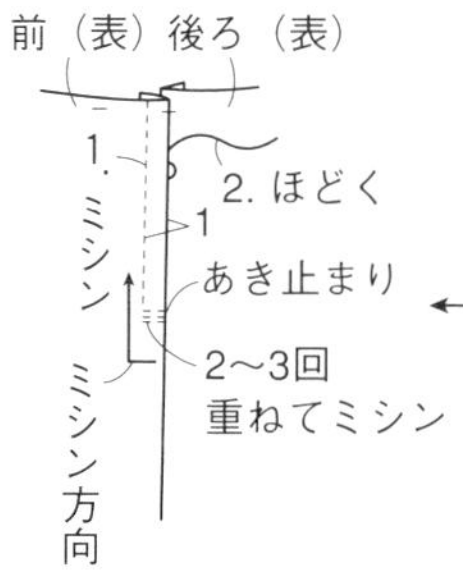
前（表）後ろ（表）
1. ミシン
2. ほどく
1
あき止まり
2〜3回
重ねてミシン
ミシン方向

ファスナーに前を重ねて
縫い、あき止まりまでの
粗い縫い目をほどく

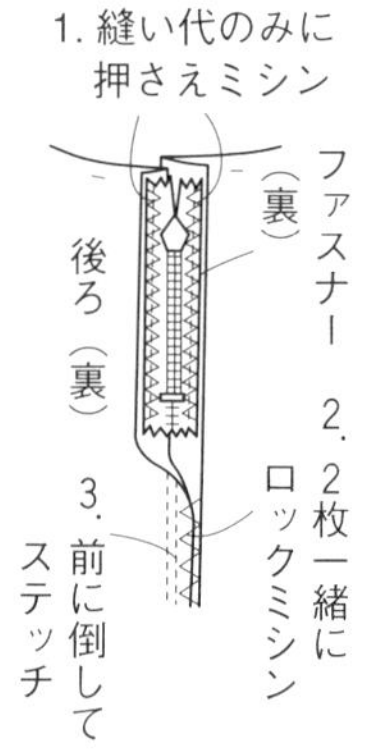
1. 縫い代のみに
押さえミシン
（裏）
ファスナー
後ろ（裏）
2. 2枚一緒にロックミシン
3. 前に倒してステッチ

縫い代を倒して
ステッチする

②切り替え、脇、股下を縫い裾を縫う

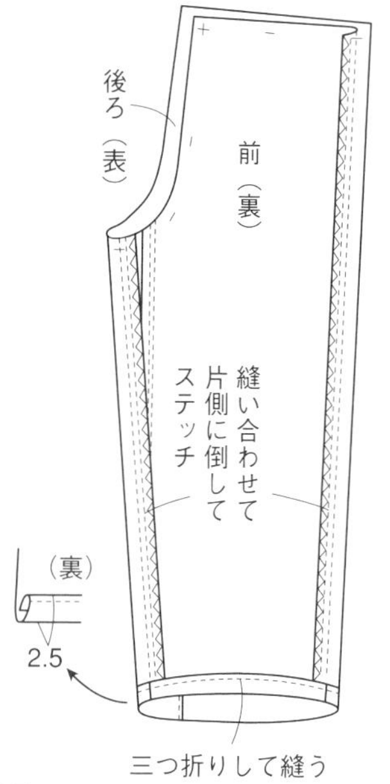
後ろ（表）
前（裏）
縫い合わせ片側に倒してステッチ
（裏）
2.5
三つ折りして縫う

前と後ろの切り替えを縫い
中表に合わせて脇と股下を
縫い、裾を三つ折りして縫う

③股上を縫う

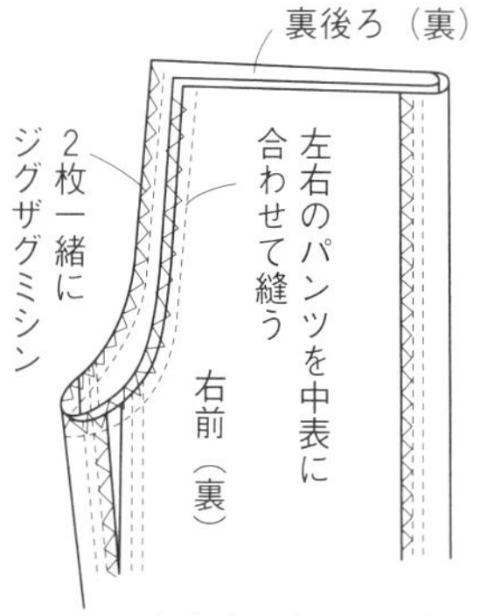
裏後ろ（裏）
2枚一緒にジグザグミシン
左右のパンツを中表に合わせて縫う
右前（裏）

左と右のパンツを中表に合わせて股上を
縫い、縫い代を片倒しする

④ベルトを作り、パンツと縫う

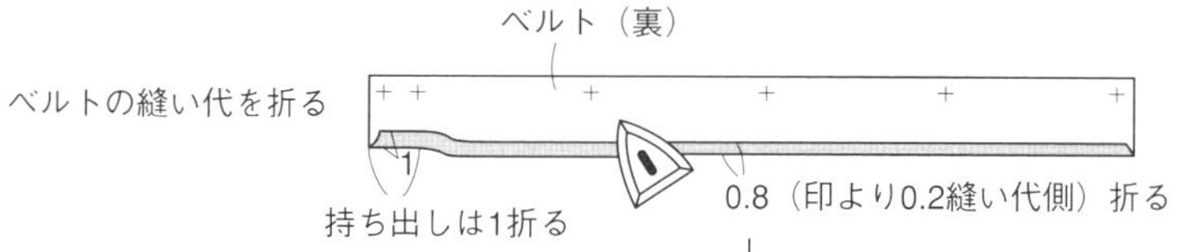
ベルト（裏）
ベルトの縫い代を折る
1
持ち出しは1折る
0.8（印より0.2縫い代側）折る

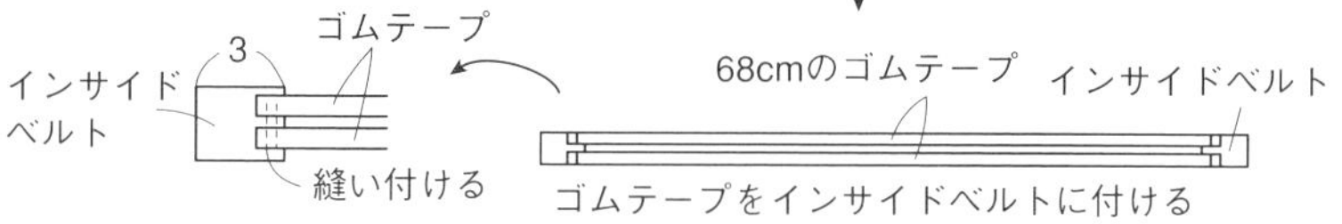
ゴムテープ
3
インサイド
ベルト
縫い付ける
68cmのゴムテープ
インサイドベルト

ゴムテープをインサイドベルトに付ける

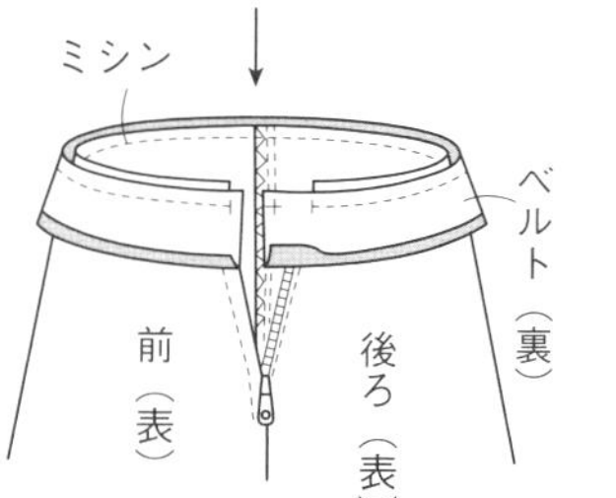
ミシン
ベルト（裏）
前（表）
後ろ（表）

ウエストにベルトを
重ねて縫う

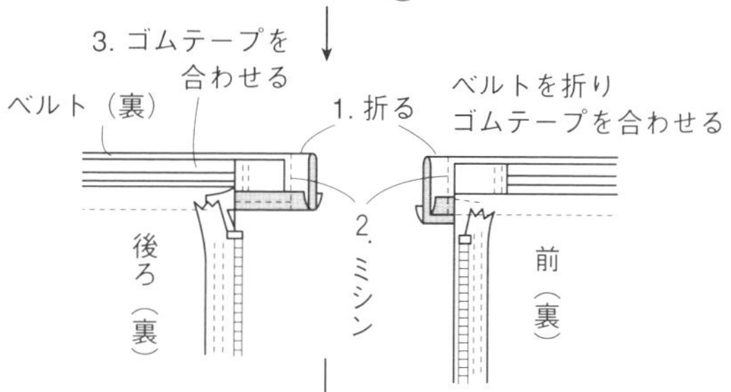
3. ゴムテープを
合わせる
ベルト（裏）
1. 折る
ベルトを折り
ゴムテープを合わせる
2. ミシン
後ろ（裏）
前（裏）

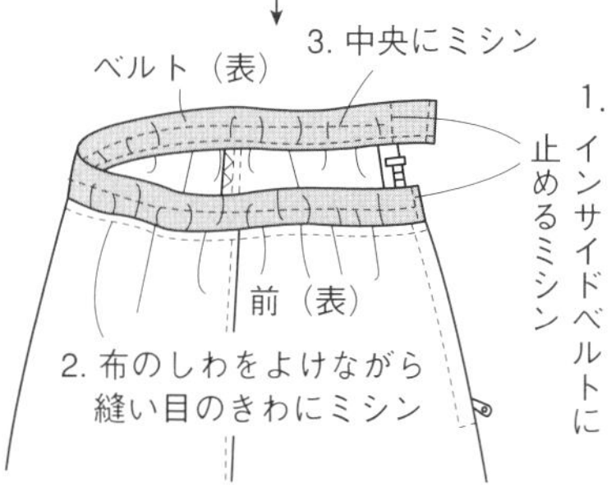
ベルト（表）
3. 中央にミシン
1. インサイドベルトに止めるミシン
前（表）
2. 布のしわをよけながら
縫い目のきわにミシン

ベルトでゴムテープをくるんで
ミシンで縫い止める

⑤カギホックを付ける

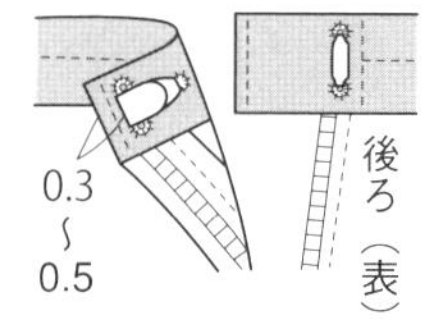
0.3
〜
0.5
後ろ（表）

ベルトにカギホックを付ける

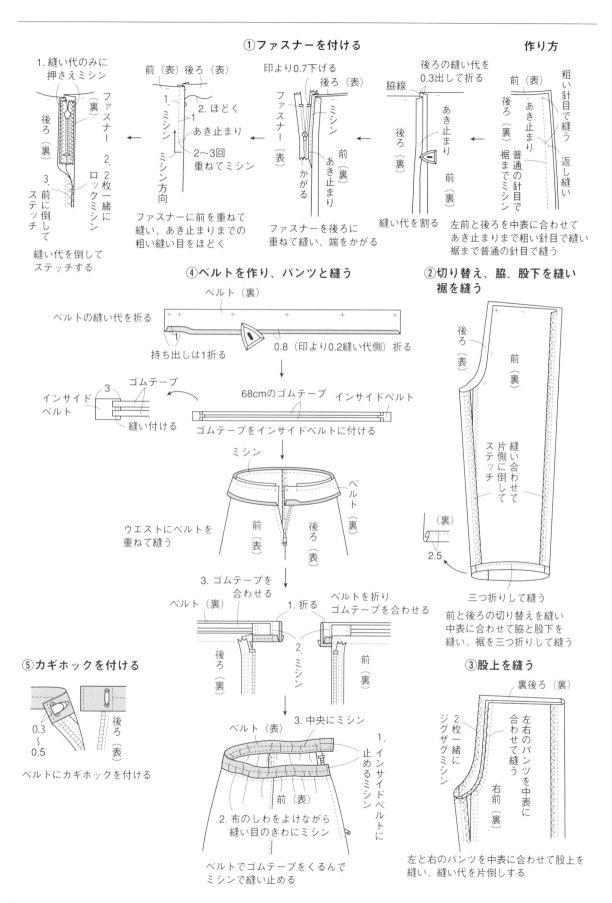

スカート2枚

※○の数字は縫い代
指定のないものはすべて1cm付ける

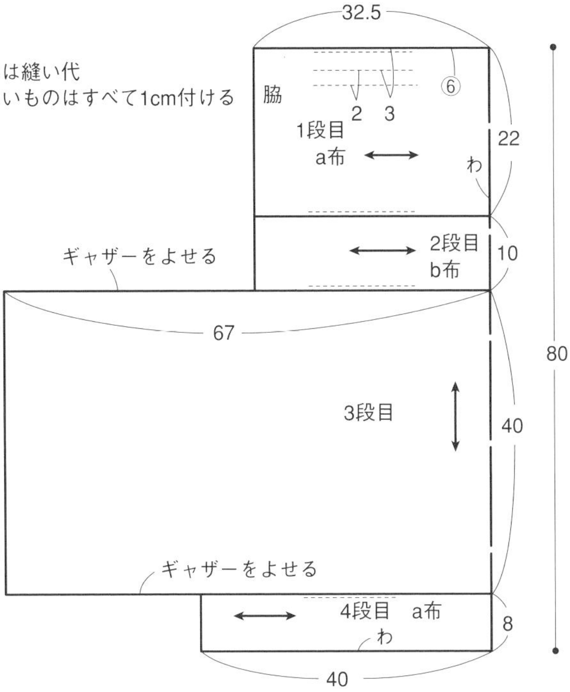
32.5
脇
2
3
⑥
1段目
a布
22
わ
2段目
b布
10
ギャザーをよせる
67
80
3段目
40
ギャザーをよせる
4段目　a布
わ
8
40

3段目布の配置

前

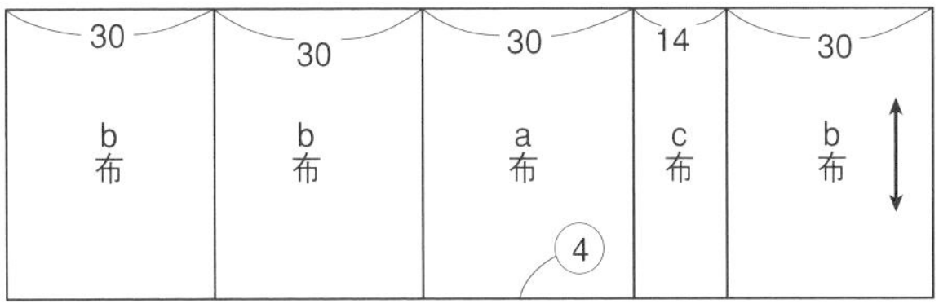
30
30
30
14
30
b
布
b
布
a
布
c
布
b
布
4

後ろ

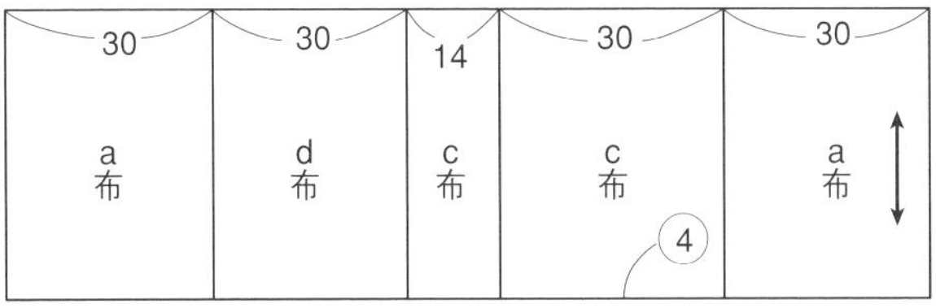
30
30
14
30
30
a
布
d
布
c
布
c
布
a
布
4

作り方順序

⑤
③
②
①
③
④

スカート丈約80cm

材料

a布36×450cm　b布36×220cm　c布36×90cm　d布36×50cm　幅1.5cmゴムテープ140cm

作り方のポイント

・1段目、2段目、4段目の脇の布端はロックミシンまたはジグザグミシンをかける。

作り方

❶3段目の切り替えを縫う。
❷1段目、2段目、4段目の脇を縫う。
❸ウエストを縫い、1〜4段目を順に合わせて縫う。
❹4段目を二つ折りにして縫う。
❺ウエストにゴムテープを通す。

作り方

①3段目の切り替えを縫う

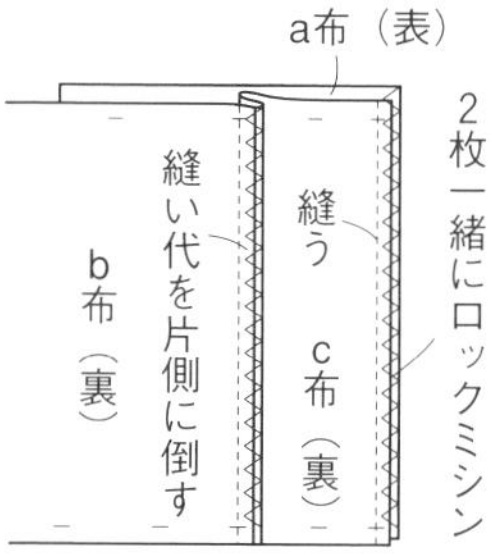

a布（表）
2枚一緒にロックミシン
縫う
c布（裏）
縫い代を片側に倒す
b布（裏）

a～d布を中表に
合わせて縫う

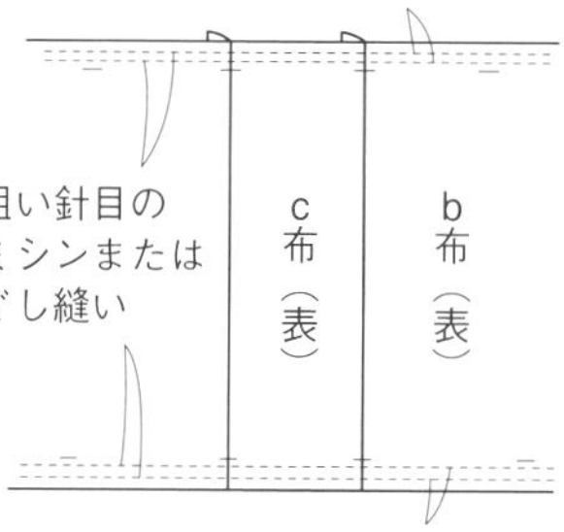

糸を引いて全体で130cm
までギャザーをよせる
粗い針目の
ミシンまたは
ぐし縫い
c布（表）
b布（表）
糸を引いて全体で160cm
までギャザーをよせる

上下にギャザーをよせる

②1段目、2段目、4段目の脇を縫う

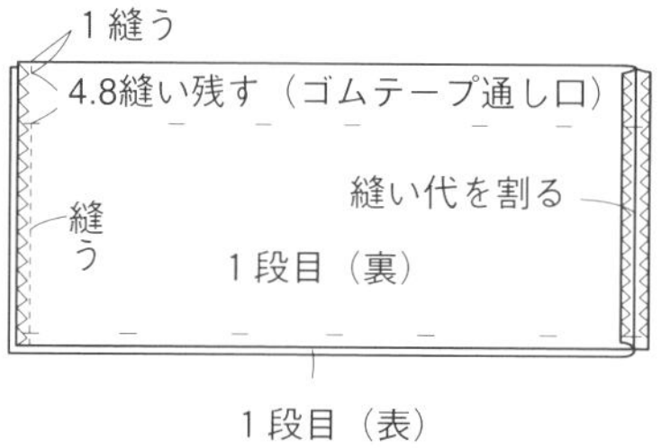

1 縫う
4.8縫い残す（ゴムテープ通し口）
縫い代を割る
縫う
1 段目（裏）
1 段目（表）

それぞれ中表に合わせて脇を縫う

③ウエストを縫い、1～4段目を順に合わせて縫う

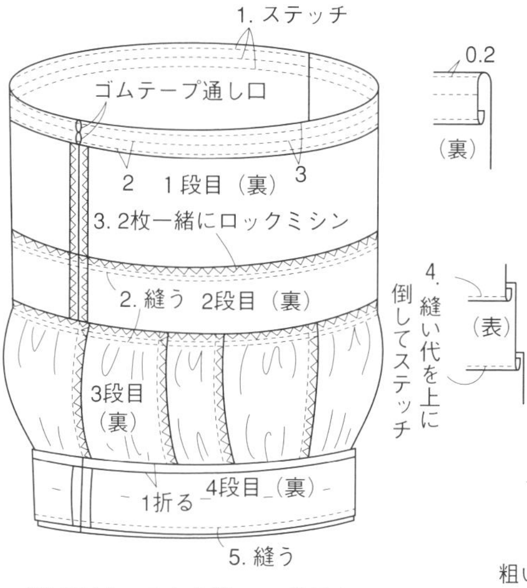

1. ステッチ
ゴムテープ通し口
2
1 段目（裏）
3
3. 2枚一緒にロックミシン
2. 縫う
2段目（裏）
3段目（裏）
1折る
4段目（裏）
5. 縫う
0.2
（裏）
4. 縫い代を上に倒してステッチ
（表）

1段目にウエストを縫い、4段目まで
順に中表に脇を合わせて縫う

④4段目を二つ折りにして縫う

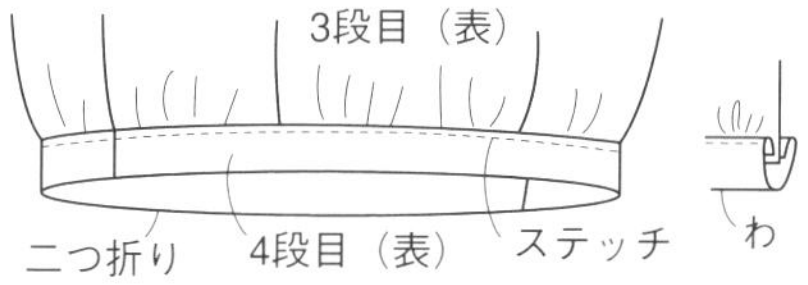

3段目（表）
二つ折り
4段目（表）
ステッチ
わ

4段目を折り返して二つ折りにし
3段目に縫う

⑤ウエストにゴムテープを通す

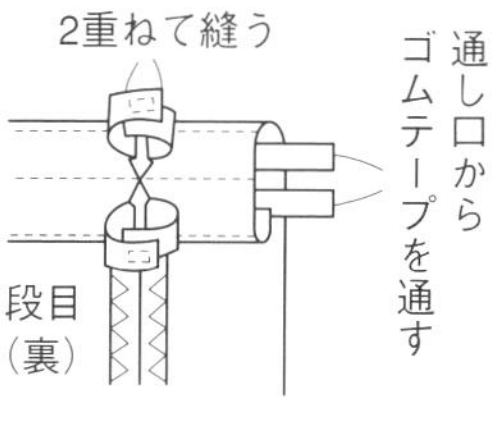

2重ねて縫う
通し口からゴムテープを通す
1段目（裏）

ウエストの通し口から
上下に2本ゴムテープを通す

裁ち方

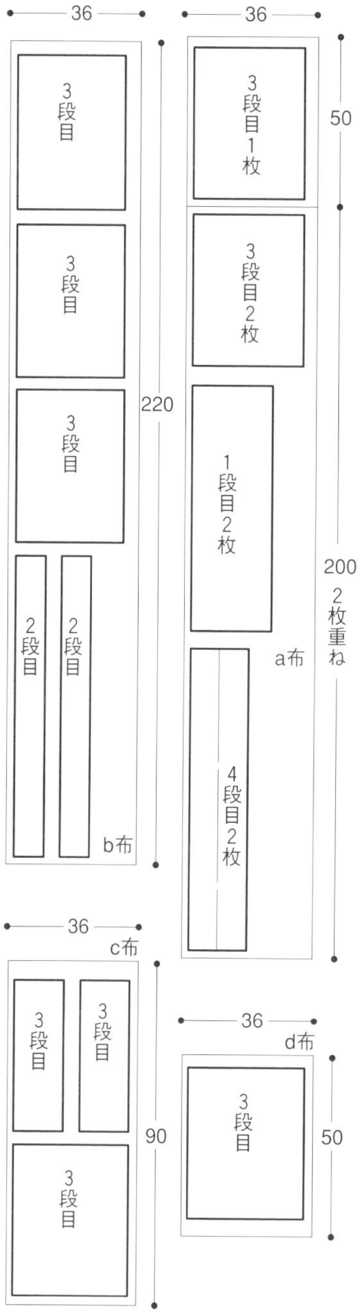

36
3段目
3段目
3段目
2段目
2段目
220
b布
36
3段目1枚
50
3段目2枚
1段目2枚
200
2枚重ね
a布
4段目2枚
36
c布
3段目
3段目
3段目
90
36
d布
3段目
50

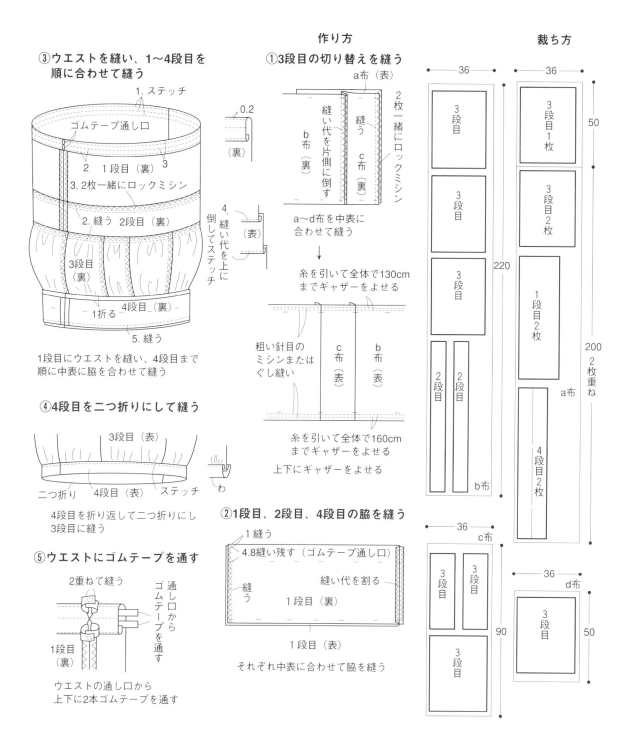

前袖、裏前袖、後ろ袖、裏後ろ袖各2枚

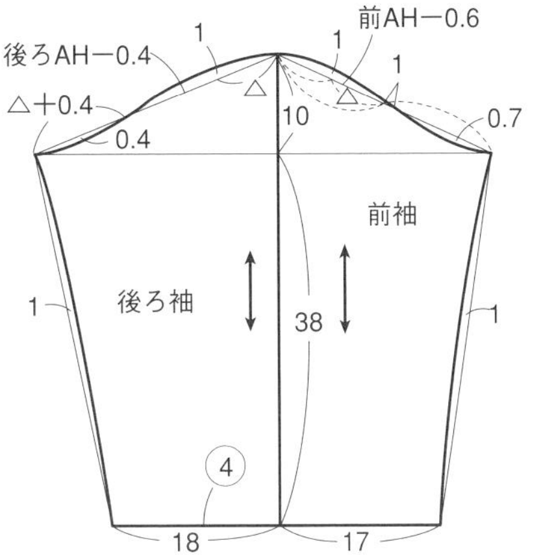
後ろAH−0.4
1
1
前AH−0.6
1
△＋0.4
0.4
10
0.7
前袖
1
後ろ袖
38
1
4
18
17

※○の数字は縫い代
指定のないものはすべて1cm付ける

表襟、裏襟各1枚

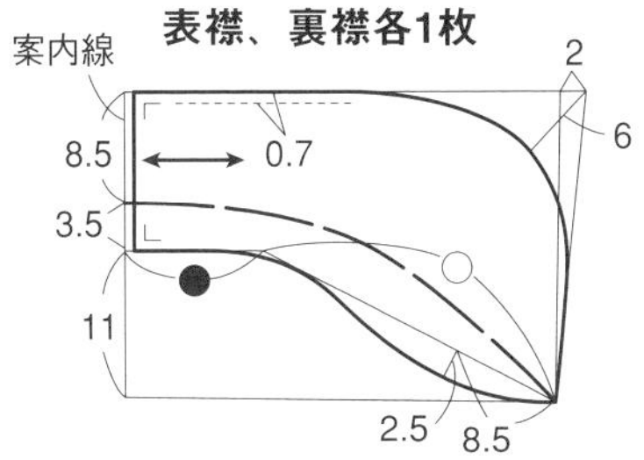
案内線
2
8.5
0.7
6
3.5
11
2.5
8.5

ポケット切り開き図

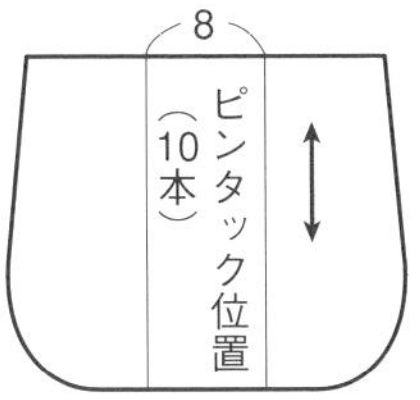
8
ピンタック位置
（10本）

前、裏前、後ろ、裏後ろ、ポケット、見返し各2枚

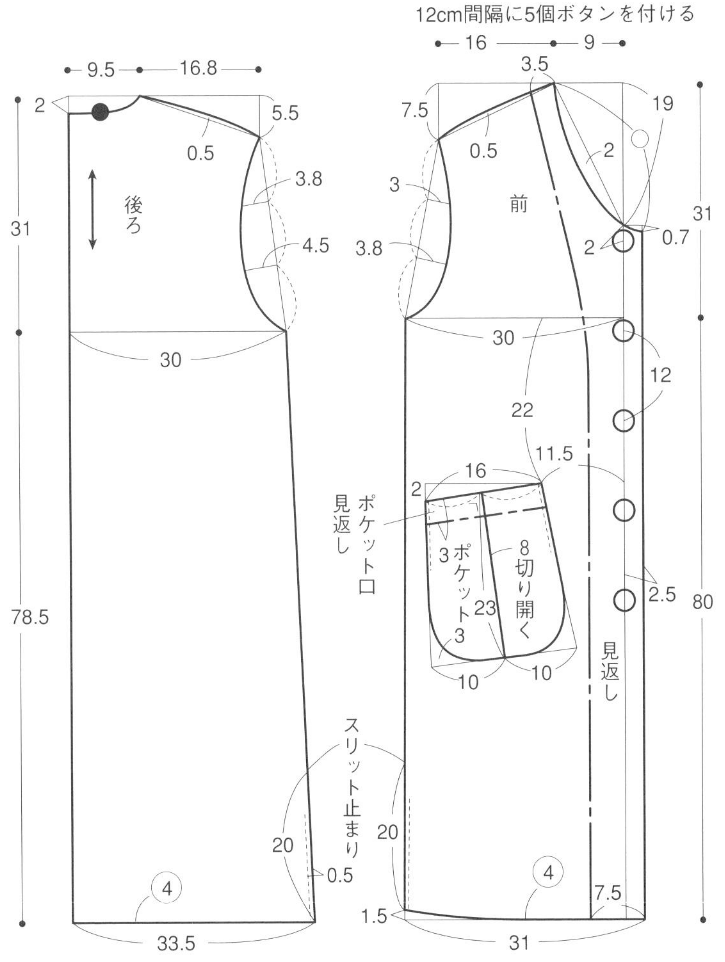
12cm間隔に5個ボタンを付ける
16
9
9.5
16.8
3.5
2
5.5
7.5
19
0.5
0.5
2
3.8
後ろ
3
前
31
31
4.5
3.8
2
0.7
30
30
12
22
11.5
16
2
ポケット見返し
ポケット口
3
ポケット
8
切り開く
23
3
2.5
78.5
80
10
10
見返し
スリット止まり
20
20
0.5
4
4
7.5
1.5
33.5
31

作り方順序

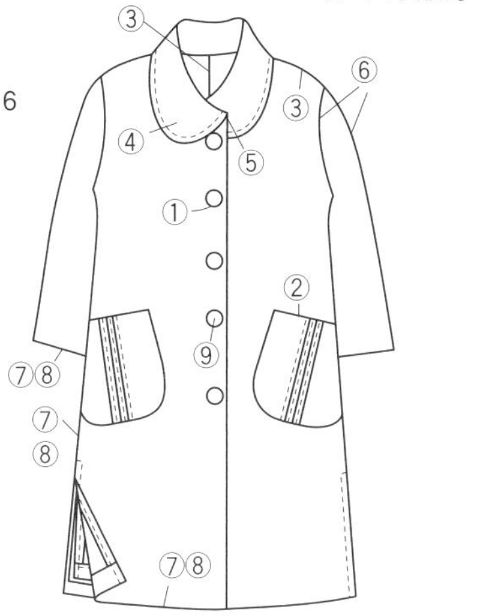
③
⑥
③
④
⑤
①
②
⑨
⑦⑧
⑦
⑧
⑦⑧

着丈約108cm 身幅約60cm

材料

身頃用布36×1000cm　裏布90×360cm　接着芯90×120cm
直径2.8cmくるみボタン5個
直径0.7cm力ボタン5個

作り方のポイント

・脇の布端はロックミシンまたはジグザグミシンをかける。
・見返し、ポケット見返し、裏襟、玉縁布に接着芯をはる。
・くるみボタンの作り方は53ページ、玉縁ボタンホールの作り方は54、55ページ参照。
・襟はとじ込み付録Aに掲載の型紙を参考にするとよい。

作り方

❶玉縁ボタンホールを作る。
❷ポケットを作り、付ける。
❸表と裏の身頃をそれぞれ縫う。
❹襟を作る。
❺表と裏を中表に合わせて襟をはさんで襟ぐりと前立てを縫う。
❻表と裏の袖を作り、付ける。
❼表の袖下から脇を縫い、スリットあき、裾、袖口を縫う。
❽裏の袖下から脇を縫い、スリットあき、裾、袖口を縫う。
❾くるみボタンと力ボタンを付ける。

作り方

①玉縁ボタンホールを作る

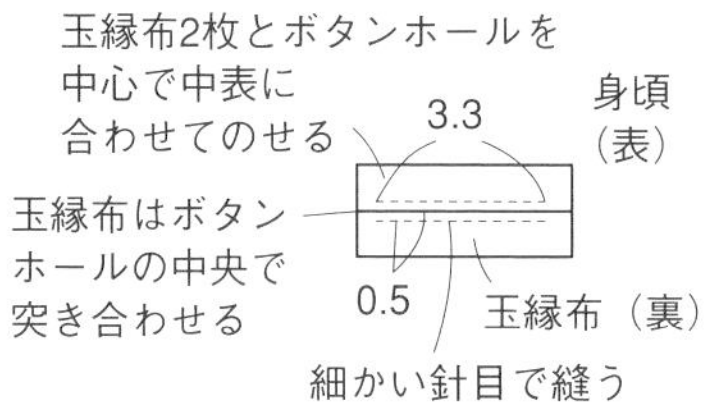

玉縁布2枚とボタンホールを
中心で中表に
合わせてのせる
3.3
身頃
(表)
玉縁布はボタン
ホールの中央で
突き合わせる
0.5
玉縁布(裏)
細かい針目で縫う

54ページを参照して右前身頃に玉縁ボタンホールを作る
玉縁布をボタンホールに合わせて縫う

↓

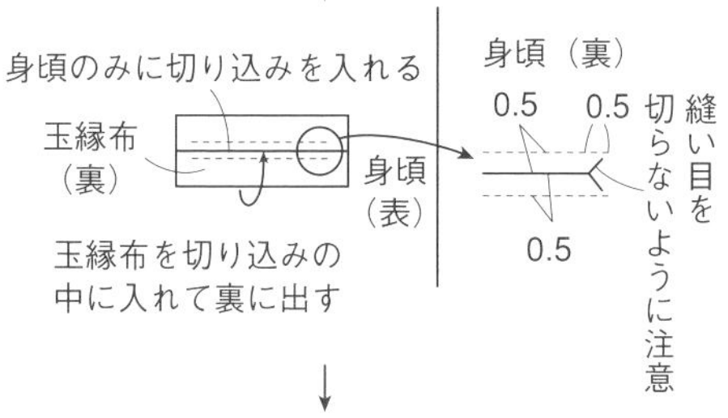

身頃のみに切り込みを入れる
玉縁布
(裏)
身頃
(表)
玉縁布を切り込みの
中に入れて裏に出す
身頃(裏)
0.5
0.5
0.5
縫い目を切らないように注意

↓

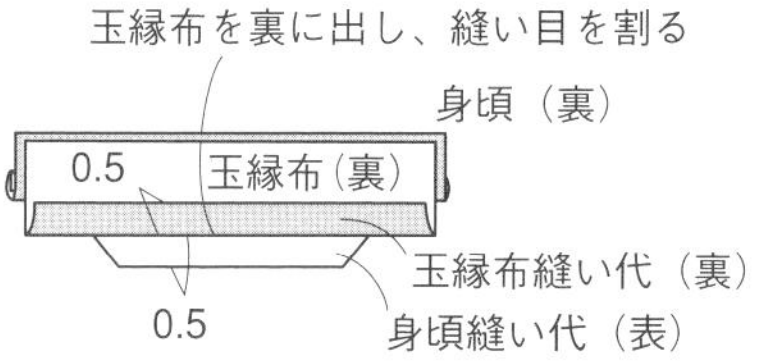

玉縁布を裏に出し、縫い目を割る
身頃(裏)
0.5
玉縁布(裏)
玉縁布縫い代(裏)
0.5
身頃縫い代(表)

玉縁布を引き出して縫い目を割り
縫い代を芯にしてくるんで折る

↓

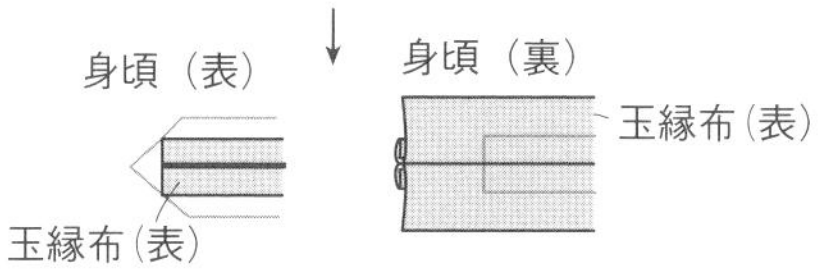

身頃(表)
玉縁布(表)
身頃(裏)
玉縁布(表)

表は切り込みに玉縁布が
突き合わせで見える状態

↓

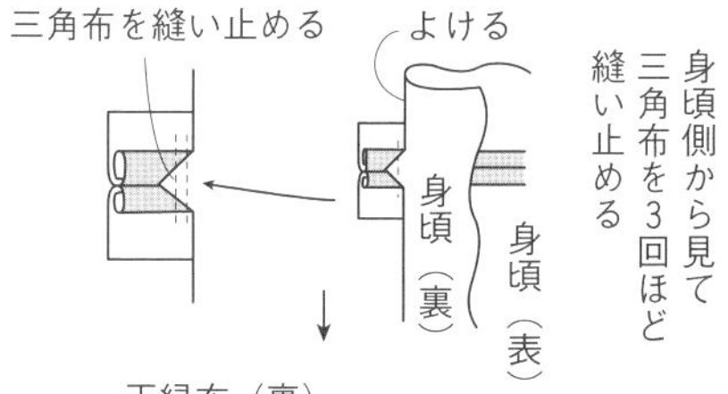

三角布を縫い止める
よける
身頃(裏)
身頃(表)
身頃側から見て三角布を3回ほど縫い止める

↓

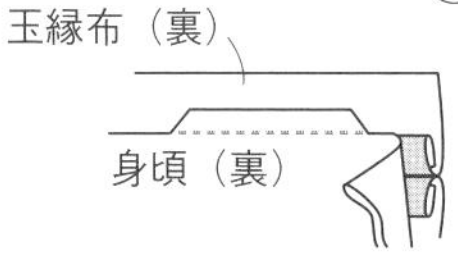

玉縁布(裏)
身頃(裏)

身頃をめくって身頃の縫い代と
玉縁布を一緒に縫い目の上を縫う

裁ち方

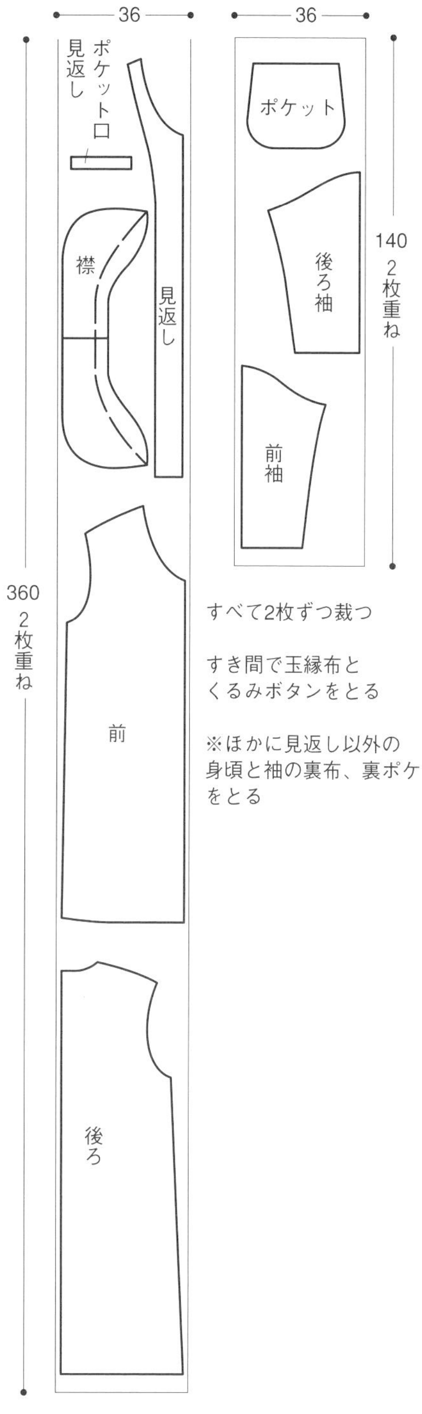

36
36
見返し
ポケット口
襟
見返し
前
後ろ
ポケット
後ろ袖
前袖
140
2枚重ね
360
2枚重ね

すべて2枚ずつ裁つ

すき間で玉縁布と
くるみボタンをとる

※ほかに見返し以外の
身頃と袖の裏布、裏ポケット
をとる

②ポケットを作り、付ける

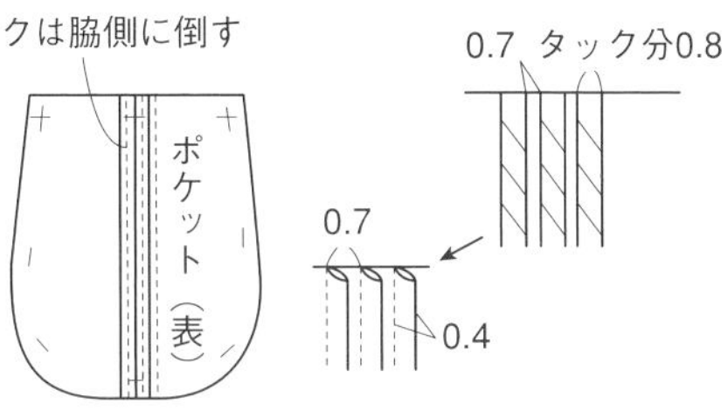

ピンタックは脇側に倒す
0.7 タック分0.8
ポケット（表）
0.7
0.4

ピンタックを作ってから
型紙を合わせてポケットを裁断する

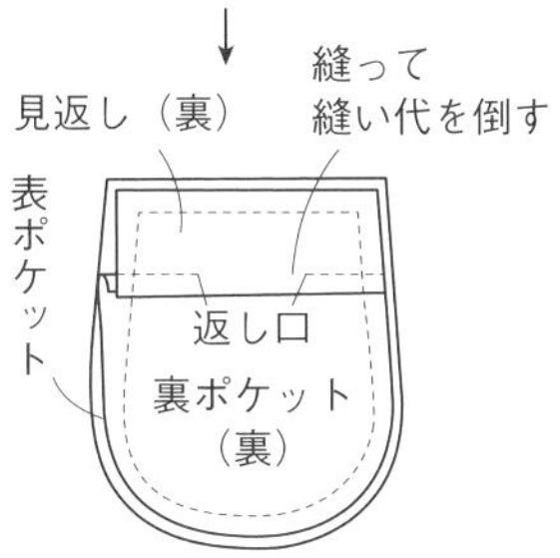

見返し（裏）
縫って
縫い代を倒す
表ポケット
返し口
裏ポケット
（裏）

裏ポケットと見返しを縫い
表と裏のポケットを
中表に合わせて縫う
表に返して返し口をまつる

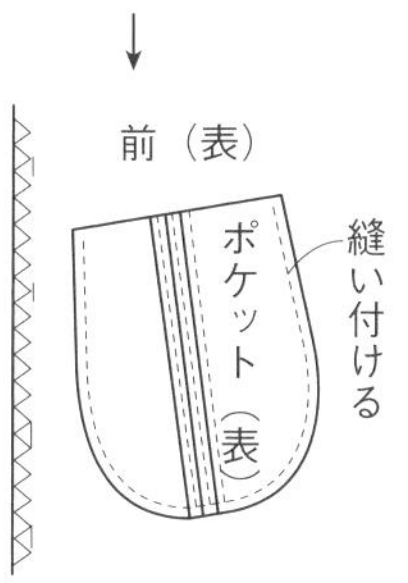

前（表）
ポケット（表）
縫い付ける

前身頃にポケットを縫い付ける

③表と裏の身頃をそれぞれ縫う

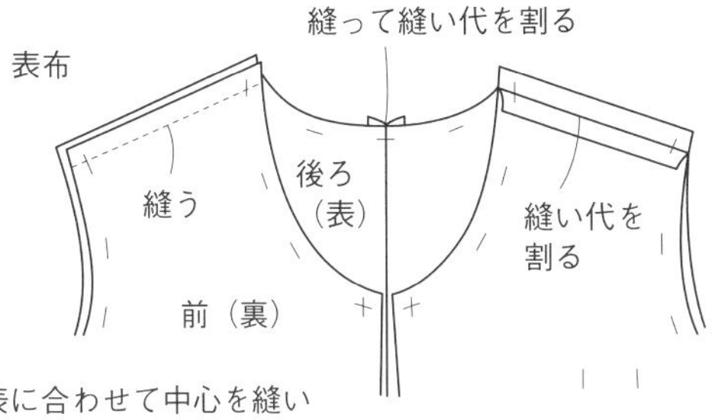

縫って縫い代を割る
表布
縫う
後ろ
（表）
縫い代を
割る
前（裏）

表は後ろを中表に合わせて中心を縫い
前と合わせて肩を縫う

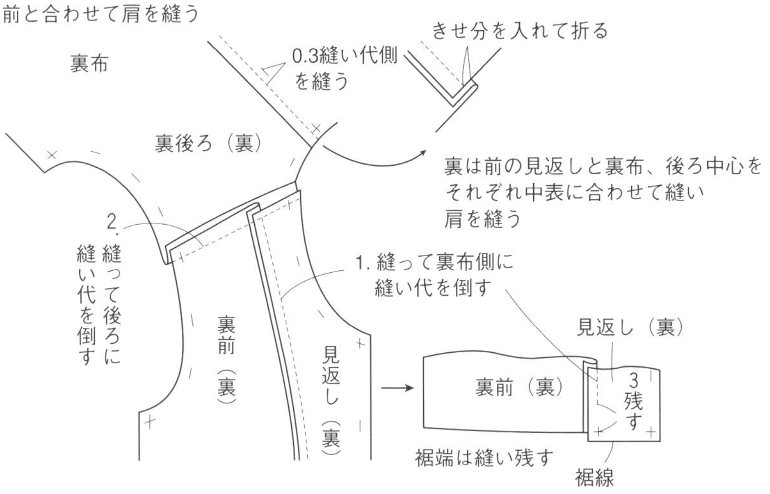

裏布
0.3縫い代側
を縫う
きせ分を入れて折る
裏後ろ（裏）
裏は前の見返しと裏布、後ろ中心を
それぞれ中表に合わせて縫い
肩を縫う
2.縫って後ろに縫い代を倒す
1.縫って裏布側に
縫い代を倒す
裏前（裏）
見返し（裏）
見返し（裏）
裏前（裏）
3
残す
裾端は縫い残す
裾線

④襟を作る

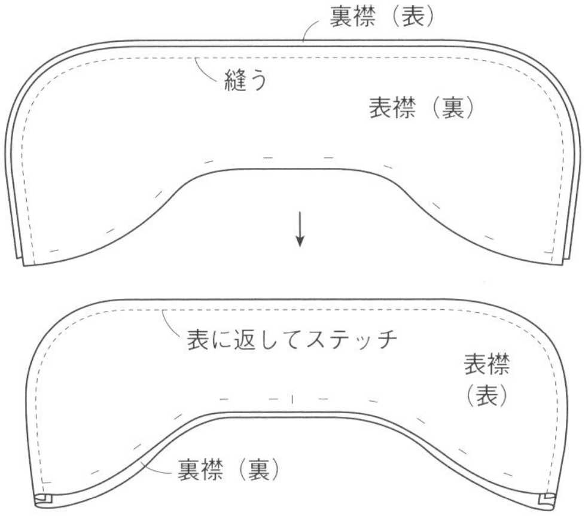

裏襟（表）
縫う
表襟（裏）
表に返してステッチ
表襟
（表）
裏襟（裏）

表と裏の襟を中表に合わせて縫い
表に返してステッチをする

⑤表と裏を中表に合わせて襟をはさんで襟ぐりを縫い前立てを縫う

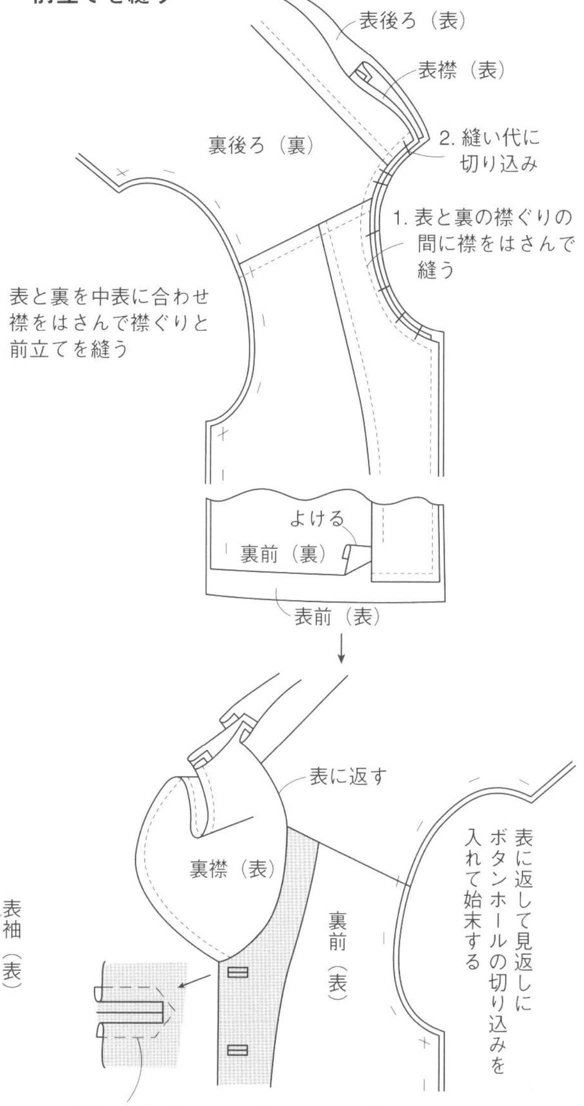
表後ろ（表）
表襟（表）
裏後ろ（裏）
2. 縫い代に切り込み
1. 表と裏の襟ぐりの間に襟をはさんで縫う
表と裏を中表に合わせ襟をはさんで襟ぐりと前立てを縫う
よける
裏前（裏）
表前（表）
表に返す
裏襟（表）
裏前（表）
表に返して見返しにボタンホールの切り込みを入れて始末する

表と同様に見返しのボタンホール位置に切り込みを入れ縫い代を内側に折り込んで、玉縁布のミシン目のきわに細かくまつる
55ページ参照

⑥表と裏の袖を作り、付ける

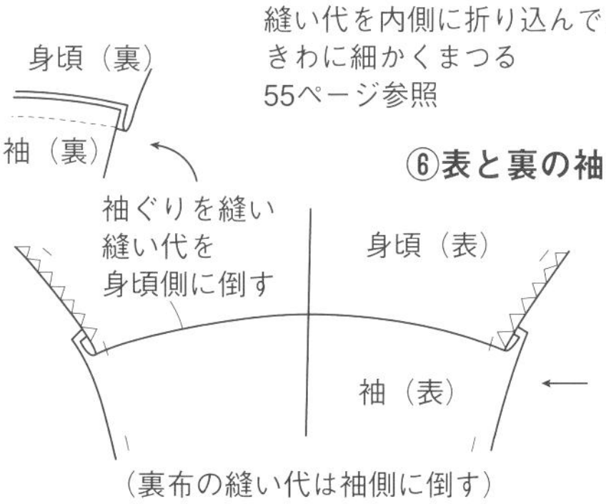
身頃（裏）
袖（裏）
袖ぐりを縫い縫い代を身頃側に倒す
身頃（表）
袖（表）
（裏布の縫い代は袖側に倒す）

袖と身頃の袖ぐりを中表に合わせて縫う

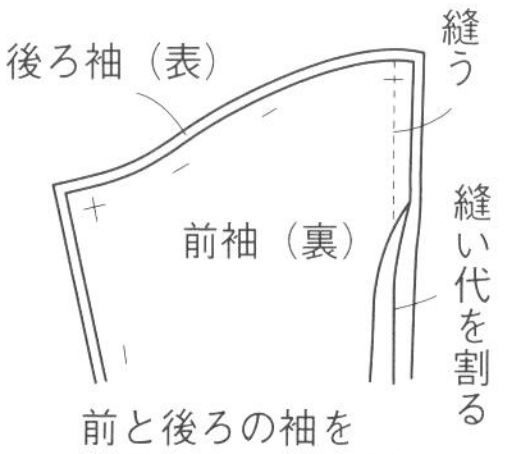
後ろ袖（表）
縫う
前袖（裏）
縫い代を割る

前と後ろの袖を中表に合わせて縫う

⑦表の袖下から脇を縫いスリットあき、裾、袖口を縫う

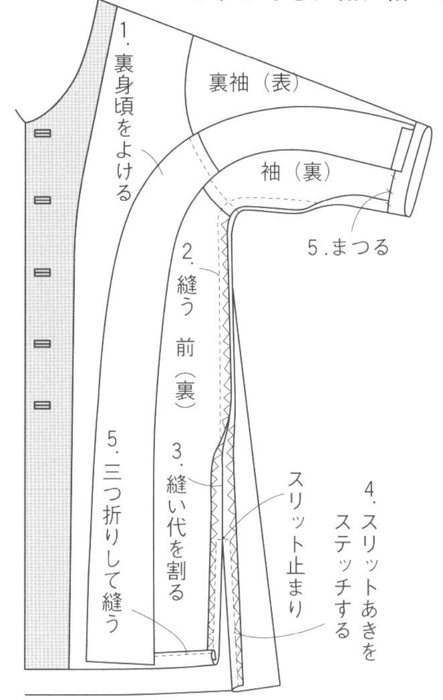
1. 裏身頃をよける
裏袖（表）
袖（裏）
5. まつる
2. 縫う
前（裏）
5. 三つ折りして縫う
3. 縫い代を割る
スリット止まり
4. スリットあきをステッチする

裏をよけて表の袖下から脇を縫い裾と袖口を三つ折りして縫う

⑧裏の袖下から脇を縫いスリットあき、裾、袖口を縫う

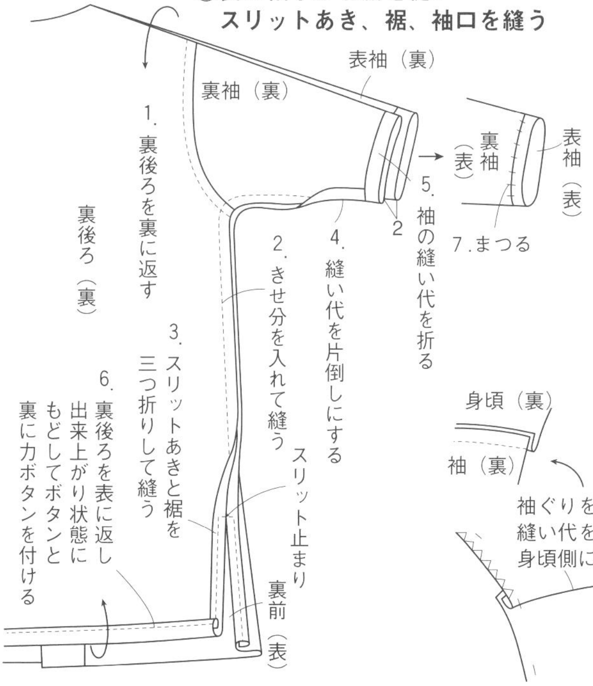
表袖（裏）
裏袖（裏）
1. 裏後ろを裏に返す
裏後ろ（裏）
裏袖（表）
表袖（表）
5. 袖の縫い代を折る
2
7. まつる
2. きせ分を入れて縫う
4. 縫い代を片倒しにする
3. スリットあきと裾を三つ折りして縫う
6. 裏後ろを表に返し出来上がり状態にもどしてボタンと裏に力ボタンを付ける
スリット止まり
裏前（表）

裏後ろを裏返して中表に合わせ、袖下から脇を縫い、裾と袖口を縫ってボタンを付ける

本体1枚

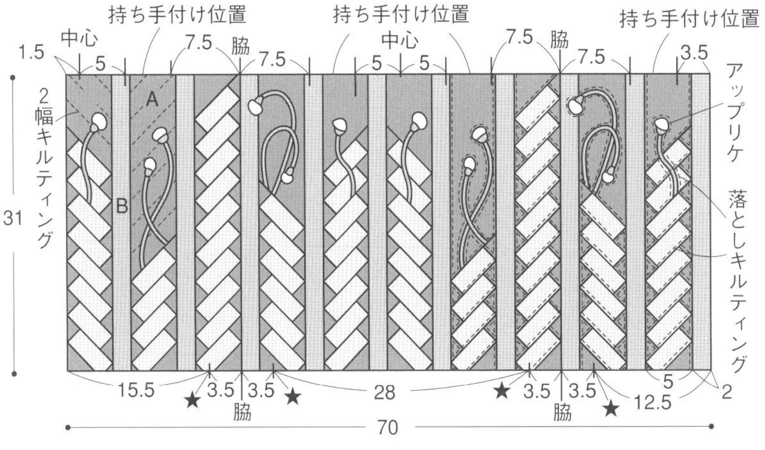
持ち手付け位置
持ち手付け位置
持ち手付け位置
1.5
中心
5
7.5
脇
7.5
5
中心
5
7.5
脇
7.5
3.5
A
B
2幅キルティング
アップリケ
落としキルティング
31
15.5
3.5
3.5
★
★
脇
28
★
3.5
3.5
脇
★
5
12.5
2
70

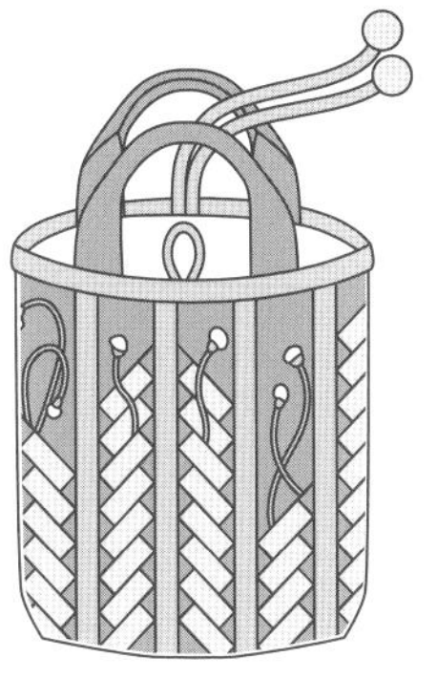

31×28×7cm

持ち手表布・裏布各2枚

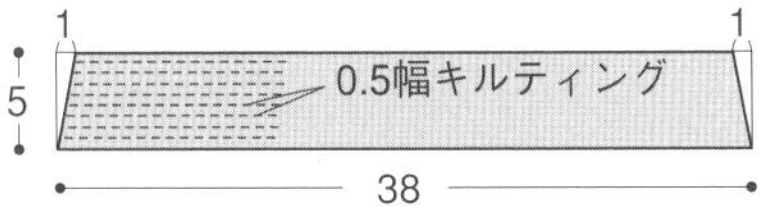
1
1
5
0.5幅キルティング
38

※裏に裁ち切りの接着キルト綿をはる

底1枚　中袋底1枚

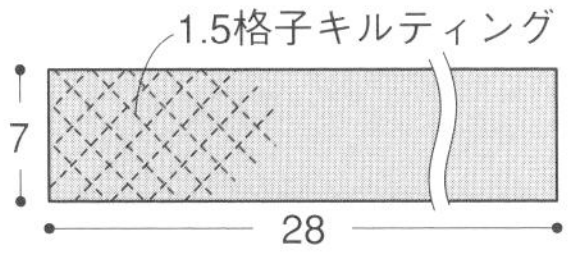
1.5格子キルティング
7
28

※中袋は厚手接着芯をはる

内ポケット1枚

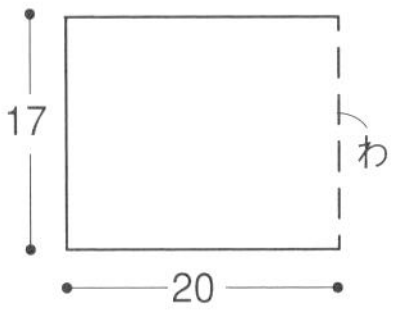
17
わ
20

中袋1枚

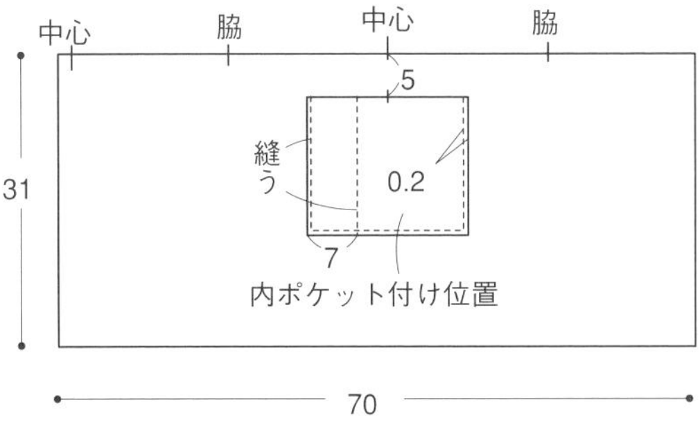
中心
脇
中心
脇
5
縫う
0.2
7
内ポケット付け位置
31
70

※裏に裁ち切りの厚手接着芯をはる

内ポケットの作り方

①

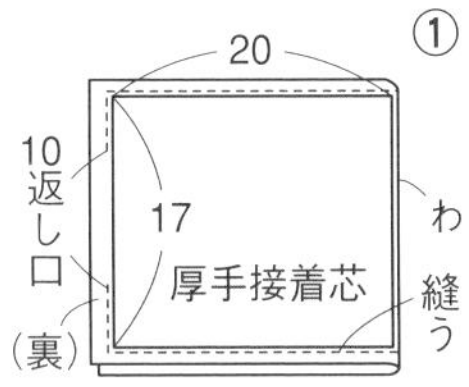
20
10
返し口
17
わ
厚手接着芯
縫う
(裏)

片面の裏に接着芯をはる
中表に半分に折り、
返し口を残して縫う

②

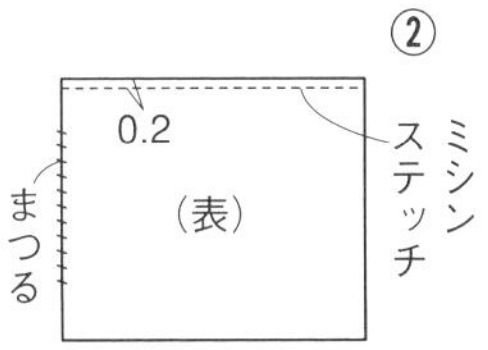
0.2
ミシンステッチ
まつる
(表)

表に返して返し口をとじる
ポケット口をミシンステッチする

中袋の作り方

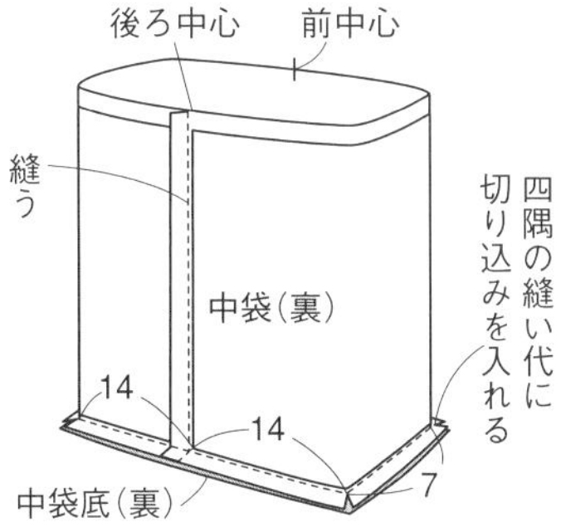
後ろ中心
前中心
縫う
四隅の縫い代に切り込みを入れる
中袋(裏)
14
14
7
中袋底(裏)

中袋を中表に折って輪に縫う
中袋底と中表に縫い合わせて袋状にする

材料

ピーシング、アップリケ、ひも飾り用布各種　本体A用布（底、持ち手表布、ループ、ひも、幅4cmバイヤステープ分含む）36×170cm　B用布20×70cm　持ち手裏布15×45cm　中袋用布（内ポケット分含む）、厚手接着芯各35×115cm　接着キルト綿100×75cm　直径0.5cm丸ひも90cm　直径3cmつつみボタン芯4個　キルト綿適宜

作り方のポイント

・持ち手の作り方は107ページ参照。
・型紙はとじ込み付録B参照。

作り方

❶ピーシング、アップリケをして本体をまとめ、裏にキルト綿と接着芯をはってキルティングする。裁ち切りのキルト綿を裏にもう1枚はる。
❷本体と同様に底を作る。
❸本体を輪に縫い、底と中表に縫い合わせ、本体の口をパイピングする。
❹持ち手を作り、本体に縫い付ける。
❺ループとひもを作り、本体に縫い付ける。
❻内ポケットを作って中袋に付ける。
❼中袋を作り、本体の内側に入れて口をパイピングのきわにまつる。

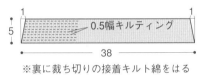

ひもの作り方

ひも飾り

ひも飾り2枚で
端をはさみ
周囲をまつる

ひも飾りの作り方

つつみ
ボタン芯
(裏)
0.5

縫い代をぐし縫いし
つつみボタン芯を
入れて引き絞る

ひも飾り4枚

5
裁ち切り

ひも2本

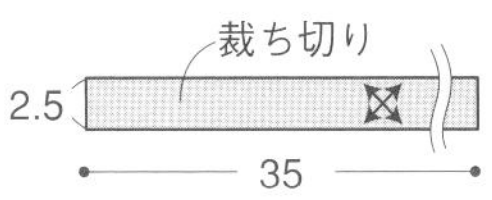
裁ち切り
2.5
35

ループ1枚

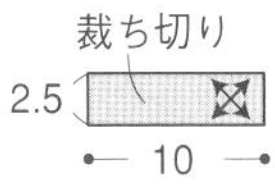
裁ち切り
2.5
10

ループ、ひもの作り方

①

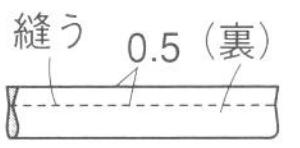
縫う
0.5
(裏)

中表に半分に
折って筒状に縫う

②

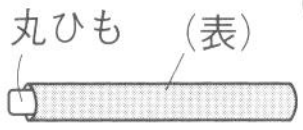
丸ひも
(表)

表に返して
丸ひもを通す

③

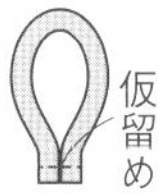
仮留め

ループは
半分に折って
仮留めする

作り方

①

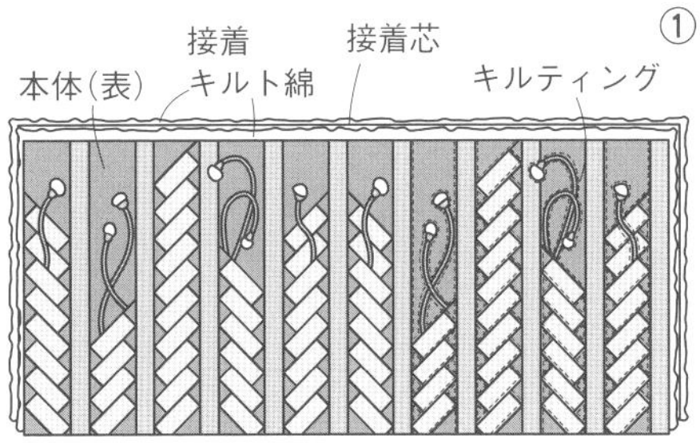
本体(表)
接着
キルト綿
接着芯
キルティング

本体の裏にキルト綿と接着芯をはり
キルティングする
裏側にもう1枚裁ち切りのキルト綿をはる
底も同様に作る

②

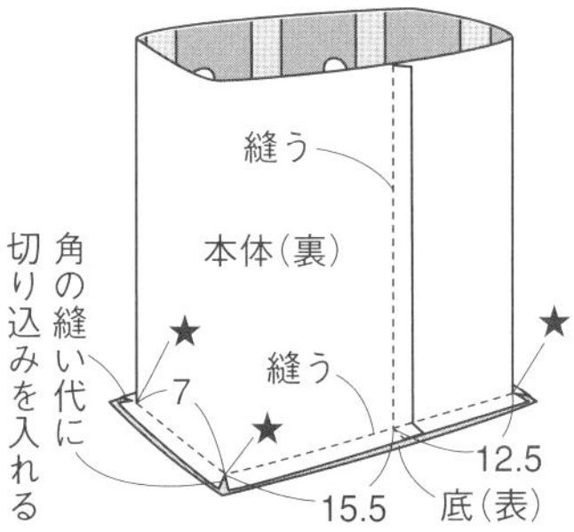
縫う
本体(裏)
角の縫い代に切り込みを入れる
★
7
縫う
★
★
12.5
15.5
底(表)

本体を中表に折って輪に縫う
底の四隅と側面の印(★)を合わせ
中表に重ねて縫う

③

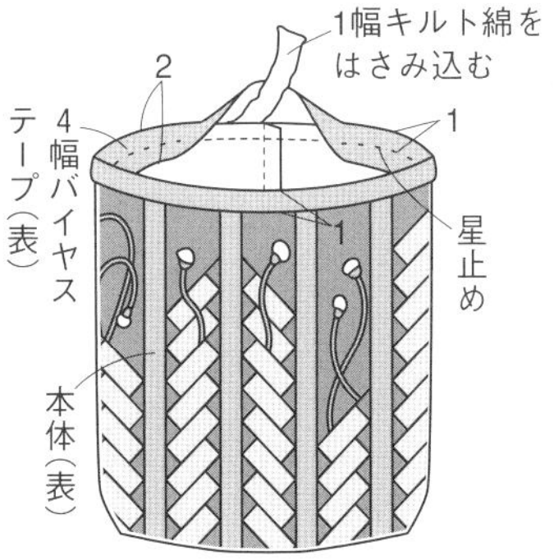
1幅キルト綿を
はさみ込む
2
4幅バイヤステープ(表)
1
1
星止め
本体(表)

本体を表に返し、口をパイピングする
本体裏側へ倒したバイヤステープの端は折り込まず、星止めで止め付ける

④

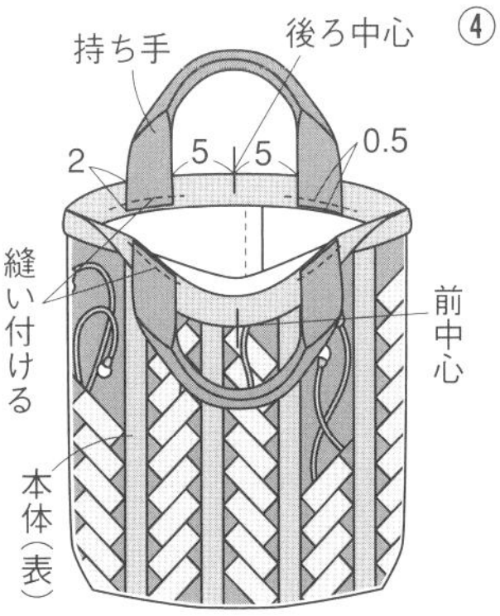
持ち手
後ろ中心
2
5
5
0.5
縫い付ける
前中心
本体(表)

パイピングの上に
持ち手を縫い付ける

⑤

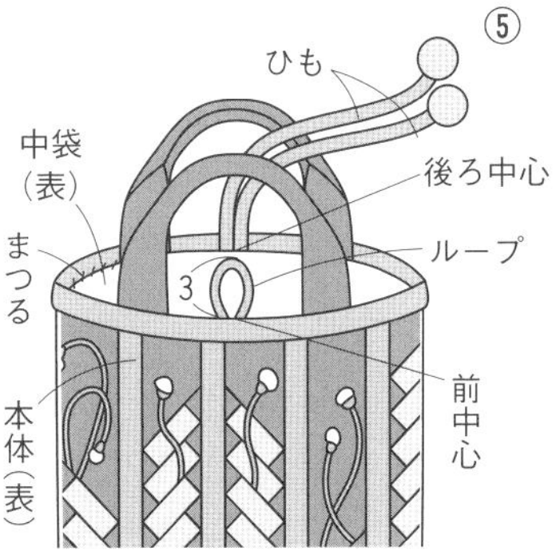
ひも
中袋
(表)
まつる
後ろ中心
ループ
3
本体(表)
前中心

後ろ中心にひも2本、前中心に
ループを縫い付ける
中袋を内側に入れて
口の縫い代を折り込んでまつる

外ポケット上1枚

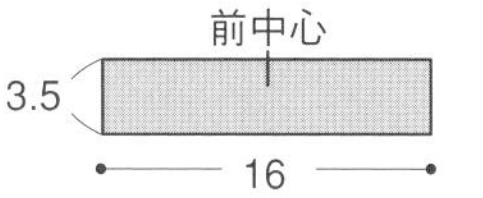
前中心
3.5
16

※裏に接着キルト綿をはる

外ポケット下1枚
外ポケット下裏布1枚

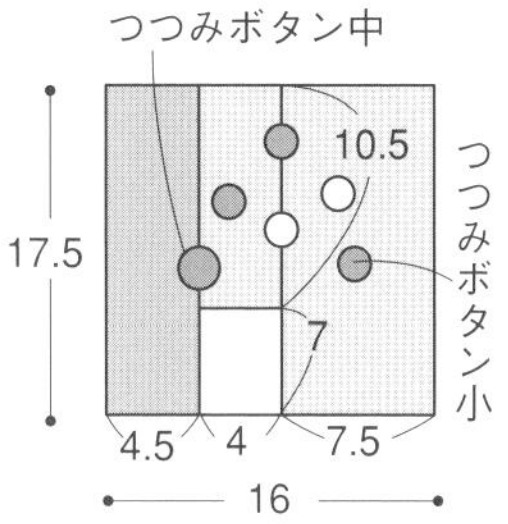
つつみボタン中
10.5
つつみボタン小
17.5
7
4.5
4
7.5
16

※ピーシングをして
つつみボタンをまつってから
裏に接着キルト綿をはる

当て布1枚

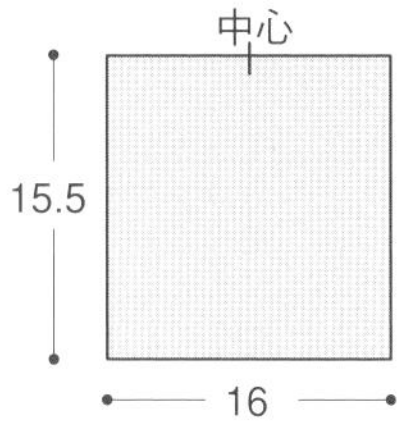
中心
15.5
16

タブ2枚

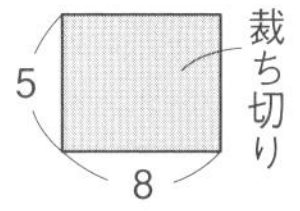
5
裁ち切り
8

タブの作り方

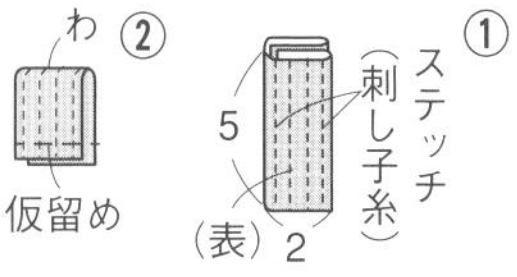
わ
②
仮留め
①
ステッチ
5
刺し子糸
(表)
2

外表に四つ折りして
手縫いでステッチ
半分に折って仮留めする

本体1枚

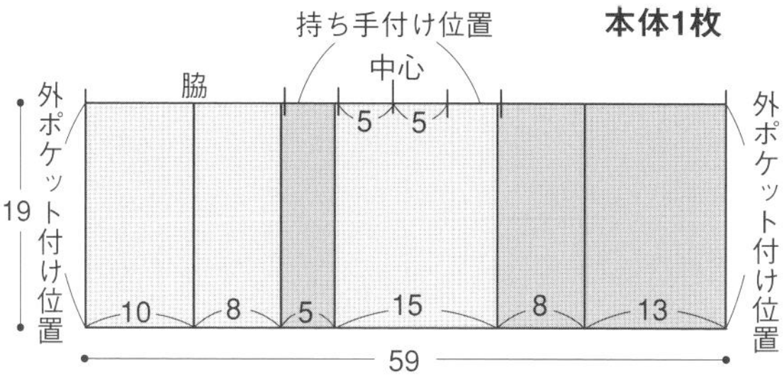
持ち手付け位置
脇
中心
5
5
外ポケット付け位置
19
10
8
5
15
8
13
外ポケット付け位置
59

持ち手表布・裏布各2枚

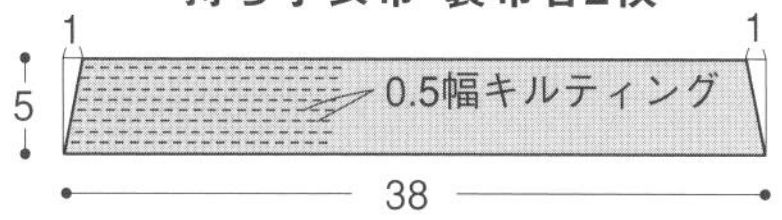
1
1
5
0.5幅キルティング
38

※裏に裁ち切りの接着キルト綿をはる

外ポケットの作り方

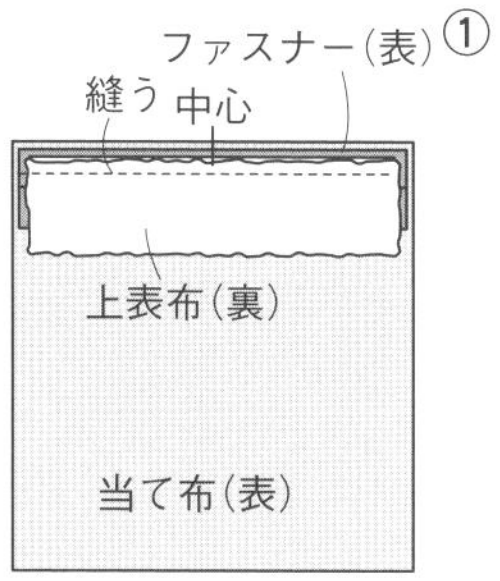
ファスナー(表)
①
縫う
中心
上表布(裏)
当て布(表)

上表布と当て布を
中表に重ねる
間にファスナーをはさみ
中心を合わせて縫う

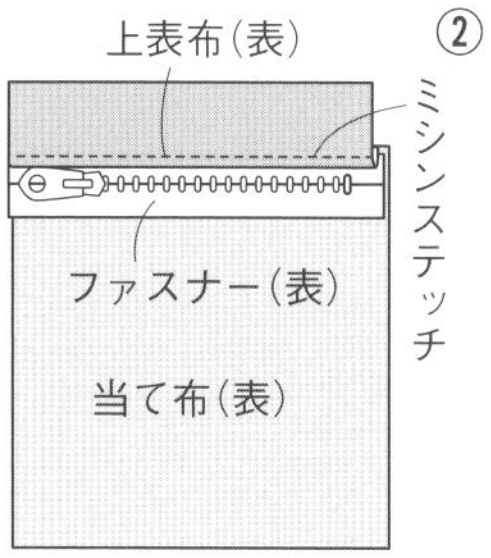
上表布(表)
②
ミシンステッチ
ファスナー(表)
当て布(表)

上表布を表に返して
ミシンステッチする

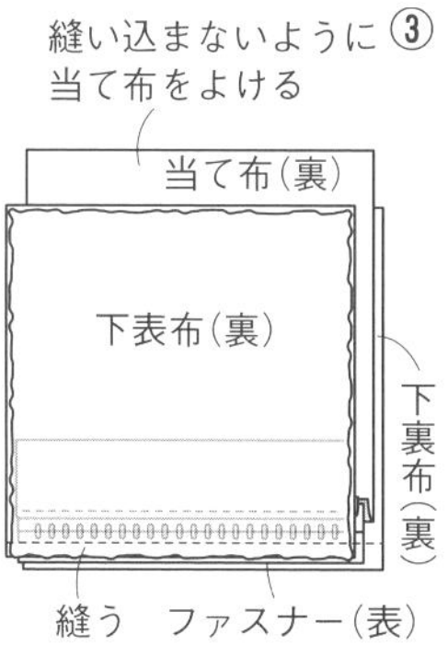
縫い込まないように
当て布をよける
③
当て布(裏)
下表布(裏)
下裏布(裏)
縫う
ファスナー(表)

反対側のファスナーを
下表布と裏布ではさみ
縫い合わせる

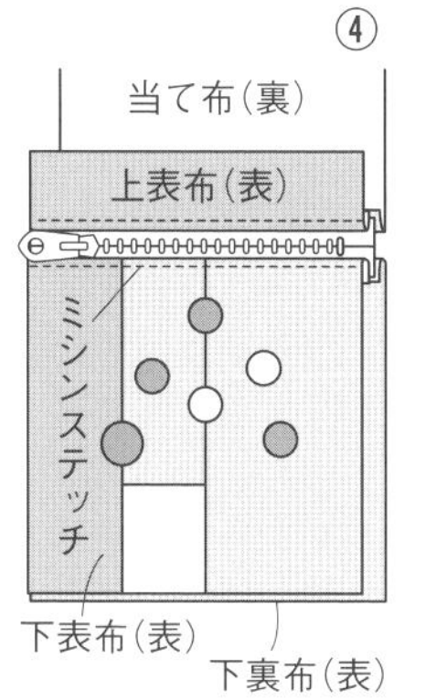
④
当て布(裏)
上表布(表)
ミシンステッチ
下表布(表)
下裏布(表)

当て布をよけた状態で
下表布と裏布を返し
ミシンステッチする

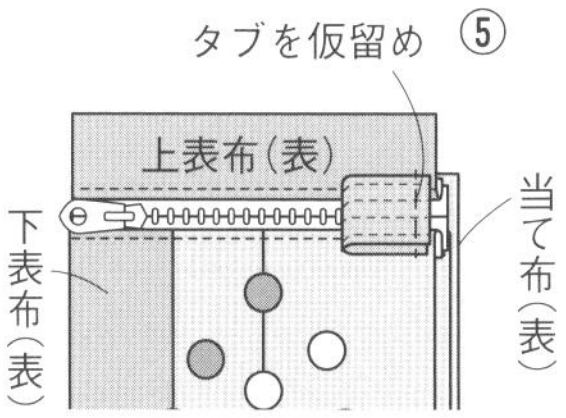
タブを仮留め
⑤
上表布(表)
下表布(表)
当て布(表)

当て布を表に返し
タブを仮留めする

つつみボタン小5枚

3.6
裁ち切り

つつみボタン中1枚

4
裁ち切り

つつみボタン大2枚

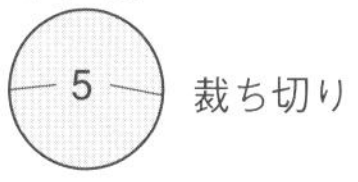
5
裁ち切り

つつみボタンの作り方

縫い代を
ぐし縫いし
つつみボタン芯を
入れて引き絞る

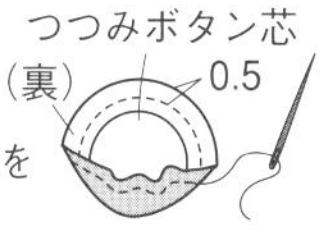
つつみボタン芯
(裏)
0.5

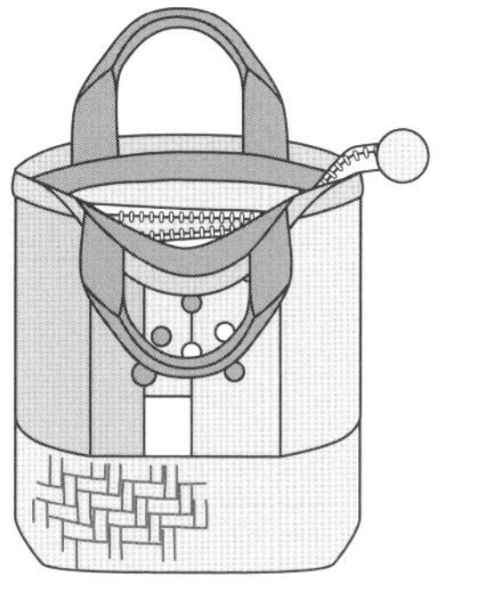

30×29×10cm

材料

ピーシング、外ポケット、タブ、つつみボタン用布各種　見返し用布10×40cm　口布用表布、裏布各30×10cm　持ち手用表布、裏布各15×45cm　外ポケット裏布、当て布各20×20cm　薄手接着芯65×25cm　中袋用布（内ポケット分含む）40×90cm　パイピング用幅4cmバイヤステープ80cm　接着キルト綿80×60cm　長さ15・30cmファスナー各1本　直径1.6cmつつみボタン芯5個　直径2cmつつみボタン芯1個　直径3cmつつみボタン芯2個　高さ13cm幅25.5cm奥行き12cmかご1個　キルト綿適宜

作り方のポイント

・本体のピースや外ポケット用布には自由な模様で刺し子をする。
・持ち手はの作り方は107ページ参照。

作り方

❶外ポケットとタブを作る。
❷ピーシングをして本体をまとめ、裏にキルト綿2枚と接着芯をはる。
❸外ポケットと本体を接いで輪にし、口をパイピングする。
❹持ち手を作り、本体に縫い付ける。
❺かごに本体を縫い付ける。
❻口布を作る。
❼内ポケットを作り、中袋に付ける。
❽中袋を作り、本体の内側に入れてパイピングのきわにまつる。

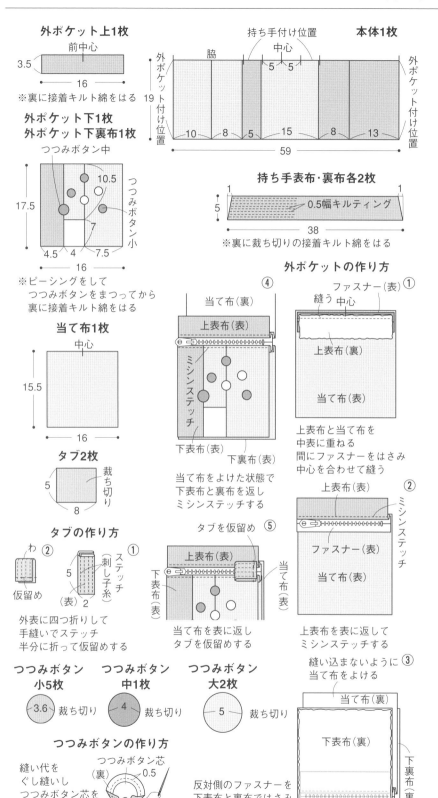

中袋の作り方

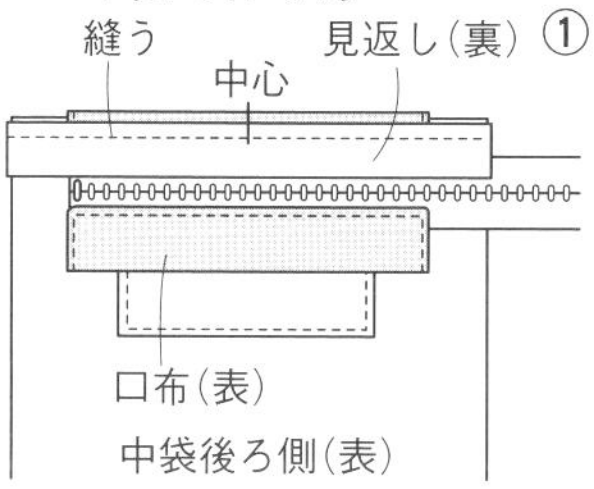

縫う
中心
見返し(裏)
①
口布(表)
中袋後ろ側(表)

中袋と見返しを中表に重ね
中心を合わせて口布を
間にはさみ、縫い合わせる

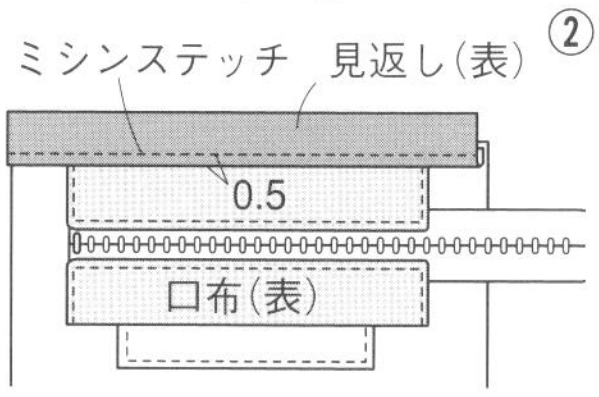

ミシンステッチ
見返し(表)
②
0.5
口布(表)

見返しを表に返して
ミシンステッチする
中袋前側も同様に見返しと
口布を縫い合わせる

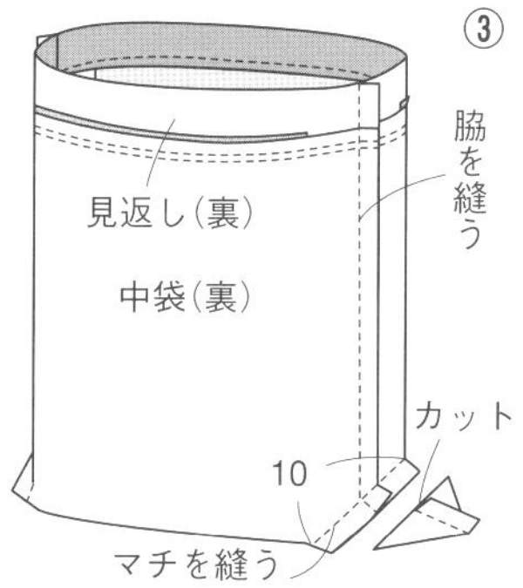

③
脇を縫う
見返し(裏)
中袋(裏)
カット
10
マチを縫う

底中心から中表に半分に折り
ファスナーを避けて両脇を縫う
底をたたんでマチを縫い
余分な縫い代をカットする

見返し2枚

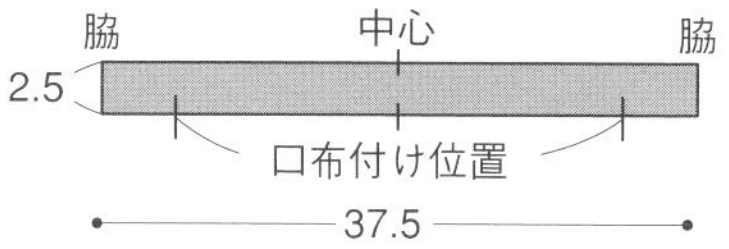

脇
中心
脇
2.5
口布付け位置
37.5

中袋1枚

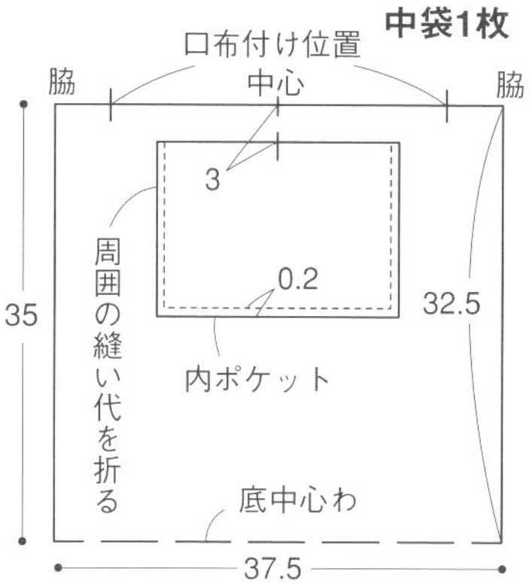

口布付け位置
脇
中心
脇
3
周囲の縫い代を折る
0.2
35
32.5
内ポケット
底中心わ
37.5

内ポケット1枚

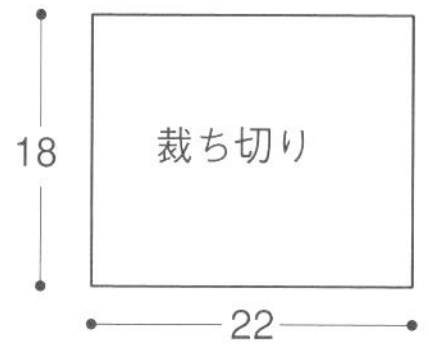

18
裁ち切り
22

内ポケットの作り方

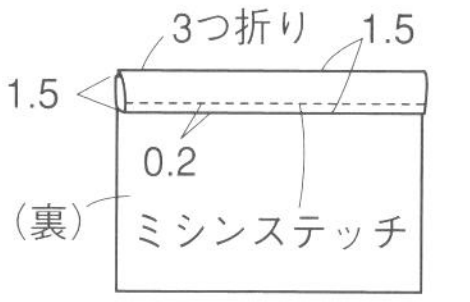

3つ折り
1.5
1.5
0.2
(裏)
ミシンステッチ

上部を裏へ3つ折りして
ミシンステッチ

口布2枚　口布裏布2枚

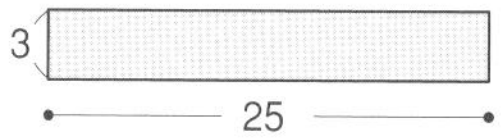

3
25

※裁ち切りの接着キルト綿をはる

口布の作り方

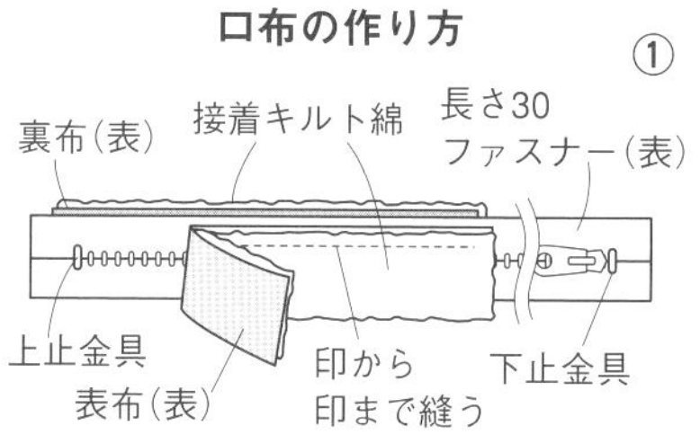

①
裏布(表)
接着キルト綿
長さ30
ファスナー(表)
上止金具
表布(表)
印から
印まで縫う
下止金具

表布と裏布を中表に合わせ、ファスナーを
上止金具側からはさんで印から印までを縫う

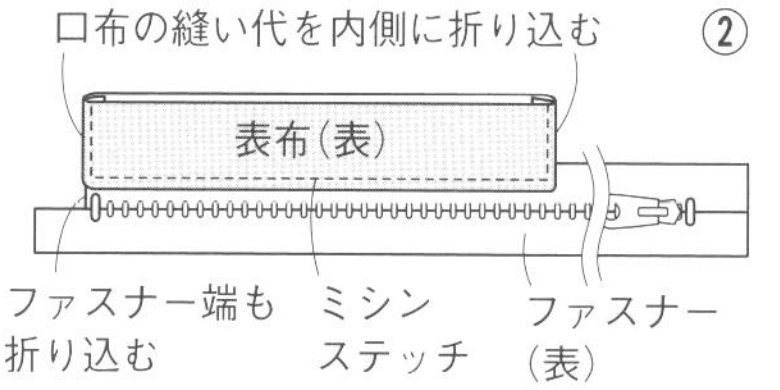

口布の縫い代を内側に折り込む
②
表布(表)
ファスナー端も
折り込む
ミシン
ステッチ
ファスナー
(表)

表布を表に返して
両端の縫い代を折り込んで
ミシンステッチで押さえる

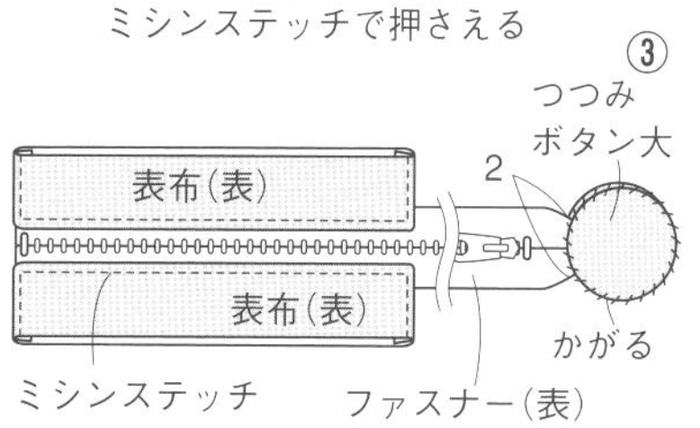

③
つつみ
ボタン大
2
表布(表)
表布(表)
かがる
ミシンステッチ
ファスナー(表)

反対側のファスナーも同様に縫い
下止金具側のファスナーの上下を裏へ折り
つつみボタン大2枚ではさんでかがる

作り方

①
接着キルト綿と
接着芯
本体(表)
外ポケット(裏)

本体の裏に接着キルト綿をはり
もう一枚裁ち切りの
接着キルト綿と接着芯をはる
外ポケットを接いで輪にする

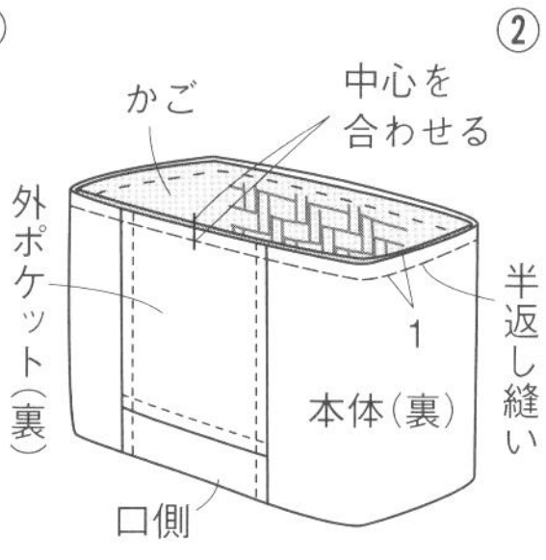

②
かご
中心を
合わせる
外ポケット(裏)
半返し縫い
1
本体(裏)
口側

かごに本体下部を中表に重ねる
中心を合わせて
半返し縫いで縫い付ける
本体を表に返す

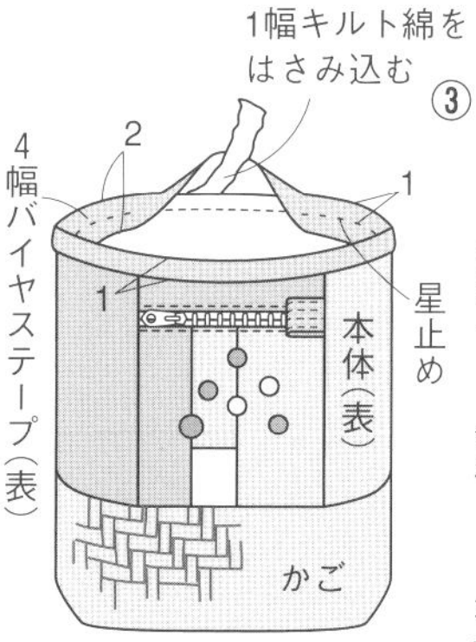

1幅キルト綿を
はさみ込む
③
4幅バイヤステープ(表)
2
1
1
星止め
本体(表)
かご

口をパイピングする
テープ端は折り込まず
星止めで止め付ける

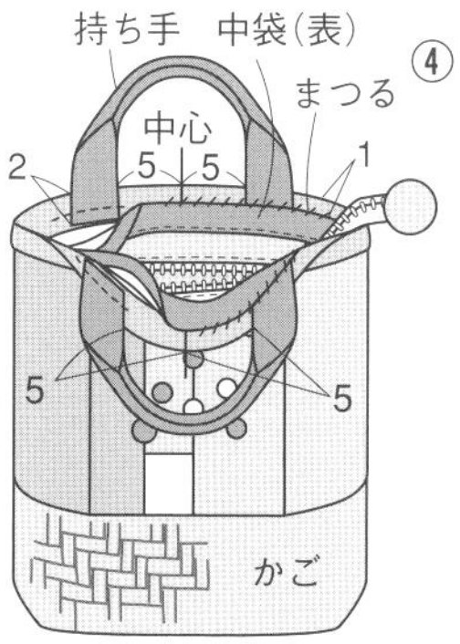

持ち手
中袋(表)
④
まつる
中心
2
5
5
1
5
5
かご

持ち手を縫い付ける
中袋を内側に入れて
パイピングにまつる

ダブルウエディングリングのバッグ

P.41

上マチ2枚

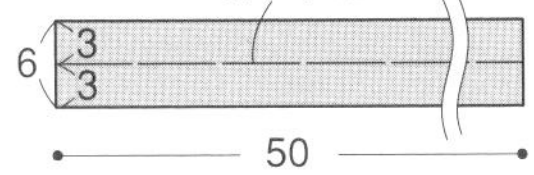

折り位置
6
3
3
50

下マチ1枚　中袋下マチ1枚

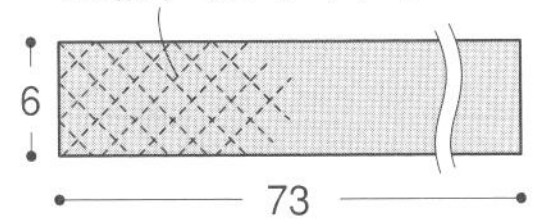

1.5格子キルティング
6
73

※中袋には裁ち切りの
厚手接着芯をはる

本体2枚

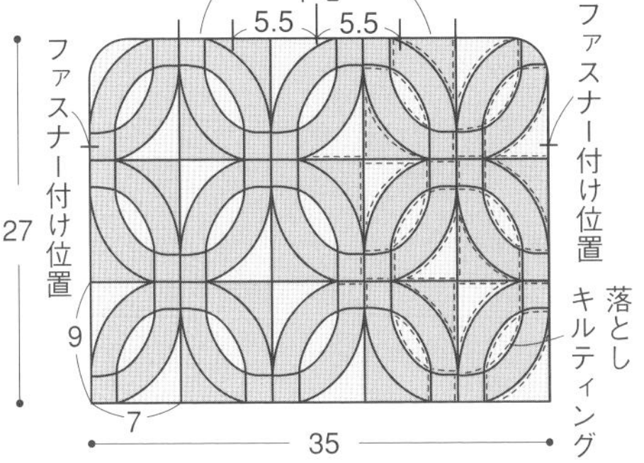

持ち手付け位置
中心
5.5
5.5
ファスナー付け位置
27
9
7
35
ファスナー付け位置
落としキルティング

27×35×6cm

タブの作り方

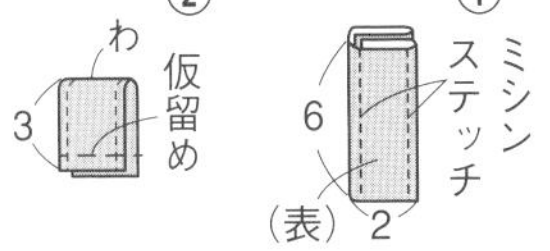

②
わ
3
仮留め
①
6
ミシンステッチ
（表）
2

外表に4つ折りして
ミシンステッチし
半分に折って仮留めする

タブ2枚

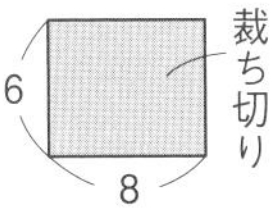

6
8
裁ち切り

中袋2枚

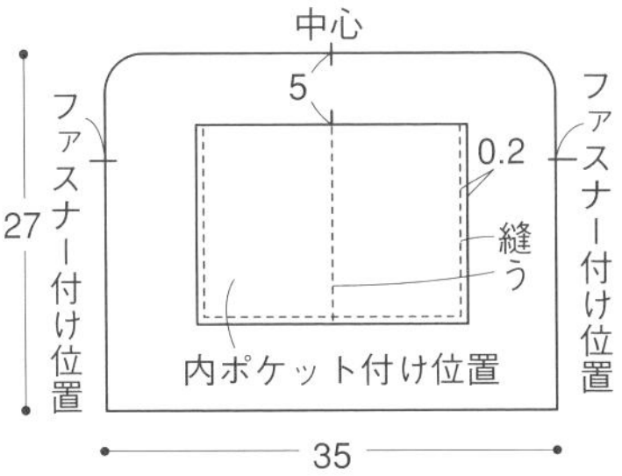

中心
5
0.2
縫う
ファスナー付け位置
27
内ポケット付け位置
ファスナー付け位置
35

※裏に裁ち切りの
厚手接着芯をはる

上マチの作り方

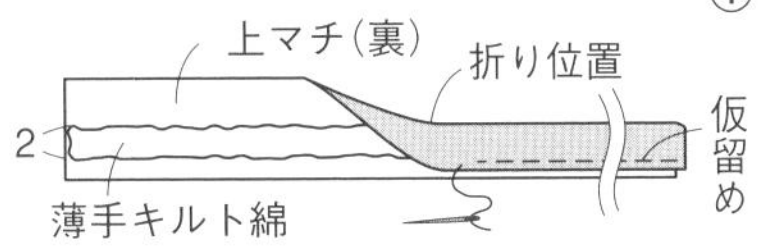

①
上マチ（裏）
折り位置
2
仮留め
薄手キルト綿

裏に52×2㎝のキルト綿をはり
折り位置で外表に折って、下部を仮留めする

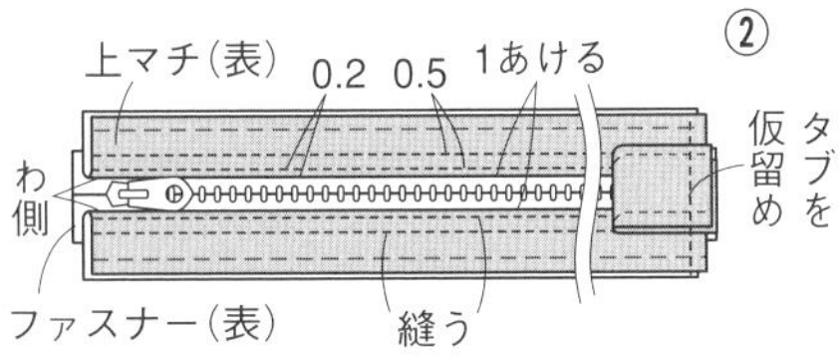

②
上マチ（表）
0.2
0.5
1あける
わ側
タブを仮留め
ファスナー（表）
縫う

ファスナーに重ねて縫う
両側にタブを仮留めする

中袋の作り方

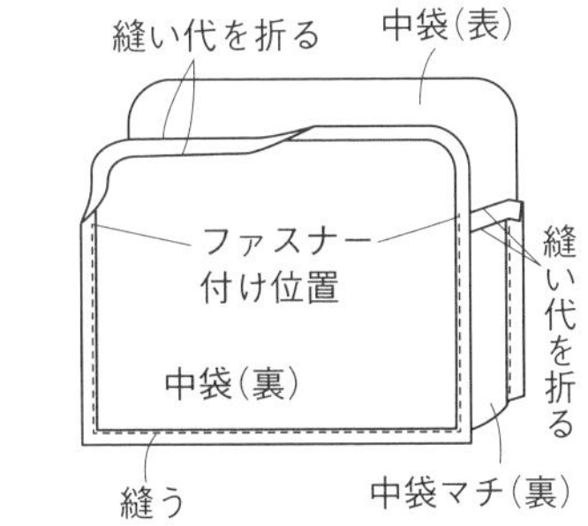

縫い代を折る
中袋（表）
ファスナー付け位置
縫い代を折る
中袋（裏）
縫う
中袋マチ（裏）

中袋とマチを中表に合わせて
ファスナー付け位置まで縫う
中袋とマチの上部の縫い代を裏へ折る

内ポケット1枚

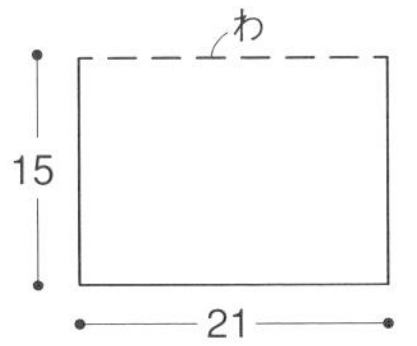

わ
15
21

内ポケットの作り方

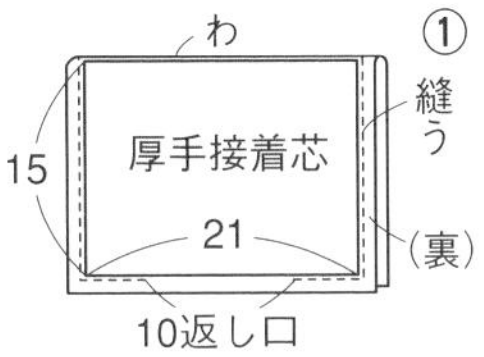

①
わ
縫う
15
厚手接着芯
21
（裏）
10返し口

片面の裏に接着芯をはる
中表に半分に折り
返し口を残して縫う

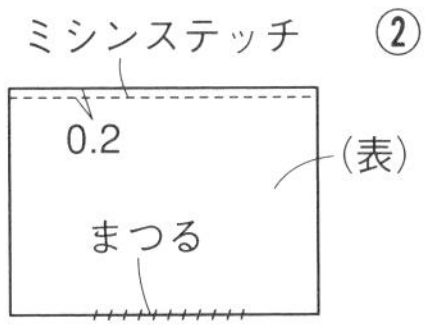

ミシンステッチ
②
0.2
（表）
まつる

表に返して返し口をとじる
ポケット口をミシンステッチする

材料

ピーシング用布各種　上マチ用布（持ち手表布、ループ分含む）36×55cm　下マチ用布10×80cm　持ち手裏布15×45cm　中袋用布（内ポケット分含む）36×150cm　厚手接着芯110×40cm　厚手接着キルト綿80×100cm　薄手接着キルト綿55×10cm　長さ50cm両開きファスナー1本

作り方のポイント

・中袋の口側の縫い代は、裏へ折り、アイロンを当てておく。
・本体と下マチは、接着キルト綿をはってキルティングしてからもう1枚キルト綿をはる。
・型紙はとじ込み付録B参照。

作り方

❶ピーシングをして本体をまとめ、裏にキルト綿と接着芯をはってキルティングする。裁ち切りのキルト綿をもう1枚裏にはる。
❷持ち手とタブを作る。
❸上マチと下マチを作り、タブをはさんで輪に縫ってマチを作る。
❹本体と❸を中表に合わせて縫う。
❺内ポケットを作って中袋に付ける。
❻中袋を作り、本体の内側に入れてまつり付ける。

作り方

①

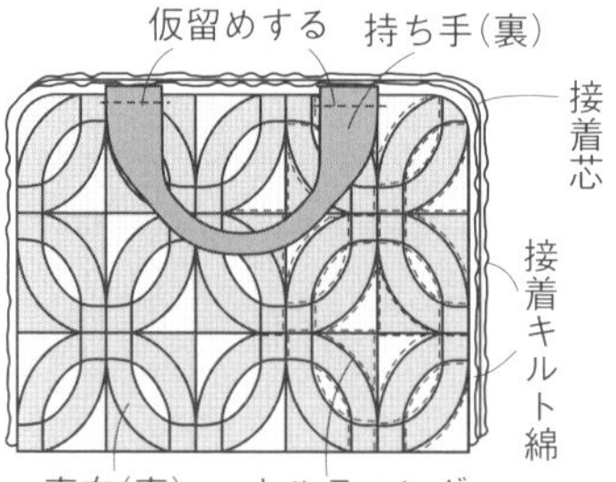

仮留めする
持ち手(裏)
接着芯
接着キルト綿
表布(表)
キルティング

本体の裏にキルト綿と接着芯をはり
キルティングする
裏側にもう1枚裁ち切りのキルト綿をはる
(下マチも同様に作る)
持ち手を仮留めする

②

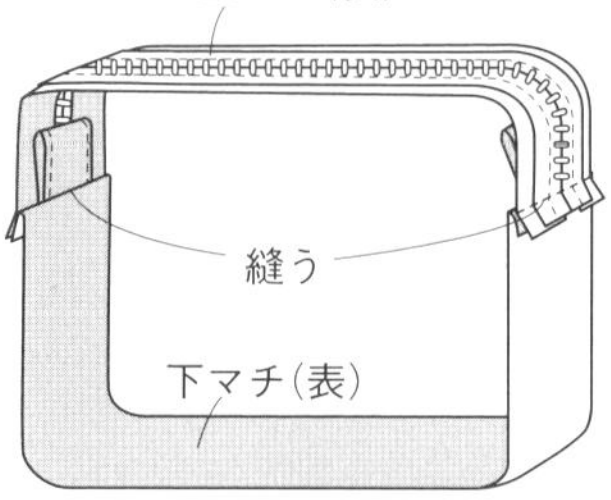

上マチ(裏)
縫う
下マチ(表)

キルティングした下マチと
上マチを中表に合わせ、
輪に縫ってマチを作る

③

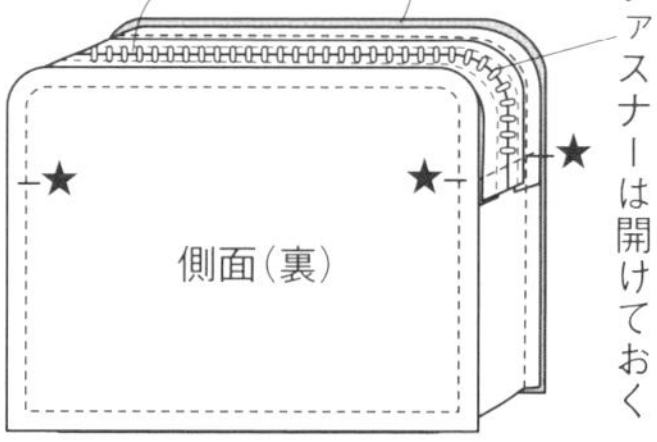

マチ(裏)
側面(表)
ファスナーは開けておく
★
★
★
側面(裏)

マチと本体を中表に
ファスナー付け位置を
合わせて縫う

④

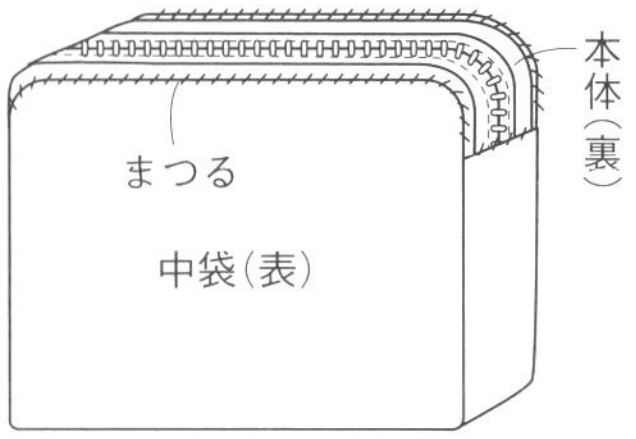

本体(裏)
まつる
中袋(表)

本体に中袋を外表にかぶせて
上マチにまつる

⑤

表に返す

持ち手表布・裏布各2枚

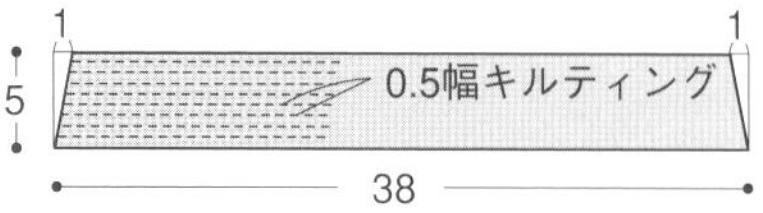

1
1
5
0.5幅キルティング
38

持ち手の作り方

①

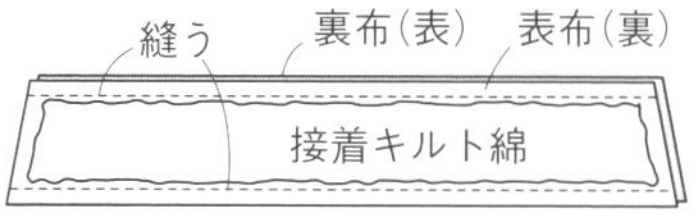

縫う
裏布(表)
表布(裏)
接着キルト綿

表布に裁ち切りの接着キルト綿をはり
裏布を中表に合わせて両端を縫う

②

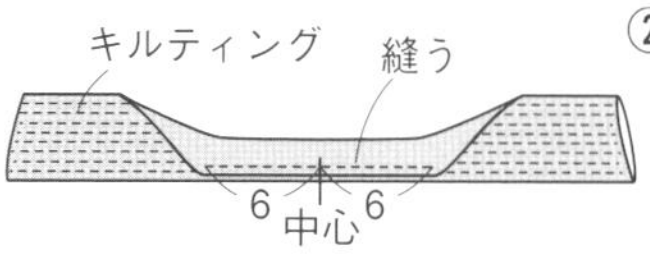

キルティング
縫う
6
6
中心

表に返してキルティングし
中心を半分に折って縫う

タブ1枚　裏布1枚

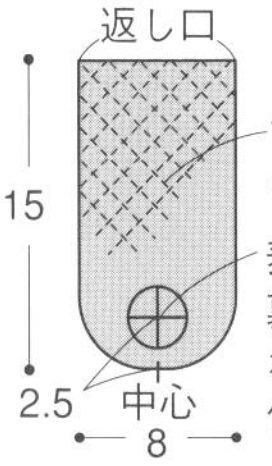
返し口
15
1格子
キルティング
表／飾り
裏／マグネット
ボタン凹
付け位置
2.5
中心
8
※裏布同寸

本体2枚

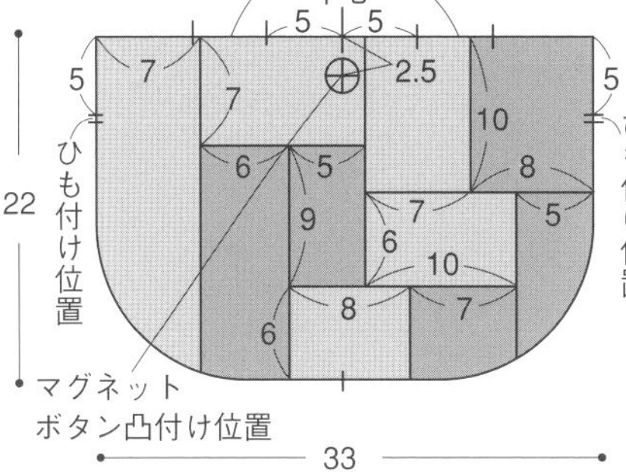
持ち手付け位置
中心
5
5
2.5
5
7
7
10
5
ひも付け位置
22
6
5
9
8
7
5
6
10
ひも付け位置
6
8
7
マグネット
ボタン凸付け位置
33

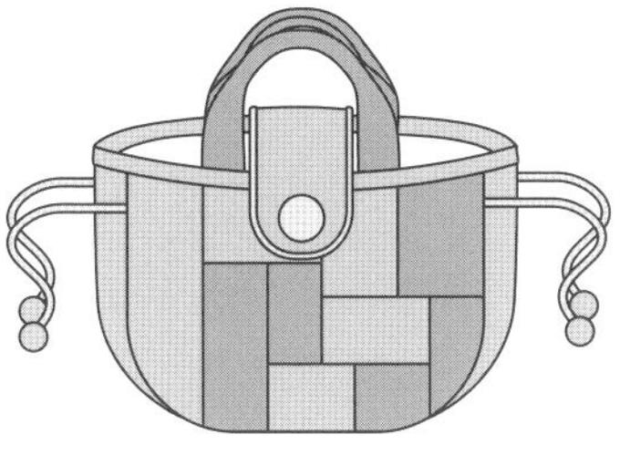

32×33×12cm

タブの作り方

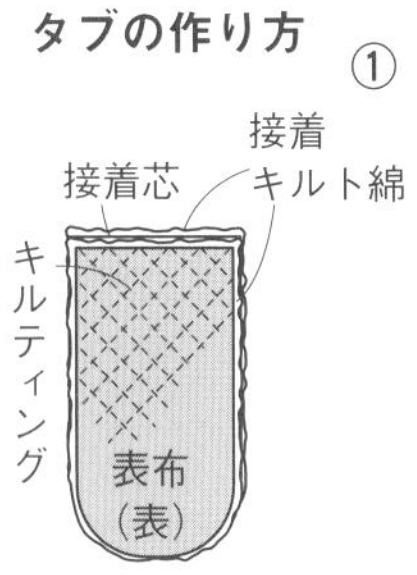
①
接着
キルト綿
接着芯
キルティング
表布
（表）

表布の裏にキルト綿と
接着芯をはり
キルティングする
裏側にもう一枚
裁ち切りの
キルト綿をはる

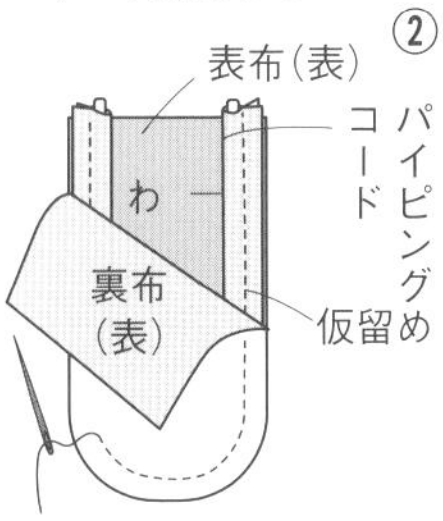
②
表布（表）
パイピングコード
わ
裏布
（表）
仮留め

表布の周囲に
パイピングコードを
仮留めする
裏布を中表に重ね
返し口を残して縫う

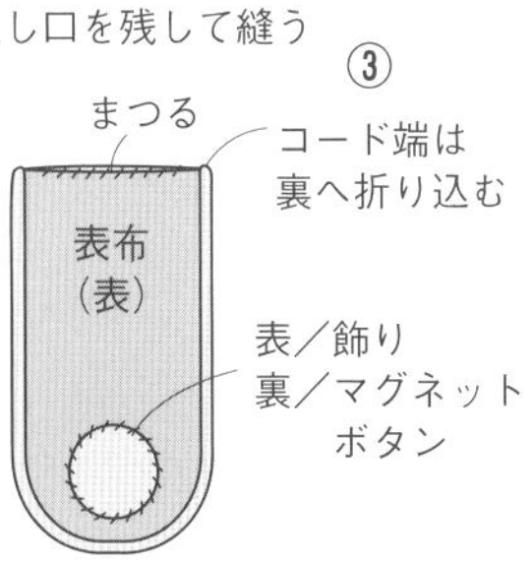
③
まつる
コード端は
裏へ折り込む
表布
（表）
表／飾り
裏／マグネット
ボタン

表に返して飾りと
マグネットボタンを
縫い付ける

内ポケット1枚

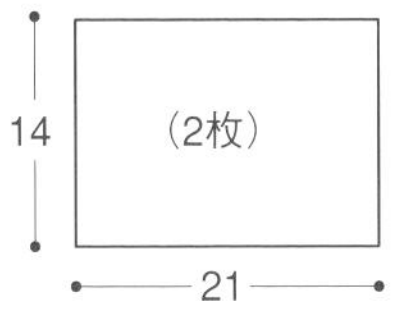
14
（2枚）
21

内ポケットの作り方

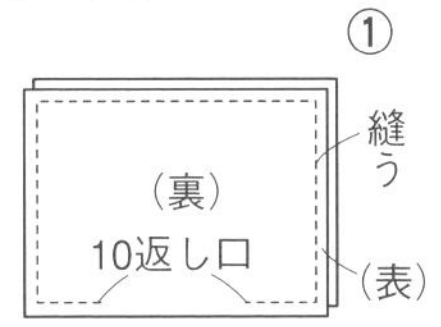
①
縫う
（裏）
10返し口
（表）

2枚を中表に重ね
返し口を残して縫う

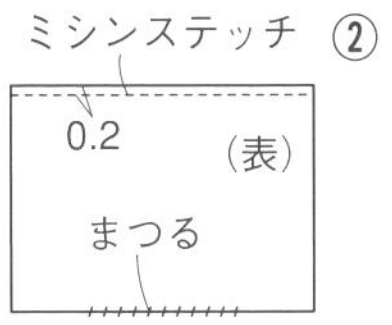
ミシンステッチ
②
0.2
（表）
まつる

表に返して
返し口をとじる
ポケット口を
ミシンステッチ

底マチ1枚　中袋底マチ1枚

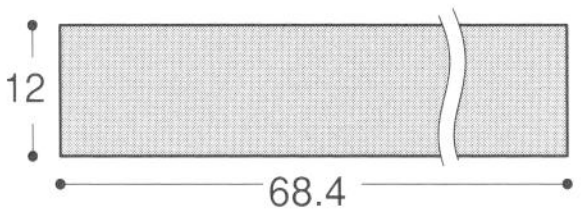
12
68.4

中袋2枚

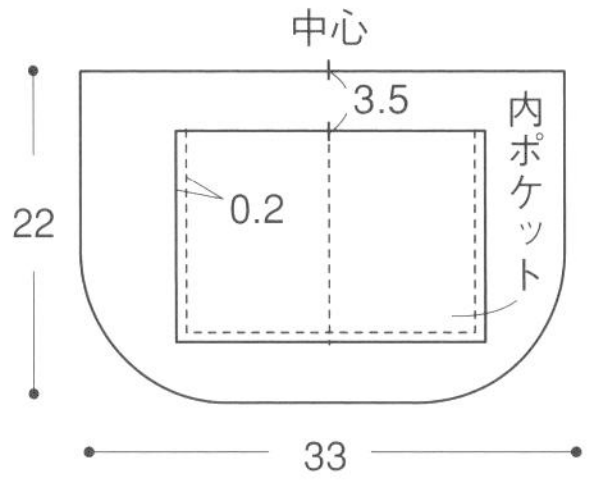
中心
3.5
内ポケット
0.2
22
33

パイピングコード1枚

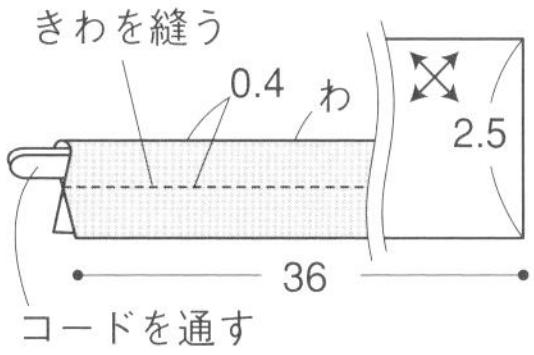
きわを縫う
0.4
わ
2.5
36
コードを通す

ひも4本

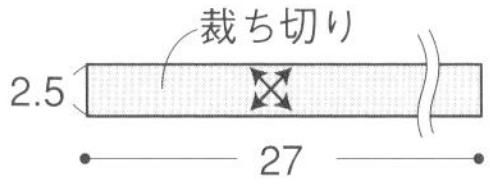
裁ち切り
2.5
27

タブ用飾り1枚

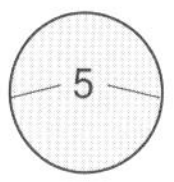
5

裁ち切り

ひも飾り8枚

3.6

裁ち切り

ひも飾りの作り方（タブ飾り共通）

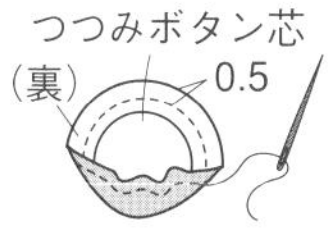
つつみボタン芯
（裏）
0.5

縫い代を
ぐし縫いし、
つつみボタン芯を
重ねて引き絞る

材料

ピーシング、タブ飾り用布各種　底マチ用布（タブ分含む）25×75cm　ひも用幅2.5cmバイヤステープ110cm　持ち手用布（ひも飾り、パイピング用幅4cmバイヤステープ分含む）36×80cm　タブ用裏布10×20cm　パイピングコード用幅2.5cmバイヤステープ40cm　中袋用布（内ポケット分含む）36×120cm　薄手接着芯85×40cm　厚手接着キルト綿80×90cm　直径0.5cm丸ひも120cm　直径0.2cmコード40cm　直径1.6cmつつみボタン芯8個　直径3cmつつみボタン芯1個　直径2cm縫い付け型マグネットボタン1組　キルト綿適宜

作り方のポイント

・本体の一部のピースや底マチ用布には自由な模様で刺し子を施す。
・型紙はとじ込み付録B参照。

持ち手の作り方

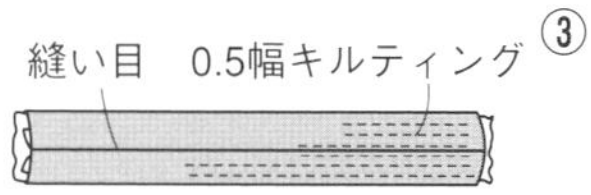
③
縫い目
0.5幅キルティング

表に返し、縫い目を中心に
してたたみ直して
キルティングする

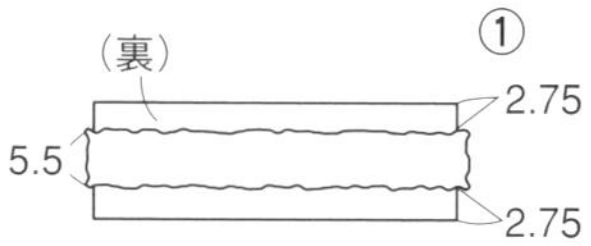
①
(裏)
5.5
2.75
2.75

中心に接着キルト綿
をはる

持ち手2枚

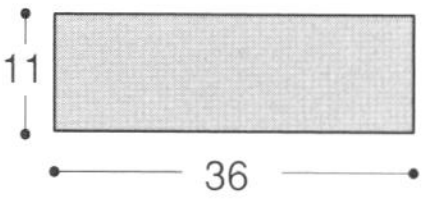
11
36

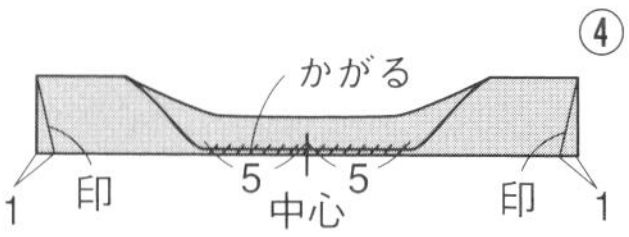
④
かがる
1
印
5
5
中心
印
1

中心を二つ折りして縫い
付け位置の印を付けておく

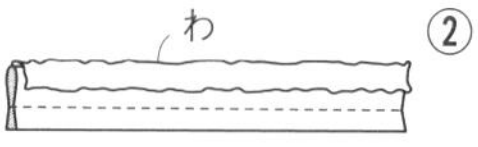
②
わ

中表に合わせて縫う

作り方

❶ピーシングをして本体をまとめる。裏にキルト綿と接着芯をはってキルティングする。裁ち切りのキルト綿を裏にもう1枚はる。
❷ひもを作り、本体に仮留めする。
❸本体と同様に底を作る。
❹本体と底を中表に重ねて縫い、口をパイピングする。
❺持ち手を作り、本体に縫い付ける。
❻内ポケットを作って中袋に付ける。
❼中袋を作り、本体の内側に入れて口をパイピングのきわにまつる。
❽タブを作り、縫い付ける。

作り方

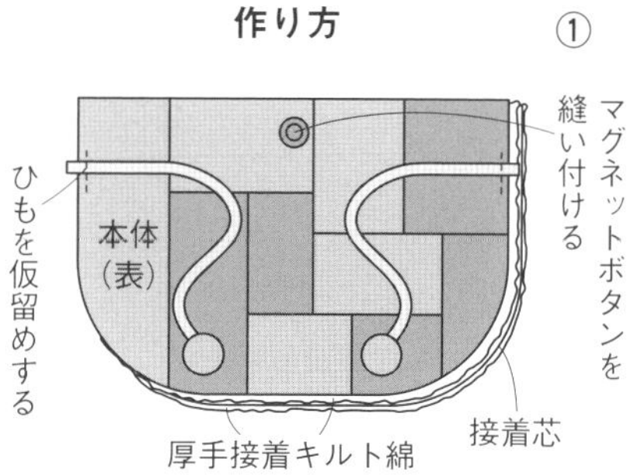
①
ひもを仮留めする
本体
(表)
マグネットボタンを縫い付ける
接着芯
厚手接着キルト綿

本体の裏にキルト綿と接着芯をはる
裏側にもう一枚裁ち切りのキルト綿をはる
(底も同様に作る)
本体にひもを仮留めし、片側のみ
マグネットボタンを縫い付ける

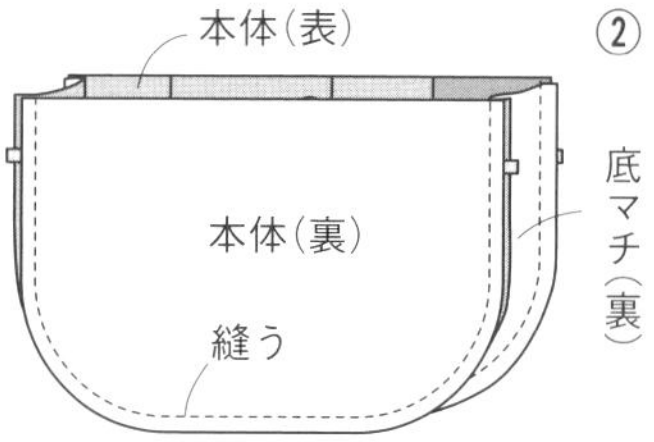
②
本体(表)
本体(裏)
底マチ(裏)
縫う

本体と底マチを中表に合わせて縫う
※中袋も内ポケットを付けた後、同様に作る

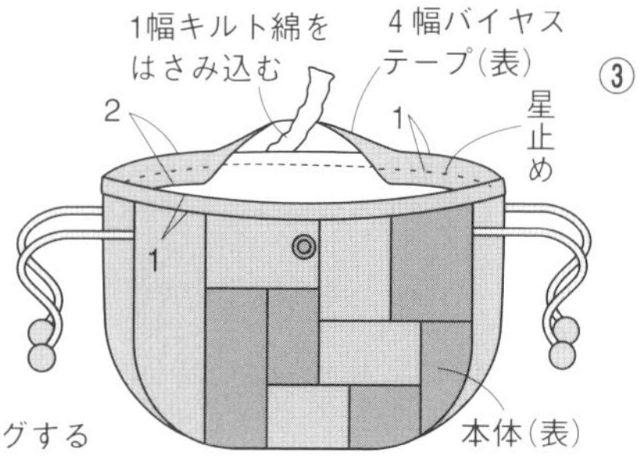
③
1幅キルト綿をはさみ込む
4幅バイヤステープ(表)
2
1
星止め
1
本体(表)

本体を表に返し、口をパイピングする
本体裏側へ倒したバイヤステープの端は
折り込まず、星止めで止め付ける

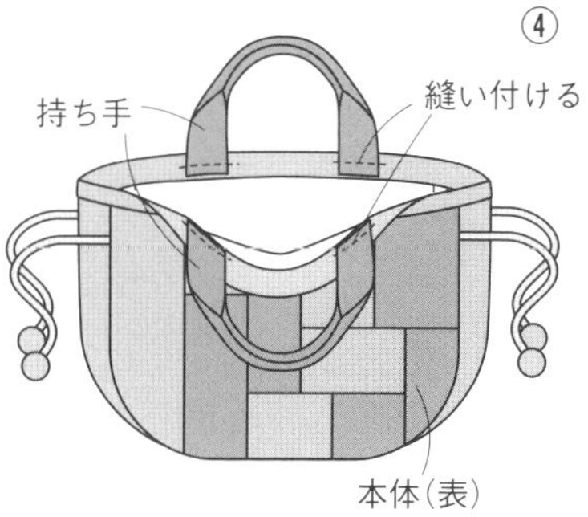
④
持ち手
縫い付ける
本体(表)

パイピングの上に
持ち手を縫い付ける

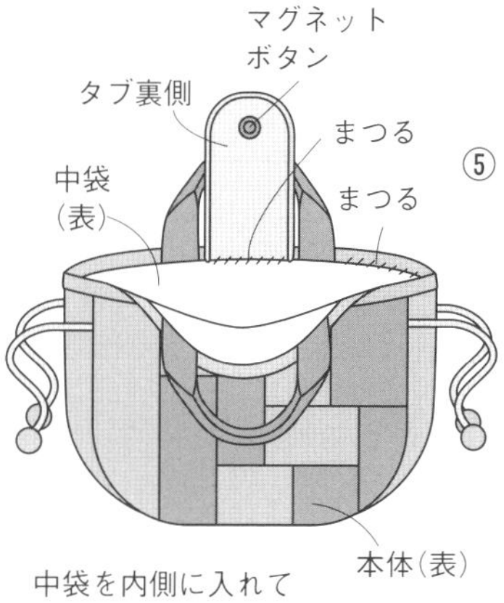
⑤
マグネットボタン
タブ裏側
まつる
まつる
中袋
(表)
本体(表)

中袋を内側に入れて
口の縫い代を折り込んでまつる
タブを中袋口のきわに縫い付ける

ひもの作り方

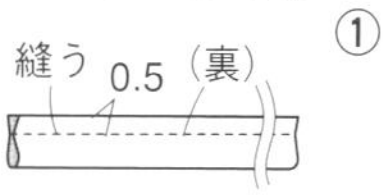
①
縫う
0.5
(裏)

中表に半分に
折って筒状に縫う

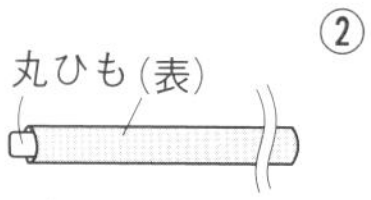
②
丸ひも
(表)

表に返して
丸ひもを通す

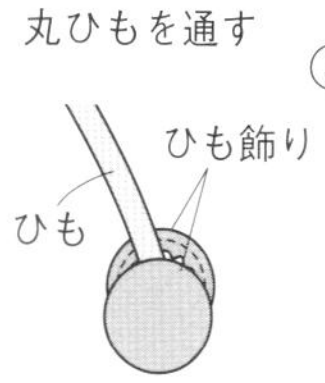
③
ひも飾り
ひも

ひも飾り2枚で
ひも端をはさみ
周囲をまつる

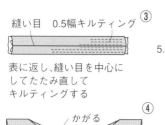

タブ2枚

裁ち切り
8
4

中袋1枚

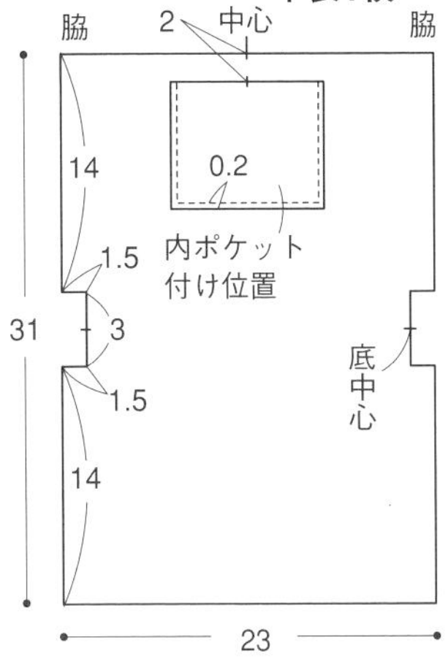
脇
2
中心
脇
14
0.2
内ポケット
付け位置
1.5
31
3
1.5
底中心
14
23

本体1枚

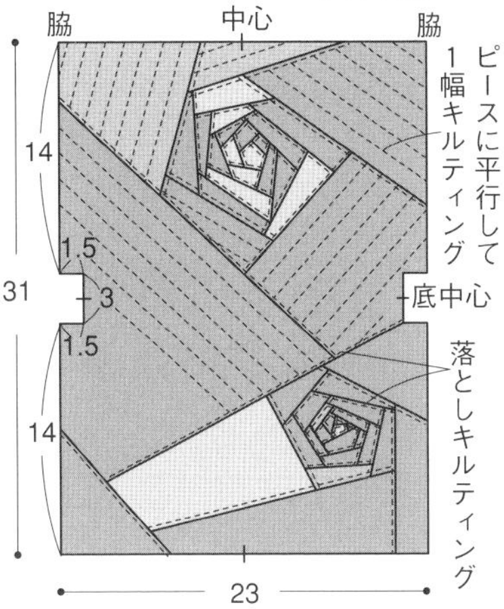
脇
中心
脇
ピースに平行して1幅キルティング
14
1.5
31
3
1.5
底中心
落としキルティング
14
23

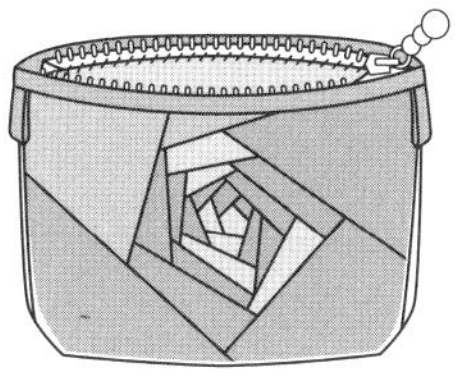

14×23×3cm

材料

ピーシング、タブ用布各種　裏布30×35cm　接着キルト綿60×35cm　中袋用布（内ポケット分含む）36×45cm　パイピング用幅4cmバイヤステープ50cm　長さ20cmファスナー1本　キルト綿適宜

作り方のポイント

・型紙はとじ込み付録B参照。

作り方

❶ピーシングをして本体をまとめ、裏に接着キルト綿をはり、キルティングする。
❷裏にキルト綿をはった裏布を本体に仮留めする。
❸内ポケットを作り、中袋に付ける。
❹本体を底中心から中表に折り、両脇を縫う。中袋も同様に作る。
❺本体の底をたたんでマチを縫う。
❻タブを作る。
❼本体の口をパイピングする。
❽本体口にファスナーを縫い付ける。
❾中袋を作り、本体の内側に入れてまつり付ける。

内ポケット1枚

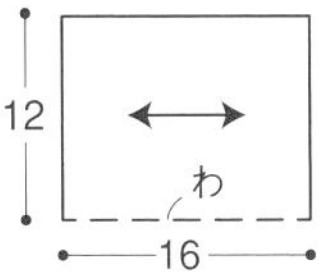
12
わ
16

作り方

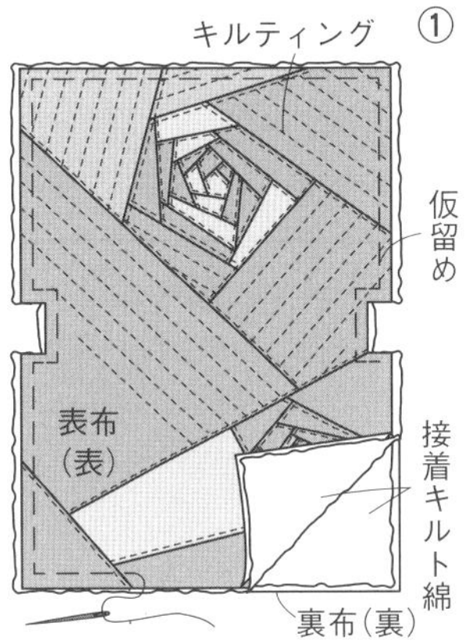
キルティング
①
仮留め
表布（表）
接着キルト綿
裏布（裏）

本体の裏にキルト綿をはって
キルティングする
裏にキルト綿をはった裏布を
外表に重ねて仮留めする

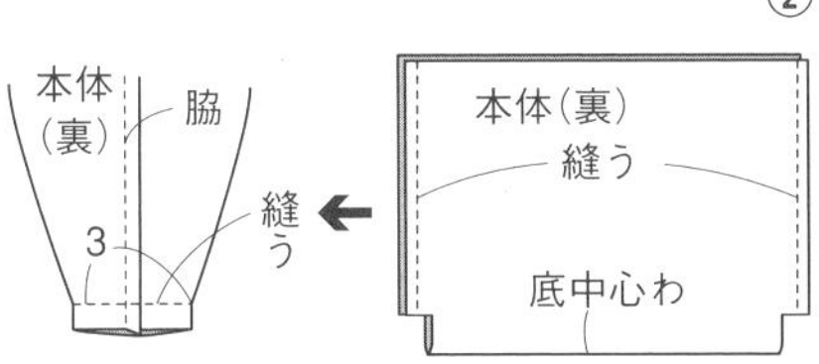
②
本体（裏）
脇
3
縫う
本体（裏）
縫う
底中心わ

本体を底中心から中表に折り、両脇を縫う
底をたたんでマチを縫う
中袋も内ポケットを縫い付けた後、同様に作る

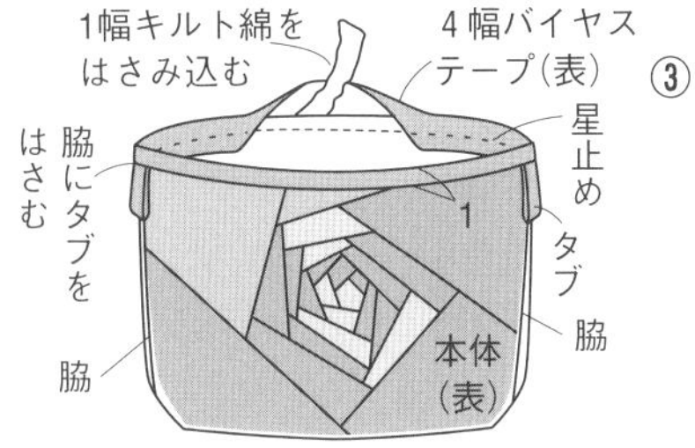
1幅キルト綿を
はさみ込む
4幅バイヤス
テープ（表）
③
星止め
脇にタブをはさむ
1
タブ
脇
脇
本体
（表）

本体を表に返し、口をパイピングする
本体裏側へ倒したバイヤステープの端は
折り込まず、星止めで止め付ける

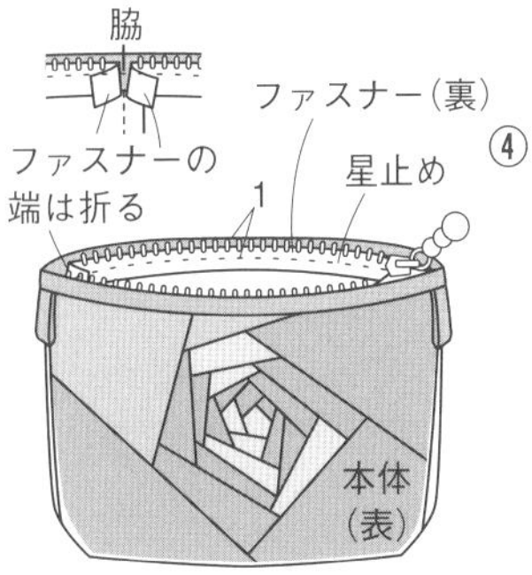
脇
ファスナー（裏）
ファスナーの
端は折る
1
星止め
④
本体
（表）

パイピングの上に
ファスナーを縫い付ける

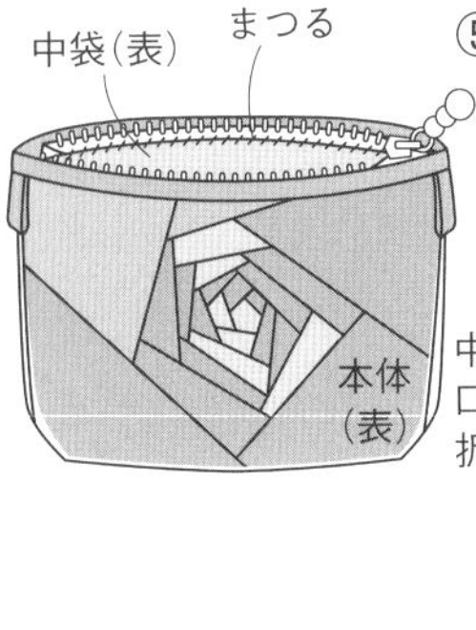
中袋（表）
まつる
⑤
本体
（表）

中袋を内側に入れて
口の縫い代を
折り込んでまつる